UN ROI À PARIS

NEYMAR

UN ROI À PARIS

NEYMAR

Par Luca Caioli

MARABOUT

Traduction de l'espagnol par Mickaël Caron

Sommaire

1
Place Charles-Miller

Moustache en guidon, frange rebelle, chemise blanche, short noir, et ballon en main : c'est ainsi qu'apparaît Charles William Miller sur les photographies d'époque, celles de l'éclair de lumière et l'odeur de magnésium.

Fils de John, ingénieur écossais qui, comme 3 000 autres Britanniques, avait fait le voyage jusqu'en Amérique du Sud pour y développer le chemin de fer, et de Carlota Fox, une Brésilienne aux racines anglaises, Charlie naît dans le quartier Brás de São Paulo, le 24 novembre 1874. À 9 ans, comme le veulent les règles de la bonne société, on l'envoie étudier en Europe. Il débarque à Southampton, se rend d'abord à Banister Court, puis dans un internat du comté de Hampshire.

Banister est un petit collège privé fondé par le révérend George Ellaby dans le but d'instruire les enfants de la Peninsular and Oriental Steam Navigation Company. À l'époque où Miller fréquente ses salles de classe, le directeur est Christopher Ellaby, fils du révérend et grand passionné de football.

En Angleterre, le *beautiful game* jouit déjà d'un statut officiel : le 26 octobre 1863 a été fondée à Londres la Football Association, première fédération de football d'envergure nationale qui unifie les règles du jeu. Ellaby qui, durant son passage à Oxford, fut nommé capitaine de l'équipe universitaire, sait transmettre son enthousiasme pour le jeu à ses élèves.

Charles Miller est bon athlète et devient rapidement capitaine de l'équipe du collège. Son visage imberbe et sa frange lui valent le surnom de « Nipper » (Gamin). Malgré son physique, il devient un grand avant-centre qui, en certaines occasions, se mue en arrière-gauche : « C'est notre meilleur attaquant. Il est rapide, possède un dribble foudroyant et un tir fabuleux. Il marque très facilement », assure le journal du collège. Quarante et un buts en trente-quatre matches à Banister Court, et trois lors des trois matches joués avec la St. Mary's Church of England Young Men Association, l'ancêtre du Southampton Football Club. Miller possède un style joyeux et malin, fait preuve de fantaisie, assure un bon contrôle du ballon et voue une véritable passion aux feintes, ce qui statufie ses adversaires. Au point qu'à 17 ans, il est invité à rejoindre les rangs du Corinthian Football Club de Londres, un club formé par des footballeurs venant de différentes écoles et universités anglaises, afin de contrecarrer la domination des formations écossaises. « Corinthian », un nom qui, des années plus tard, avec un « s » final et sous les auspices de Miller lui-même, deviendra l'un des clubs les plus célèbres de São Paulo.

En 1894, ses études achevées, Charlie rentre au Brésil. Dans sa valise, il emporte deux ballons de la marque Shoot fabriqués à Liverpool, cadeaux d'un coéquipier, ainsi qu'une bombe pour les gonfler, une paire de chaussures de football, deux maillots (un de Banister, l'autre de St. Mary) et un épais volume exposant le règlement rédigé par la Football Association. D'après la légende, pendant la traversée, Charlie n'arrête pas de s'entraîner : il dribble des obstacles et des passagers d'un bout à l'autre du pont du navire. Lorsque, le 18 février, déjà sur le quai du port de Santos, John, son père, lui demande ce qu'il a ramené d'Angleterre, Charles répond : « Ma licence. Ton fils s'est licencié *cum laude* en football. »

Le vingtenaire anglo-brésilien entre, comme son père, au service de la São Paulo Railway Company, et s'inscrit au São Paulo

Athletic Club, fondé en mai 1888 par des membres de la communauté britannique. Les membres du club jouent au cricket, pas au football. Ils connaissent ce jeu qui ne les intéresse par vraiment. Charles Miller entame alors son travail de prosélyte.

Au club, il explique à ses amis et à ses collègues – de hauts fonctionnaires de la compagnie du gaz, de la Banque de Londres ou des chemins de fer – les règles et les termes essentiels, comme « mi-temps », « corner », « terrain » et « penalty », et finit par réunir un petit cercle d'adeptes. Il les convainc d'aller s'entraîner sur un terrain en terre battue : Várzea do Carmo, entre Luz et Bom Retiro, appelé aujourd'hui « rua do Gâsometro ». Les curieux intrigués par ces Anglais complètement toqués ne manquent pas. Peu de temps après, dans une lettre envoyée à son ami Alcino Guanaba, à Rio de Janeiro, Celso de Araujo écrit : « Ici, dans le quartier de Bom Retiro, un groupe d'Anglais fous s'applique à donner des coups de pied dans quelque chose qui ressemble à une vessie de bœuf. D'après ce que je vois, cela leur procure une grande satisfaction ou un grand chagrin lorsque cette espèce de vessie jaunâtre entre dans un rectangle délimité par des poteaux. »

Scepticisme à part, le football commence à prendre son envol entre les gentlemen de la communauté britannique, et Miller parvient finalement à organiser un match, le 14 avril 1895. À Várzea do Carmo s'affrontent deux équipes composées d'Anglais et de Brésiliens : São Paulo Railway et la Companhia de Gás. L'équipe des chemins de fer, avec Miller comme capitaine et double buteur, s'impose 4-2. Les spectateurs ne sont pas nombreux : des amis et des fonctionnaires des deux entreprises, ainsi que les ânes qui paissent aux alentours. Peu importe, c'est le premier match officiel de football au Brésil, qui marque la naissance de ce qui deviendra le sport le plus populaire du pays.

Il est vrai qu'avant le retour de Charlie d'Angleterre, entre 1875 et 1890, quelques employés des entreprises anglaises et des marins britanniques avaient disputé des matches dans la rue ou sur les plages de Rio, et qu'ils avaient même joué devant la résidence de la princesse Isabelle, régente de l'empire du

Brésil au nom de Dom Pedro II. Il est vrai aussi qu'au collège São Luis d'Itu, le père jésuite José Montero avait introduit, entre professeurs et élèves, et sur le modèle du collège d'Eton, un jeu comme le *bate balao*. Et il est vrai également que des jeux tels que le ballon anglais se pratiquaient dans divers collèges confessionnels et laïques de São Paulo, Rio de Janeiro et Rio Grande do Sul. Cependant, pour les Brésiliens, Charles Miller est bien *o pai do futbol*, le père du football. Et en plus de ce premier match historique, Miller donne vie, au sein du São Paulo Athletic Club (SPAC), à une équipe de football et exerce un rôle crucial dans la fondation, le 19 décembre 1901, de la première fédération brésilienne de football : la Liga Paulista de Futebol qui, l'année suivante, lancera le premier championnat de football.

La compétition est inaugurée le 3 mai 1902, avec cinq équipes sur la ligne de départ : le São Paulo Athletic Club, l'Associação Atlética Mackenzie College, le Sport Club Internacional, le Sport Club Germânia et le Club Athlético Paulistano.

Le SPAC domine les trois premières éditions. Charles Miller, avec dix buts en neuf matches, est le Pichichi du championnat en 1902 et marque les deux buts de la victoire dans le match d'appui final contre Paulistano. Vêtu d'un maillot blanc et bleu à rayures verticales ou d'un maillot blanc et de caleçons noirs, le SPAC s'adjuge aussi le tournoi de 1903, encore face à Paulistano. Rebelote l'année suivante mais Charlie partage cette fois le titre de Pichichi – neuf buts – avec Boyes, son coéquipier. Miller va jusqu'à s'installer entre les poteaux mais encaisse une valise : neuf buts en 1906 contre le Sport Club de São Paulo.

Il joue avec le SPAC jusqu'en 1910, un moment où le football brésilien est pratiqué à la fois par l'élite blanche des villes, qui voit le jeu comme un symbole de la modernité européenne, et par les jeunes des milieux pauvres qui l'utilisent comme une représentation d'eux-mêmes niée dans la société en général.

Exemple de sa popularité : la tournée du Corinthian Football Club de Londres. À bord du transatlantique *SS Amazon*, les joueurs anglais débarquent à Rio de Janeiro le 21 août 1910.

Ils disputent trois matches contre Fluminense et deux contre des sélections cariocas, gagnant largement à chaque fois. Ils voyagent à São Paulo où ils rencontrent Palmeiras, Paulistano et, le 4 septembre, le SPAC. C'est l'un des derniers matches que dispute Charles Miller, alors âgé de 36 ans.

La rencontre se solde par un éclatant 2-8 en faveur des Britanniques, qui infligent des écarts similaires à leurs autres adversaires. « On ne pouvait pas espérer autre chose, écrira dans un livre le journaliste Adriano Neiva da Motta e Silva, plus connu sous le nom De Vaney. Tout le monde sait que Corinthian est une équipe au jeu scientifique, tandis que nous, en matière de football, jouons encore avec une tétine dans la bouche. »

Cependant, au-delà des questions techniques, ce qui surprend est l'intérêt que génère l'équipe anglaise : large couverture médiatique, foule attendant les joueurs à la sortie de l'hôtel Majestic et surtout, le vélodrome comble où se jouent les rencontres. « Les spectateurs applaudissent chaque action, l'air exhale un parfum français. Les matches de Corinthian sont des évènements au comble du chic », commentent les gazettes de São Paulo.

Cette même année 1910, Charles Miller raccroche les crampons pour se consacrer à son travail à la Royal Mail Line ; quelque temps plus tard, il fonde une entreprise de voyages, un travail qu'il exerce en plus de sa fonction de vice-consul anglais. Il épouse Antonieta Rudge, une grande pianiste brésilienne, qui l'abandonnera dans les années 1920 pour aller vivre avec le poète Menotti del Vecchia. Bien que père de deux enfants, il reste très lié au football en tant qu'arbitre, directeur sportif et finalement, comme simple supporter.

Charles William Miller meurt à 69 ans, le 30 juin 1953. Il a été témoin de la transformation de São Paulo en métropole et de celle du football, qu'il avait introduit dans le pays un demi-siècle auparavant, en grande passion nationale. Il a vu le Brésil organiser la Coupe Jules-Rimet et a souffert, comme des milliers de Brésiliens, de la défaite la plus douloureuse : le désastre du Maracanã.

Le souvenir de Charles Miller reste vif. En langage footballistique, *chaleira* (dérivé de Charles) désigne une action inventée par Miller au début du XXe siècle : taper le ballon avec le talon, une jambe derrière l'autre, pour dribbler ou marquer. À São Paulo, un an seulement après sa mort, on a donné son nom à la place où s'élève le stade municipal Paulo-Machado-de-Carvalho, plus connu comme « Pacaembu », le nom du quartier.

Ce vaste espace situé au cœur de la métropole pauliste – presque un amphithéâtre grec – est couronné, d'un côté, par les gratte-ciel irréguliers qui dépassent les arbres, et de l'autre, par le Pacaembu, une construction de style Liberty couleur crème enchâssé dans la colline. Le stade fut inauguré le 27 avril 1940 par le président brésilien Getúlio Vargas, en présence du maire et de l'architecte, Ademar de Barros. À l'époque, il pouvait accueillir 61 000 spectateurs. Après des travaux en 2007, sa capacité a été ramenée à 40 000 places. L'enceinte des Corinthians est un petit bijou et l'un des plus beaux endroits de São Paulo.

À l'intérieur, sous les quatre colonnes qui forment l'entrée principale, au pied d'une énorme horloge, se trouve le musée du Football : dix-sept salles inaugurées le 29 septembre 2008, véritable voyage – grâce au ballon, aux photographies, aux vidéos, aux illustrations sonores, aux gestes, aux objets, aux souvenirs, aux curiosités et aux statistiques – à travers l'histoire du Brésil au XXe siècle.

Hilário Franco Júnior, médiéviste qui a aussi écrit sur le football (*A dança dos deuses. Futebol, sociedade, cultura*), résume ainsi l'histoire du pays et du football : « Au début, le football fut critiqué comme quelque chose de futile et inutile, mais rapidement il cessa d'être un sport réservé aux élites pour devenir un jeu des classes populaires. Au Brésil, grâce aux interprétations qu'en font de grands intellectuels comme Gilberto Freyre, Paulo Prado et Sérgio Buarque de Holanda, on prend conscience du métissage, d'une réalité sociale où cohabitent les mulâtres, les Noirs et les Blancs. Il n'y a pas de quoi avoir honte, et si les mulâtres jouent mieux au football, tant mieux. La Coupe du monde 1938, un tournoi où Leônidas da Silva – métis fils d'un Portugais et d'une Brésilienne noire – sera le meilleur buteur, marque le moment de la prise de conscience. Noirs et mulâtres, que certains voulaient exclure des tournois de football, sont là.

Le deuxième moment clé, c'est le désastre du Maracanã, en 1950, la défaite contre l'Uruguay que le dramaturge Nelson Rodrigues qualifia de "Hiroshima psychique". Ce fut cela, mais aussi un dur contrecoup pour l'ensemble de la société brésilienne, ainsi que pour toute la classe politique qui avait compté sur le football pour se faire une place sur la photo avant les élections. Un drame national qui en 1958 fut totalement compensé par la victoire du Brésil en Europe. C'est l'explosion du sentiment de fierté nationale.

À partir de ce moment, le complexe d'infériorité se transforme en complexe de supériorité. On ne peut plus jamais finir deuxième, il faut toujours finir champion, comme en 1962 et 1970. Mais ce n'est pas possible. Arrive un long jeûne de victoire, et avec lui la dictature militaire, la répression, la torture et les disparitions d'opposants. Le regard de la société sur le football change et, malgré les deux victoires mondiales, le doute se répand. À mon avis, nous sommes toujours dans cette phase. Aujourd'hui, le Brésil est un pays qui accorde une grande valeur au football et possède de grands joueurs, mais qui n'est plus le pays du football. D'autres puissances ont émergé et les autres sélections aussi ont de bons joueurs. Le Brésil a voulu être le pays du futur, et pendant un instant on a cru que le futur était arrivé, mais les difficultés sont réapparues. Car le futur n'avance pas de manière linéaire mais en zigzag, il avance puis recule, entre contradictions et hésitations. Comme le football. »

Une fois entendue la leçon de ce professeur autant versé dans le football que dans les utopies médiévales, il est temps de voir comment cette histoire est illustrée au musée du Football. Deux classes de collégiens attendent leur tour pour commencer la visite. Les garçons, turbulents comme tous ceux de leur âge, se perdront dans les méandres du stade, puis se détendront devant le ballon interactif qui permet de tirer un penalty et d'en mesurer la vitesse, ou devant les joueurs en bois d'un babyfoot qui ne connaît pas de répit.

À peine entré dans le musée, un grand vestibule permet d'entendre la définition du football au Brésil : un bric-à-brac multicolore d'objets variés, drapeaux, pancartes, flammes, affiches, poupées, porte-clés, gadgets, caricatures, journaux, bouchons, carpettes. Une représentation ou un hommage à la passion des supporters.

Un escalator conduit au premier étage et, en face, un Pelé accueille les visiteurs en trois langues. La séquence d'un ballon frappé par un gamin, qui vole d'un terrain de jeu à un autre, annonce le passage à la salle suivante. Obscurité. En haut volent des anges baroques. Des footballeurs de légende de taille normale qui dribblent, tirent, se déplacent dans les airs. Une affiche prie : « Ils sont vingt-cinq, mais ils pourraient être cinquante ou cent, qui ont créé le football artistique qu'on pratique au Brésil. Dieux ou héros, idoles de plusieurs générations que l'on peut aussi voir comme des anges qui, avec leurs ailes, ou mieux, avec leurs pieds, nous transportent vers des territoires où l'on cultive la créativité, la poésie et la magie du jeu. D'authentiques anges de l'art baroque. Des anges qui répondent au nom de Socrates, Gilmar, Carlos Alberto, Bebeto, Tostão, Garrincha, Ronaldo, Gerson, Rivelino, Didi, Vava, Romário, Ronaldinho Gaúcho. »

Paulo, un gosse venu au musée avec ses camarades de classe, regarde une fois, puis une autre, la vidéo du quasi-but de Pelé face à Ladislao Mazurkiewicz, le gardien uruguayen, en demi-finale du mondial en 1970. Plus loin, il lit la longue liste des anges baroques ; il observe attentivement chaque nom, regarde jusqu'en haut et souffle à un ami : « Regarde ici, il y a Neymar ! » Oui, Ney est le dernier à être monté jusqu'à ce paradis du football. Il porte le maillot numéro 10, celui des poètes du football.

2
Mogi das Cruzes

Circulation chaotique ponctuée par le klaxon des motos et des cyclomoteurs. Passages élevés, gratte-ciel, maisons de plain-pied, viaducs suspendus au-dessus des colonnes de voitures, usines, ouvrages inachevés, favelas. São Paulo, la mégapole de 11 millions d'habitants, semble interminable, comme si elle refusait d'abandonner le voyageur à son sort. Elle s'étend le long de l'autoroute Ayrton-Senna, à trois voies, la plus moderne du pays, nommée ainsi en hommage au héros national, le pilote automobile pauliste mort le 1er mai 1994 pendant le Grand Prix d'Imola.

L'*ônibus* (autobus) quitte le terminal Rodoviário do Tietê (le plus grand d'Amérique latine et le deuxième au monde après le terminal d'autobus de New York), une fourmilière de passagers qui arrivent ou s'en vont. Il part à l'heure mais peine à s'extraire de l'embouteillage et frôle les camions et les voitures qui changent de voie sans vigilance. Péage. Changement d'autoroute, direction Itaquaquecetuba et la ville desserre ses griffes pour laisser place à un paysage vert de collines tracées à la règle en direction de la route. Les comètes qui font leur révolution là-haut dans le ciel et les terrains de football en terre battue, perdus dans la végétation, signalent les favelas accrochées aux versants. Des briques rouges assemblées telles des constructions de Lego, des toits provisoires, des paraboles, des bâches qui recouvrent les constructions inachevées. Des eaux stagnantes, des voitures calcinées, des garçons qui traversent l'autoroute à vélo pour rentrer chez eux chargés de sacs de courses.

Puis la brusque et rapide descente de la montagne d'Itapeti. Au fond, les gratte-ciel de Mogi das Cruzes, l'une des communes de l'Alto Tietê, une région située à l'est de la partie métropolitaine de São Paulo, où Neymar da Silva Santos jouait au ballon et où est né son fils, Neymar Junior. 400 000 habitants, une population qui s'est multipliée ces quinze dernières années en raison des migrations pendulaires et qui, tous les matins, se rend à la capitale et tous les soirs, assise sur les bancs de la gare de Luz de São Paulo, attend patiemment le moment de se tasser dans les wagons de la ligne 11 de la Companhia Paulista de Trens Metropolitanos, à bord d'un convoi bruyant qui la ballotte jusque chez elle.

À Mogi, le travail ne manque pas : des géants de l'industrie comme General Motors, Valtra (fabricant de tracteurs et machines agricoles) et Grupo Gerdau (sidérurgie) y ont leurs bureaux et fournissent un emploi à une bonne partie de la population. Le secteur des services peut se targuer de la présence d'entreprises comme TIVIT ou Contractor, deux leaders du télémarketing. L'agriculture fleurit : légumes, champignons, kakis, nèfles et fleurs. Surtout des orchidées, incroyables, sublimes, multicolores, blanches avec des ombres fuchsia, violettes ou mauves, comme l'orchidée bambou (nom scientifique : *Dendrobium nobile*). On peut les voir exposées dans l'une des attractions touristiques de la ville : l'Orquidario Oriental. L'Orient...

Au début du XXe siècle, Mogi a accueilli une forte immigration japonaise, des hommes et des femmes qui se consacrèrent à l'agriculture, à la culture des fleurs et au commerce. Le résultat fut l'apparition d'une communauté vive, qui n'a pas oublié ses origines : monuments, restaurants, associations culturelles, fêtes, collèges et jumelage avec Toyama et Seki. Dommage que le *torii*, portail de style japonais symbole de l'immigration du pays du Soleil levant élevé à l'entrée de la ville, ait été démantelé au printemps 2013 pour des raisons de sécurité routière. Les fortes pluies l'avaient endommagé.

Les éléments ont été plus cléments avec d'autres symboles de Mogi, comme cette brillante sculpture en acier inoxydable de trois mètres de haut, hommage à Gaspar Vaz pour le 450e anniversaire de la fondation de la ville. Vaz ouvrit la première route reliant São Paulo à Mogi et fonda la ville en 1560. Depuis l'avenue Engenheiro-Miguel-Gemma, où brille l'armure de l'aventurier qui explora la région à la recherche d'or ou d'indigènes à réduire en esclavage, l'autobus arrive en quelques minutes au terminal Geraldo Scavone. Une heure pour couvrir la petite cinquantaine de kilomètres qui séparent Mogi das Cruzes de São Paulo.

À travers les rues pavées de la Vila Industrial, on arrive au stade municipal Francisco-Ribeiro-Nogueira, plus connu sous le nom de « Nogueirão ». L'énorme porte est fermée. Quelqu'un vient pour ouvrir la maison de l'União Mogi das Cruzes Futebol Clube, une société qui, le 7 septembre 2013, a célébré son centenaire. Ses créateurs furent Chiquinho Veríssimo, un marchand de tissu blanc, et Alfredo Cardoso, un cordonnier noir, qui ont créé le club le jour de l'indépendance du Brésil. Maillot à rayures rouges et blanches, ou rouge, et pour mascotte un serpent des montagnes du Tietê (*mogi*, en langue indigène, signifie « le fleuve des cobras »), l'União est l'un des clubs de football les plus anciens de la région. Au cours de sa longue histoire, des joueurs comme Cacau, Maikon Leite ou Felipe y ont fait leurs premiers pas. Cependant, en compétition, il a toujours oscillé entre l'amateurisme (gagnant en 1947 le Torneo Regional Amador) et les catégories inférieures du football brésilien.

Il vécut sa période dorée dans les années 1980, luttant alors pour la montée en première division du championnat paulista. Il ne l'obtint pas, et son seul titre date de 2006 : le championnat paulista de seconde division. Trois ans plus tard, il connut sa pire saison. L'União, ou « Brasinha » comme on le surnomme en ville, devint alors « la pire équipe du monde » : dix-huit défaites en dix-neuf matches et la bagatelle de 75 buts encaissés, un record qui l'expédia en quatrième division. Aujourd'hui, le club n'a pas vraiment le vent en poupe, en termes de résultats comme sur le plan économique.

Malgré tout, il faut bien s'entraîner pour le prochain match de championnat. À 11 h 30, les titulaires disputent une rencontre contre la réserve. Il y a du soleil, et la cheminée en brique sise à une extrémité du stade étend son ombre sur la pelouse.

Sur le terrain, derrière la grille métallique qui le sépare des tribunes (10 000 places maximum), Carlos Juvêncio, alias Pintado (ainsi surnommé à cause des taches blanches sur son beau visage noir), observe attentivement les plus jeunes. Lorsqu'ils se dirigent vers les vestiaires, il s'approche pour discuter. Quel footballeur était Neymar da Silva Santos, O Pai, le père de Neymar Junior ? « Un bon attaquant, un numéro 7. Il était puissant, adroit, avait un bon dribble, toujours face à l'adversaire. Surtout, c'était un type joyeux, extraverti, une bonne personne avec qui il était aisé de s'entendre. » Opinion que partagent d'autres ex-coéquipiers d'O Pai, comme les défenseurs Montini et Dunder, ou le gardien Altair. Tous s'accordent sur le fait que Neymar était un grand avec le ballon dans les pieds. Un attaquant à l'ancienne, qui marquait peu mais donnait de bons ballons à ses partenaires et qui savait croiser.

Les choses changent lorsque nous évoquons les dons du père et du fils, l'hérédité entre son géniteur et Neymar Junior. Pintado, qui a côtoyé Neymar père avec son numéro 3 entre 1993 et 1994, se souvient bien de Neymar Junior, suspendu au cou de son père : « Il l'emmenait aux entraînements. C'était la mascotte de l'équipe. » Il affirme que tous deux ont la même facilité à toucher le ballon et dribbler, mais que le fils est plus rapide, habile, plus puissant et qu'il met plus de fantaisie dans son jeu. « Neymar Junior a plus de dribble, une technique supérieure et recherche toujours le but », ajoute Lino Martins, qui à la fin de sa carrière de joueur professionnel partagea la destinée de l'União avec Neymar père et, plus tard, entraîna Juninho dans les équipes de jeunes de Santos.

Neymar da Silva Santos arrive à l'União Mogi en 1989. Il a 24 ans. Il est né à Santos, le 7 février 1965, fils du milieu de Berenice, maîtresse de maison, et Ilzemar, mécanicien. Il a un frère, José Bernicio, également appelé Nicinho, et une sœur, Joana d'Arc, Jane.

Niveau football, il grandit dans l'équipe de jeunes de Santos et, à 16 ans, passe à la Portuguesa Santista, où il devient professionnel. À partir de là, il entame un pèlerinage qui le mènera dans plusieurs clubs, tous de niveau modeste : Tanabi, dans la région de São Paulo, Iturama et Frutal, dans l'État de Minas Gerais. Ici, dans le sud-est du pays, Neymar contracte la tuberculose et se voit forcé de prendre une année de repos. Il décide d'arrêter le football et de retourner travailler dans l'atelier mécanique de son père, mais lui parvient alors une offre de Jabaquara, un club historique de la Baixada Santista.

Bien que son père ne le voie pas d'un bon œil, Neymar Senior accepte : pendant la semaine, il travaille comme mécanicien puis le week-end, il joue au football. Il enchaîne quatre bons matches, dont l'un en amical contre l'União Mogi. Dulcídio Wanderley Boschilla, l'arbitre du match, le conseille aux dirigeants de Mogi, qui semblent intéressés. À la fin de la première réunion avec le joueur, on l'envoie s'entraîner avec l'équipe. Après le deuxième rendez-vous, Neymar signe, avec José Eduardo Cavalcanti Teixeira, Ado, alors président, un contrat d'une saison, jusqu'à fin décembre 1989. « À cette époque, le salaire n'était pas grand-chose, se souvient aujourd'hui Pintado, on était parrainés par l'UMC, l'université de Mogi. On nous payait quelque 350 réaux, mais cela nous permettait de vivre assez bien. »

Après plusieurs années à aller d'une ville à l'autre, d'un vestiaire à un autre, Neymar trouve la stabilité à Mogi. Il brille sur le terrain et dispute un bon championnat d'A3, au point d'attirer l'attention de plusieurs clubs du secteur. Les dirigeants de Rio Branco, une équipe d'Americana, petite ville de l'État de

São Paulo, sont impressionnés par le match de Neymar contre leur équipe dans le vieux stade de la rue Casarejos (aujourd'hui, à sa place, s'élève le Mogi Plaza, un centre commercial). Ils le veulent à tout prix.

Rio Branco a gagné le championnat et vient d'obtenir sa montée en deuxième division du Paulistão. Il a besoin d'un attaquant pour renforcer son effectif. Le club fait une bonne offre que Neymar est sur le point d'accepter. Il ne peut laisser passer l'occasion. « Il avait besoin d'argent pour aider sa famille. Il voulait acheter une maison à ses parents, qui vivaient à la Baixada Santista », raconte Moacir Teixeira, l'ancien trésorier de l'União. Neymar le dit clairement aux dirigeants du club, qui n'ont aucune intention de le laisser s'échapper : « Il était notre meilleur attaquant, c'est une excellente personne qui méritait de récolter les fruits de tout ce qu'il avait semé », affirme Moacir qui, à ce moment, avec neuf autres supporters de l'União, organise une collecte en plus de son propre argent pour s'aligner sur l'offre de Rio Branco. Un document comportant dix signatures, paraphé le 21 décembre 1989, ratifie l'accord. Le groupe d'investisseurs prend en charge le salaire de Neymar, garantissant ainsi de le garder à Mogi. Le coût de l'opération s'élève à 100 000 cruzados nouveaux, soit 10 000 par signataire. « Sans intérêts, rappelle Moacir, sans en tirer le moindre bénéfice. »

Le chiffre équivaut à 55 000 réaux d'aujourd'hui, une somme respectable pour l'époque. Enfin, Neymar a les moyens d'acheter à sa mère une maison à São Vicente, et se permet même l'acquisition d'une voiture, une Monza. Il se croit riche, mais les réformes économiques et financières du plan Collor lui feront perdre ses économies. Durant le premier semestre de l'année, il joue avec l'União mais, pour le deuxième, comme le club n'a aucun tournoi à disputer, il s'en va à Coritiba, au Catanduvense et, finalement, au Lemense. Il songe à fonder une famille. En 1991, à 26 ans, il épouse Nadine Gonçalves à l'église de São Pedro o Pescador, à São Vicente. Elle le connaît depuis l'âge de 16 ans quand lui, de deux ans plus âgé, était un espoir de Portuguesa Santista.

Le 5 février 1992 naît, à Mogi das Cruzes, leur premier fils. Il voit le jour à 2 h 15. La mère a perdu les eaux le jour précédent et est entrée à Santa Casa de Misericórdia, un grand bâtiment blanc et bleu qui se distingue des ruelles du centre-ville. L'accouchement se déroule sans complication. La mère et son nouveau-né, qui pèse 3,780 kg, se portent bien. Jusqu'à la naissance, les parents ignorent qu'il s'agit d'un garçon : le prix de l'échographie était trop élevé pour leur budget.

Le premier à s'occuper de la mère et de l'enfant est le docteur Luiz Carlos Bacci et, plus tard, Benito Klei. C'est lui qui autorise la mère et l'enfant à rentrer chez eux. Il n'ignore pas que ce dernier est le fils d'un joueur de l'União, l'équipe qu'il supporte, mais ce n'est qu'en relisant le certificat de naissance, des années plus tard, qu'il se rendra compte qu'il a mis au monde le nouveau crack du football brésilien. « Neymar ne portait pas encore sa crête, il n'était pas facile de le reconnaître », plaisante le coordinateur du département gynécologie et obstétrique de Santa Casa. C'est Atilio Suarti, le physiothérapeute de l'União, qui est chargé de les ramener chez eux. Neymar père téléphone et demande qu'on vienne les chercher à la maternité.

Mais comment s'appelle le nouveau-né ? Les parents doutent. Dans un premier temps, Nadine suggère Matheus, un prénom qui plaît aussi au père. Ils l'adoptent pendant une semaine mais ne semblent pas convaincus et finalement, lorsque Neymar père va déclarer son fils à l'état civil, il change d'avis et donne à son enfant son propre prénom : « Neymar » en y ajoutant « Junior », si bien que dans la famille, tout le monde l'appellera Juninho.

L'arrivée de la cigogne remplit de joie Nadine et Neymar père : « Il a rejoint l'hôtel de mise au vert de l'équipe dans un état euphorique, se souvient un coéquipier de l'époque. Il nous jurait qu'un jour, son fils serait le meilleur joueur du Brésil. »

La famille da Silva Santos vit au quatrième étage, bloc C, de la résidence Safira, au numéro 593 de la rue Ezelino-da-Cunha-Glória, dans le quartier de Rodeio. Une zone résidentielle de classe moyenne, à trois kilomètres du centre, bâtie par la coopérative du syndicat de la métallurgie. Des bâtiments de couleur pastel encastrés dans une colline au pied de la montagne d'Itapeti, qui offre une vue imprenable sur toute la ville. L'appartement, payé par l'União de Mogi, est modeste. Peu se souviennent aujourd'hui du gamin aux cheveux bouclés qui y a vécu jusqu'à ses 4 ans : « C'était une famille discrète et réservée, des gens qui parlaient peu », affirme Licianor Rodrigues, voisin des da Silva Santos.

Un dimanche de juin 1992, après un match contre Matonense, Neymar père (auteur du but du nul) décide d'aller rendre visite à la famille à São Vicente avant la reprise des entraînements. Il met les valises dans la Monza. Nadine s'assoit à ses côtés et Juninho, âgé d'à peine quatre mois, dort sur la banquette arrière. Il pleut. L'asphalte est mouillé. La route Indio Tibiriçá est à double sens, et la longue descente de la montagne est compliquée et périlleuse, même dans des conditions normales. Tous les cent mètres, un signal met en garde contre le brouillard et, à certains endroits, la vitesse est limitée à 40 km/h. Une voiture qui circule en sens inverse essaie de doubler et mord sur l'autre voie. Neymar père donne un coup de volant, tente de s'écarter et accélère mais ne parvient pas à éviter l'impact. L'autre véhicule le percute de plein fouet et s'encastre dans la portière du côté conducteur.

La jambe gauche de Neymar termine du côté droit, la hanche et le pelvis sont aussi déplacés. Il ne peut plus bouger. Il est désespéré et dit à sa femme qu'il va mourir. Tous deux regardent à l'arrière : Juninho n'est plus là. Ils craignent que l'enfant ait été expulsé de l'habitacle par la puissance du choc. Ils craignent l'avoir perdu pour toujours. Neymar père prie Dieu de le rappeler auprès de lui mais de sauver Juninho. La voiture se trouve au bord d'un précipice. Nadine ne peut sortir de son côté car elle tomberait immédiatement dans le vide. Une ou deux voitures s'arrêtent pour les aider. Ce sont leurs occupants qui trouvent Juninho sous le siège. Il est couvert de sang. La terreur des parents augmente. Une ambulance les transporte vers l'hôpital le plus proche. Là, le père retrouve enfin son épouse et son fils. Nadine n'a que quelques égratignures. Elle tient Juninho dans ses bras, un large pansement sur la tête. Le sang venait d'une coupure provoquée par un éclat de verre de la vitre.

Neymar ne s'en tire pas aussi bien : son pelvis est disloqué. Un traumatisme grave. Il faut l'opérer en urgence. Dix jours de convalescence à l'hôpital et, ensuite, quatre mois alité, relié à un engin infernal. Il restera presque un an sans jouer, un an de consultations à l'hôpital, de récupération et de soins avec l'aide d'Atilio Suarti et Antonio Guazzelli, le kiné de l'União. Un grave accident qui marque pour toujours la carrière de footballeur de Neymar père. Lorsqu'il revient sur les terrains, il n'est plus le même mais n'arrête pas de jouer pour autant. C'est son travail et sa source de revenus.

Il revient occuper le milieu du terrain, sous le maillot rouge de l'União de Mogi, lors d'un match amical de gala.

Nous sommes le 31 mai 1995 et l'on célèbre la réouverture du Nogueirão. L'invité d'honneur est le Santos Futebol Clube, qui évolue en Divisão Especial (aujourd'hui, la Serie A1), tandis que Mogi joue en Intermediária (équivalent de l'A2). Santos compte des joueurs comme Toninho Cerezo et Jamelli. Mogi, entraîné par Waldir Peres, s'appuie sur son gardien, Haroldo Lamounier, et sur Ricardo.

Le match met aux prises Edson Cholbi Nascimento, Edinho, le fils de Pelé, et Neymar da Silva Santos, le père du futur Neymar Junior. D'un côté, un garçon qui a écouté les conseils de son père sur la façon de se comporter dans la vie ; de l'autre, un père qui donnera, et continue de donner, à son fils des conseils sur la voie à suivre pour devenir un grand footballeur. Le gardien a 25 ans et pense que ce match n'a aucune espèce d'incidence sur l'histoire de l'Alvinegro Praiano. L'attaquant a 30 ans et se souviendra de ce match toute sa vie, car son rival s'appelle Santos et qu'il est chargé de tirer les coups francs. Mais Edinho les arrête sans problème. Neymar les rate tous. Dommage. Les joueurs de Mogi veulent absolument gagner mais n'arrivent pas à dominer les professionnels. Le match se termine sur un résultat nul : 1-1. Buts de Jamelli pour Santos et de Gilson da Silva pour Mogi. Un résultat digne. La fête de réouverture a été un succès.

Un an plus tard, le 11 mars 1996, la famille da Silva Santos s'agrandit. Rafaela naît et Neymar, après les saisons à l'União, décide d'emprunter un nouveau chemin. Il revient à São Vicente et s'installe dans le quartier Nautico 3, dans la maison de ses parents. Il cherche une nouvelle équipe et ce sera Operário de Várzea Grande, au Mato Grosso.

Maninho de Barros, le président du club, l'a vu jouer sous les couleurs de Batel de Parana et cherche justement à renforcer son équipe. Il ignore le nom de ce joueur qui lui fait une formidable impression et marque même un but. À la pause, il prend des renseignements auprès de Laurinho, attaquant de Paranagua puis, à la fin du match, il s'approche et lui propose de signer à Várzea.

Neymar doit y réfléchir, en parler avec sa famille. Il accepte d'enfiler le maillot tricolore. Ses débuts, en demi-finale aller du tournoi de l'État, confirment les espoirs du président : son but et sa passe décisive contribuent à la victoire 4-1 contre Cacerense. En finale, Operário affronte União de Rondonopolis. À l'extérieur, le match s'achève sur un nul, Neymar n'a pas joué.

Au retour, le 3 août 1997, avec O Pai sur le terrain, Operário s'impose 2-1 et conquiert son douzième titre de champion de Mato Grosso ; pour Neymar da Silva Santos, ce sera l'unique titre de sa carrière, qu'il termine en cette année 1997, à 32 ans. Il se sent vieux ; depuis l'accident, son physique ne répond plus aussi bien, la douleur ne le lâche plus lors des entraînements et des matches. C'est un poids pour lui et pour sa famille, ses contrats sont chaque fois moins rentables et, à ce stade, il n'y a plus grand-chose à espérer. Il est temps de rentrer à la maison et de s'inventer une nouvelle vie.

3
São Vicente

Coupes, trophées, médailles, de toutes les formes, de toutes les tailles, de tous les métaux et de multiples sports : les vitrines du Clube de Regatas Tumiaru conservent le souvenir des titres conquis durant ses 108 années d'existence.

Fondé sur le principe de « réconcilier la jeunesse à travers la pratique sportive, en particulier nautique », le club inaugure son premier siège sur la côte de São Vicente, à côté du port Tumiaru, qui lui a donné son nom. Actuellement, un bâtiment blanc et noir de deux étages, sur lequel on distingue l'emblème du club (deux avirons croisés, un gilet de sauvetage et la date « 1905 »), s'élève au numéro 167 de celle que tout le monde surnomme « place des Courriers » mais dont le véritable nom est « praça Coronel Lopes ». Nous sommes dans le centre de São Vicente, la première ville fondée par les Portugais en Amérique du Sud, le 22 janvier 1532.

Municipalité de la minirégion de Santos, São Vicente partage une île avec la ville voisine. Elle est connue pour le tourisme et les boutiques qui bruissent d'animation dans la rue principale, sans oublier le monument élevé par l'architecte Oscar Niemeyer pour les 500 ans du Brésil, une plateforme blanche au sommet de l'île Porchat. Incontournable.

La visite guidée des installations du Clube Tumiaru (celles du centre, le siège nautique se trouvant sur la côte) n'est pas moins intéressante : une piscine en plein air, des salles de musculation, un gymnase où ont lieu des cours de capoeira, de danse, de taï-chi, de judo, de gymnastique et finalement, la très haute salle de football en intérieur. Énorme, avec une voûte en demi-arc, des fenêtres qui illuminent les lieux, des tribunes latérales et un échafaudage en bois à la peinture écaillée par les nombreux matches qui y ont été disputés. À cette heure de la matinée, il est vide, les entraînements et les cours ne débutant qu'à midi, mais c'est ici, sur ce terrain, que Neymar Junior, à 16 ans, commence à jouer au ballon en club.

Le ballon a toujours été son amour, l'objet de son désir, une passion dévorante au point qu'en mai 2012, il affirmera : « Le ballon est la femme la plus jalouse qui soit. Si tu la traites mal, elle cesse de t'aimer et peut te faire du mal. Moi, je l'aime à la folie. » Il l'a prouvé dès son plus jeune âge. Nadine, sa mère, se rappelle qu'à 2 ans, tandis qu'elle achetait des pommes de terre au marché, Juninho a lâché sa main et a traversé la rue, au risque de se faire renverser, pour se saisir d'un petit ballon en plastique jaune. Elle se souvient que son fils dormait avec le ballon dans ses bras. Quelques années plus tard, il aura jusqu'à cinquante-quatre ballons accumulés dans sa chambre. Ce n'était plus sa chambre mais la chambre des ballons, au point que Juninho devait se pelotonner sous un petit coin de la couverture envahie par des montagnes de ballons. Les ballons ne manquent pas non plus sur les photos de famille de l'époque : tout petit, il porte déjà un maillot de Santos et, sous le bras, un ballon cousu de pentagones blancs et noirs.

Neymar père reste abasourdi : à l'âge de 3 ans, Juninho, au lieu de prendre le ballon dans ses mains et de dire « il est à moi », comme tous les gamins, récupérait le ballon avec les pieds. Pour lui, le football était déjà quelque chose de sérieux, il avait ce que les Brésiliens appellent *jeito*, c'est-à-dire une prédisposition. Chez ses grands-parents, dans le quartier de Nautica 3, père, mère et enfants dorment dans la même chambre. Entre le matelas, l'armoire et la malle, il y a peu d'espace mais Juninho profite à fond du minuscule passage pour jouer. Le matelas fait une surface de réparation idéale pour jouer au gardien : arrêts, sauts et réveils en bord de ligne. Lorsqu'il fatigue, il peut toujours « utiliser » sa sœur et sa cousine Jennifer comme poteaux pour tirer des coups francs et penaltys imaginaires.

Cependant, Neymar Junior ne s'illustre pas avec le ballon. « Fin 1998, je suis allé voir un match sur la plage d'Itararé, à São Vicente. Tumiaru jouait contre Recanto da Villa. J'étais préoccupé par mon fils ; je tournais la tête pour voir où il était mais un enfant plus petit attira mon attention, très mince, les cheveux courts et les jambes fines. Il parcourait les tribunes montées pour l'occasion de haut en bas. Il courait avec beaucoup de facilité, comme s'il était sur une surface plane, sans obstacle. Il ne s'arrêtait pas. Son habileté, son agilité et sa coordination m'ont surpris. Ce n'est pas fréquent chez un enfant aussi jeune. Pour moi, c'est ce qui fait la différence. J'ai ouvert les yeux et demandé à un ami : "Qui est ce gamin ?" Celui-ci m'a répondu que c'était le fils de Neymar, un des joueurs disputant le match sous le maillot de Recanto et qui venait de rater un penalty. J'observai alors le père : bon physique et bon contrôle du ballon. Puis je regardai Nadine, la mère, qui assistait à la rencontre : mince et grande. Je pensai immédiatement à la combinaison génétique : les parents du garçon étaient deux bons biotypes. Je me demandai alors : "Comment cet enfant jouera-t-il au ballon ?" »

Roberto Antonio dos Santos, originaire de São Vicente et ancien latéral droit dans des équipes de supporters, Betinho comme tout le monde le surnomme, se souvient, ravi, de la première fois qu'il a vu Neymar Junior : « À l'époque, j'entraînais au Clube de Regatas Tumiaru. Je formais une équipe de garçons nés entre 1991 et 1992 pour disputer un championnat à São Vicente. Donc, à la fin du match, je suis allé parler au père pour lui demander l'autorisation d'emmener son fils à Tumiaru pour un essai. Neymar père a accepté et le petit est venu avec moi. La première fois que je l'ai vu toucher le ballon, mon cœur s'est emballé. J'ai eu l'intuition du génie qu'il pourrait devenir. J'ai compris que la foudre [la fortune] était tombée deux fois au même endroit. Après Robinho, j'avais trouvé à São Vicente une autre perle rare. Le talent pour le football se trouve là où les gamins en ont le plus besoin. Et, à São Vicente, beaucoup de gens sont issus de régions pauvres, ces familles ne peuvent pas se permettre de vivre à Santos car la vie y est trop chère. Oui, c'est une mine d'or. »

Il est presque impossible d'interrompre le flot de paroles de Betinho. Cependant, cela permet de comprendre comment il a pu juger Neymar d'un simple coup d'œil ; comment est née son intuition, rien qu'en le regardant courir dans une tribune, qu'il pourrait devenir footballeur. La question inspire Betinho : « Dieu m'a donné le don de voir les joueurs qui sortent du lot. »

Il faut ajouter qu'au moment de sa découverte, Betinho travaillait avec des enfants depuis cinq ou six ans, ce qui – sans compter l'aide divine et les indéniables aptitudes de l'enfant de Mogi das Cruzes – l'a sûrement aidé à se faire une opinion.

Mais alors, quelles étaient les qualités de Juninho ? « Chez lui, le football est inné. À 6 ans, il avait déjà son propre style. Il avait la puissance et l'équilibre, la fantaisie pour les gestes malicieux dont il avait le secret. Il adorait dribbler, savait tirer et il n'avait pas peur de ses adversaires. En cela, il était différent des autres joueurs, vous auriez pu le mettre au milieu de 200 mômes de son âge, il aurait brillé de la même façon. »

À ce stade, Betinho se lève pour expliquer un concept fondamental et pour cela, il a recours à la musique, la samba précisément : « Lorsque je mettais une petite samba, je le voyais bouger, vibrer, danser, comme il le faisait ensuite avec le ballon dans les pieds. » Bien qu'accusant un léger excédent pondéral, Roberto Antônio dos Santos mime un pas de danse pour expliquer que sans ces mouvements de la taille et des jambes, il est impossible d'être un grand footballeur brésilien. Puis il ajoute, convaincu : « Oui, Neymar à cette époque gingait. »

« Ginger » est un verbe qui définit le pas de base de la capoeira, l'art martial brésilien introduit par les esclaves amenés d'Afrique et qui combine des éléments de lutte, de danse, la musique et l'expression corporelle. La ginga est un mouvement de jambes et de bras utilisé pour que le rival ne trouve pas un concurrent fixe, pour le tromper et le pousser à attaquer dans le but que le capoeiriste puisse contre-attaquer. Littéralement, le vocable fait référence à un mouvement du corps sensuel, malicieux, habile ou dextre. Étymologiquement, il pourrait venir du vieux français « jongler », lui-même dérivé du mot latin *joculari*, qui signifie plaisanter, mentir, se divertir.

Étymologie mise à part, la ginga est quelque chose de magique, qui coule dans le sang des Brésiliens dès leur naissance, comme un don, une faculté innée pour le mouvement, la danse, le football, pour feinter, pour tromper l'adversaire sur le terrain d'une façon artistique. C'est l'âme, l'identité même du football carioca. Une qualité que Juninho possédait déjà à l'âge de 6 ans, d'après l'homme qui l'a découvert.

Betinho ajoute : « Ce qu'il n'avait pas encore, c'était la force et la résistance, ce qui est absolument normal à cet âge. Il devait aussi peaufiner sa technique, apprendre à jouer en équipe mais sans que cela lui fasse perdre le goût du dribble. » Une tâche à laquelle Betinho s'est consacré corps et âme. Il l'emmène disputer un tournoi de football en salle avec Jabuca de Jabaquara. L'équipe remporte le trophée, Neymar est sacré meilleur buteur et meilleur joueur du tournoi. Betinho l'emmènera dans toutes les équipes qu'il entraîne : Portuguesa, Gremental, puis à nouveau Portuguesa.

Juninho a les cheveux frisés, il lui manque quelques dents de lait et il porte un maillot blanc avec un écusson représentant deux avirons croisés brodés bleu ciel. Il porte le numéro 7 et, sur la photo de la licence numéro 1 419 du Clube de Regatas, son expression est très sérieuse.

Le garçon commence à se faire remarquer sur l'estrade en bois peinte du terrain de football en salle (qui se joue à cinq et a été inventé à Montevideo en 1933 par le professeur Juan Carlos Ceriani Gravier, qui voulait que ses étudiants puissent jouer au ballon dans un petit gymnase) et Betinho confirme ses premières impressions. Il se rend compte qu'il a vraiment un bijou entre les mains : « Neymar était différent, c'était un joueur très intelligent. Il pensait vite, sa tête anticipait ce qui allait se produire. Il avait toujours un temps d'avance. Il savait où irait le ballon et comment l'adversaire allait réagir. Il écoutait volontiers mes conseils et ceux des autres entraîneurs. Il les mettait en pratique. C'était le premier arrivé à l'entraînement et le dernier parti. Il s'amusait comme un fou avec le ballon et tentait de progresser à chaque match. Je me rappelais comment était Robinho au même âge et Neymar me semblait encore plus habile. Je l'ai dit à sa mère : "Vous avez un fils qui pourrait devenir un grand footballeur. Il sera au moins aussi bon que Robinho." Sa mère comme son père ont toujours été à ses côtés, ils ont toujours fait attention à lui. Je les ai vus lui donner beaucoup d'affection et de tendresse. Même si la famille avait des soucis d'argent, ses parents ont toujours essayé de faire le maximum pour leur fils, et même plus. Ils lui ont appris les valeurs de sincérité et d'honnêteté ; en somme, ils en ont fait un bon garçon. »

Mais comment était-il à 6 ans ? « C'était un gamin heureux, toujours gai et souriant. Il avait bon caractère. Il aimait travailler à l'école. Il s'entendait bien à la fois avec ses camarades et avec les adultes. Il était l'ami de tous et du coup, c'était un leader naturel. Il avait gagné la confiance de ses camarades grâce à sa façon de jouer sur le terrain. Je suis très fier d'avoir été le premier entraîneur d'un joueur qui est aujourd'hui connu dans le monde entier. »

À ce moment, Betinho sort les photographies où apparaît le jeune champion, dont une que Neymar Junior a publiée sur Instagram après un match. On l'y voit satisfait, dans son maillot blanc de Santos, et il y a cette longue dédicace : « Pour mon premier entraîneur, avec toute l'affection de ton ami et athlète, Neymar Junior. »

Le numéro 10 du PSG se sent redevable envers Betinho pour ses « yeux de lynx », pour avoir senti son potentiel, lui avoir ouvert les portes du monde du football. Et Betinho se sent reconnaissant pour la fidélité et la probité que lui témoignent Neymar Junior et sa famille : « Lorsqu'en 2002, Santos tenta de s'attacher les services de Neymar sans moi, le père a refusé. "Mon fils, dit il, a besoin de Betinho." Et lorsque Santos est revenu à la charge pour arracher un accord, le père de Neymar a accepté à condition que je puisse aussi venir à Santos. Et aujourd'hui, je travaille à l'Institut Neymar Junior, à la recherche de futurs talents. » Il accompagne le récit de ce souvenir d'un sourire.

Comment voit-il aujourd'hui son ancien protégé ? « Depuis 2009, l'année de ses débuts avec l'équipe première de Santos, Neymar a accompli des miracles. Il a mûri et affiné ses qualités. En peu d'années, il a remporté des récompenses individuelles et des titres. Il a donné de la joie à mon peuple et au monde entier. D'ici peu, il sera le meilleur joueur du monde. Oui, j'en suis certain : Neymar dépassera Messi et Cristiano Ronaldo. »

4
Praia Grande

Il s'essuie les mains avec un chiffon, arrange ses cheveux blancs, se regarde et dit : « C'est le plus beau but de Neymar. » Gilberto Leal répare des pneus dans la périphérie de Praia Grande. Son magasin de pneus d'occasion se trouve juste devant l'Institut Neymar Junior.

C'est un espace de 4 800 m^2, un complexe sportif avec terrain de football, piscine, gymnase, salle omnisports, auditorium et cantine. Son objectif : « Contribuer, grâce à la pratique du sport, au développement socio-éducatif des familles en difficulté, favoriser leur insertion sociale et leur participation active au sein de la communauté. » L'institut vient directement en aide à 2 300 enfants de 7 à 14 ans issus de familles modestes, et 10 000 de façon indirecte, jeunes ou moins jeunes.

« C'est une bonne idée, commente Gilberto, qui a fait beaucoup de bien à la région. Jardim Glória n'est pas une favela mais presque. Ici, la vie n'est pas facile, surtout pour les jeunes. » Impression que confirment deux travailleurs sociaux : délinquance juvénile, prostitution, drogue – surtout le crack – et absence de perspectives sont les plus graves problèmes, énumèrent-ils, dans cette zone problématique de Praia Grande (municipalité de 209 000 habitants située à vingt minutes en voiture de Santos).

L'Institut a été inauguré le 23 décembre 2014. Sur l'estrade, Neymar père, Neymar Junior et le reste de la famille. O Pai dit que le rêve de tous est devenu réalité : « Nous vivions près d'ici. On connaissait la difficulté de nos enfants à avoir une bonne qualité de vie et désormais, ils auront accès aux divertissements, aux jeux, à l'éducation et aux loisirs. »

Neymar Junior est content de pouvoir faire quelque chose pour le quartier où il a grandi et passé une bonne partie de son enfance : « C'est ici, dans ces rues, que j'ai joué au ballon avec mes amis, que je me suis amusé lors de parties de billes interminables, que ma vie a pris son envol. »

Avec sa famille, il est venu de São Vicente lorsqu'il avait 7 ans et y est resté jusqu'à ses 14 ans. Au numéro 374 de la rue B de Jardim Glória. Une maison de plain-pied à la peinture vert pastel au fond de la rue, au toit en tôle et au grand patio. C'est son père qui l'a bâtie, sur une parcelle de douze mètres par trente de sa propriété. Il l'avait acquise avec l'argent qui lui restait à la fin de sa carrière de joueur. Deux amis, Toninho et Jura, l'ont aidé. L'un lui procura le matériel pour la construction, l'autre la main-d'œuvre en échange de la participation de Neymar père aux matches du samedi et dimanche de ses équipes de Várzea Grande et Baixada Santista.

Aujourd'hui, au numéro 374 de la rue B vit une tante de Ney. À marcher dans les rues abîmées du quartier, on se rend compte que Juninho n'a pas eu une enfance facile : « Je ne suis pas un fils à papa, j'ai grandi dans une favela et au sein d'une famille modeste. Nous avons eu de sérieux problèmes d'argent », dira le Brésilien des années plus tard.

Après la fin de sa carrière de footballeur professionnel, Neymar père se présente en 1998 à un concours public pour un poste à la Companhia de Engenharia de Tráfego (CET) de Santos. Il passe le concours avec succès et est engagé.

Ce n'est ni ce qu'il aurait voulu faire ni ce qu'il sait faire, étant mécanicien mais, pour le moment, il se contente de travailler comme maçon. La CET est chargée de construire les nouvelles marquises pour les arrêts de bus de Santos et Neymar père excave, pétrit le ciment, dispose les piliers et couvre les trottoirs. Au bout de quatre mois, il passe à la manutention des véhicules et finit par s'occuper des motocyclettes de la police militaire. Grâce aux cours de perfectionnement du SENAI, il deviendra contremaître.

Il quittera l'entreprise en 2009 pour s'occuper de la carrière de Juninho. Mais ce n'est pas encore le cas et son salaire à la CET ne suffit pas. Pour boucler les fins de mois, O Pai vend des purificateurs d'eau et, pendant les week-ends, il fait des allers-retours au volant d'un vieux combi, la fourgonnette de Volkswagen des années 1960 et 1970. Nadine, de son côté, en plus de s'occuper de la maison et des enfants, travaille comme cuisinière dans un centre d'accueil pour enfants nécessiteux.

Juninho, lui, partage son temps entre le collège et le ballon. Il est inscrit à l'école municipale José-Júlio-Martins-Baptista et, dès que la sonnerie libère les élèves, il sort en courant pour se consacrer corps et âme à son amour. Il joue à la maison, dribble les chaises, les tables, et tout ce qui se trouve sur son chemin. Parfois, la porte de la chambre fait office de cage. Il fait rebondir le ballon contre les murs, le récupère au rebond, utilise sa tête, contrôle de la poitrine, de la hanche, essaie de faire le maximum de touches avec son pied gauche. Avec un miniballon, il marque des buts entre les pieds d'un fauteuil. Il s'invente des matches en solitaire, des championnats, demi-finales et finales.

Quelquefois, il casse les vases de sa mère. Nadine le sermonne, mais jamais trop : son père, Arnaldo, que Juninho n'a pas connu, jouait aussi au football. Donc Nadine comprend bien son fils et ne l'empêche pas de s'amuser avec le ballon.

Ney ne s'arrête jamais, à la maison ou au collège, à la plage avec son père ou dans la rue avec ses amis, un bout d'asphalte où n'importe quels objets servent à délimiter les buts, les trottoirs faisant office de lignes latérales. La rue est tellement en pente qu'à chaque but marqué, les équipes changent de côté pour qu'aucune ne reste avantagée.

« C'était dur d'arrêter Juninho, en descente ou en montée », se souvient Gustavo Almeida, qui n'a pas oublié le jour où

Betinho est venu chercher son protégé pour qu'il l'accompagne à l'entraînement. « Il a garé sa voiture pour regarder le match mais a oublié de serrer le frein à main. Petit à petit, le véhicule a commencé à bouger, puis à dévaler la pente à toute vitesse. Heureusement qu'on a réussi à l'atteindre pour l'arrêter. Ça aurait été une catastrophe. »

À Jardim Glória, beaucoup se souviennent de Juninho comme d'un garçon timide et peu bavard mais qui adorait collectionner les petites voitures, qui jouait dans la rue à taper le ballon contre les grilles des voisins et qui s'entraînait sur le terrain de Grêmio Praia Grande – où se trouve désormais l'Institut Neymar – ou sur le miniterrain que son père avait bâti dans le patio de la maison. Un terrain en herbe, une petite merveille.

La première chose que fait Juninho est d'appeler ses amis pour un match. Ils sont vingt, commencent à jouer à midi et terminent vers 18 heures, alors que la nuit est déjà tombée. Alors seulement, ils se rendent compte qu'il ne reste plus que du sable sur le terrain. Plus un seul brin d'herbe. Sûr que Neymar père va s'énerver ; tous ces efforts anéantis après un seul match. Un des amis de Juninho a une solution : qu'il se dépêche d'aller dormir ou, au moins, qu'il fasse semblant. Sûr que son père ne le réveillera pas. Aussitôt dit, aussitôt fait. Pendant deux semaines, Neymar devient la Belle au bois dormant. Étrangement, lorsque son père rentre à la maison, il est déjà couché.

Les anecdotes de ceux qui ont connu le voisin le plus célèbre du quartier sont innombrables. Y compris de voisins qui sont trop jeunes pour l'avoir vu gambader à Jardim Glória, comme ces deux enfants qui, à la sortie du collège, rentrant chez eux à vélo, savent indiquer à quelle école il allait, où il vivait et jouait. Ils sont fiers que l'un d'eux ait réussi et qu'il soit devenu le numéro un du ballon. Eux aussi rêvent de s'en aller un jour loin d'ici. Comme Juninho.

Mais revenons à Neymar Junior, justement. Betinho se charge de mettre sa carrière dans la bonne direction. Après Tumiaru,

Betinho va entraîner un temps l'équipe de l'Associação Atlética Portuguesa, avant d'officier à l'école de Gremental, le Grêmio Recreativo e Esportivo Sindicato dos Metalúrgicos de Santos.

Cette association, créée en 1972, décide de mettre en marche à partir de 1995, et en lien avec l'augmentation de la consommation de drogues parmi les jeunes de Santos, un projet sportif réservé aux enfants. Actuellement, son école de football en salle regroupe 200 jeunes âgés de 4 à 15 ans. Un grand palais des sports en ciment à rayures blanches et bleues, rua Parana de Santos, sert de siège à l'école. On y accède en grimpant trois marches dominées par l'écusson du club.

À l'intérieur, les garçons s'entraînent. Les blancs contre les oranges sur un terrain bleu. Dans le couloir, un énorme tableau d'affichage annonce : « Tableau d'honneur de la maison. Athlètes passés par le Gremental qui aujourd'hui jouent au niveau national ou international. » Il y a plusieurs licences, avec des photos et des noms. D'Adriano Bispo dos Santos à Anderson Carvalho, de Renatinho à Rodolfo. Et évidemment, Neymar. Il y a quatre photos du crack : auprès de ses équipiers, quand il jouait ici, et plus tard, déjà célèbre, aux côtés des débutants de Gremental.

Elton Luiz, coordinateur de Futsal Esportes, explique : « Il est arrivé ici en 2001. Betinho l'a amené parmi un groupe de quinze jeunes. C'est un hors-catégorie, sur le terrain et en dehors. Il s'amusait avec le ballon. On s'entraînait trois fois par semaine mais pour lui, ça ne semblait pas être un effort. Ici, nous essayons de travailler avec les enfants de façon globale. Ils jouent dans toutes les positions, même gardien, et nous insistons beaucoup sur les fondamentaux. Ils doivent savoir tirer des deux pieds, avoir un bon contrôle du ballon et bien s'intégrer parmi leurs coéquipiers. On n'oublie pas non plus la relation avec la famille. Nous restons en contact étroit avec les parents car notre mission est aussi et avant tout sociale. En ce qui concerne Neymar, son père a toujours été très présent. Il parlait avec les entraîneurs de son fils et, en tant qu'ancien footballeur, il leur a donné quelques bons conseils. Nous préparions les enfants à la compétition, aux tournois internes et aux championnats régionaux. Avec Neymar, on a gagné un trophée après l'autre. »

Il interrompt son récit et demande à quelqu'un près de lui dans la salle d'aller chercher les photos de ces victoires. On y voit Neymar, au milieu de ses coéquipiers, avec le maillot jaune à col vert, accroupi, le ballon dans les mains. Betinho est debout, souriant. Sur une autre photo, on voit à nouveau Neymar, en maillot blanc, les cheveux coupés style Cascão, avec une espèce de postiche comme en portait Ronaldo Luis Nazário de Lima lors de la Coupe du monde 2002 en Corée. Ronaldo était alors l'idole de Neymar, qui ne voulait rien de moins que devenir comme lui.

Debout, sur la photo, l'entraîneur Alcides Magri Junior, qui dirige actuellement l'équipe des jeunes de 11 ans. À la fin du petit match, il prend le temps de nous parler de son ancien joueur : « Il avait 9 ans, c'était un garçon intelligent, vif, toujours content. Je me rappelle son sourire et qu'il était très ami avec ses coéquipiers. C'était un grand joueur, avec de grosses qualités et il se transformait dès qu'il entrait sur le terrain d'entraînement. Tout glissait sur lui. Il était capable de faire basculer un match à lui seul, mais ne voulait pas qu'on le traite différemment des autres joueurs. Il aimait la vie en groupe. Quand on dispose d'un talent pareil, il arrive souvent qu'apparaissent des sentiments de jalousie, de l'envie ou de la rancœur, mais avec lui, grâce à Dieu, ce n'est jamais arrivé. Il était sympathique et solidaire. Ses coéquipiers lui témoignaient de l'estime. Non, Ney ne se donnait pas des airs de champion. »

Parlons de son jeu et de son évolution avec Gremental : « Betinho travailla avec lui un mois ou deux puis je suis arrivé, après avoir entraîné les moins de 11 ans, puis les moins de 13. Le changement a été dû au fait que, depuis un moment, Neymar faisait des merveilles et cela nous a poussés à le faire monter d'une catégorie. Il a commencé à jouer titulaire avec des garçons qui avaient un ou deux ans de plus que lui. Je me souviens qu'à la fin des entraînements, il passait par le secrétariat technique, et Edy lui disait : “Eh garçon, va donc manger avec les autres”, mais lui s’en fichait et continuait à jouer au ballon de son côté. Le premier titre ? La Copa Uniligas. Nous avons remporté la finale contre Santos 3-1. Deux passes décisives de Neymar pour Léo Dentinho et un ballon magnifique de Dentinho sur le but de Ney. Les deux s’entendaient à la perfection et se complétaient. Dentinho, maillot numéro 10, commençait l’action et Neymar, avec le 14, la terminait, ou vice-versa. Ils formaient un duo fantastique. Avec eux sur le terrain, on ne perdait jamais. Dommage que la trajectoire de Léo n’ait pas ressemblé à celle de Neymar. »

Par curiosité, qu’enseigne un entraîneur à un petit génie du ballon ? « Mon devoir, répond Magri, était de lui donner de la liberté, de ne pas inhiber son talent et d’essayer d’améliorer ses qualités techniques. Mais je n’ai jamais eu besoin de lui apprendre à dribbler. »

Et qu’a apporté le football en salle à Neymar ? « En salle, l’espace est réduit donc le joueur est contraint de réfléchir et de se déplacer très rapidement. Il n’a pas le temps de garder le ballon dans les pieds, il faut écarter le jeu, passer ou tirer. Tout se déroule à grande vitesse par rapport au football à onze. Ici, l’athlète acquiert des réflexes rapides, une intelligence de jeu et un style singulier. Il suffit de regarder les dribbles courts et secs de Neymar. À cela, il faut ajouter que dans le football à cinq, on travaille beaucoup avec le ballon, ce qui fait progresser les joueurs techniquement, leur inculque l’agilité et une grande aisance dans le toucher de balle. C’est le germe de tous les gestes freestyle que fait souvent Neymar. N’oublions pas que 80 ou 90 % des joueurs brésiliens en activité au haut niveau, ceux qui arrivent jusqu’en sélection, sont passés par le football en salle, une expérience qui développe leur créativité. Grâce à sa pratique, ils ont plus confiance au moment de passer de la salle au grand terrain. »

Pendant ce temps, Elton Luiz a rapporté d’autres photos. Il énumère les noms un par un. Des entraîneurs comme Carlos, Eduardo, Amorini, André, qui ont suivi l’évolution du phénomène Neymar à Gremental. Du doigt, il désigne Neymar en train de fêter un titre. Cette fois-là, il a une coupe de cheveux classique, mais sur son front brille un bandeau blanc avec un message imprimé. Il est difficile à lire mais Magri me donne un coup de main : « À 11 ou 12 ans, il jouait systématiquement avec un bandeau sur le front. C'est sa mère qui lui avait fait pour que le Tout-Puissant le protège, même si plus tard, son père lui a conseillé de l'enlever car ses coéquipiers l'avaient surnommé "l'Homme masqué". Il y était écrit : "Jésus est fidèle" ou bien "100 % Jésus". »

5
Liceu São Paulo

« Quand il n'était encore qu'un espoir, on croyait en lui. C'est un grand privilège d'avoir contribué à bâtir l'histoire de l'un des meilleurs joueurs du monde. Bonne chance, Neymar Junior. » La carte est collée avec du ruban adhésif près de la fenêtre de la secrétaire du collège. On y voit Juninho dans un maillot rouge et blanc, un ballon entre les pieds. Le terrain de jeu est un livre ouvert. Une simple publicité qui, disent-ils, fonctionne à merveille pour attirer de nouveaux étudiants au Liceu São Paulo, un bâtiment rouge et blanc de cinq étages que l'on ne peut pas rater, avenue Ana-Costa, la grande artère qui mène vers les plages de Santos. L'établissement dispense des études élémentaires, moyennes et supérieures. C'est une école privée qui a une longue existence (elle a ouvert à la fin des années 1920) et jouit d'une bonne réputation dans la ville.

Maria Antonia Juliao Faracco est la coordinatrice de l'institut et la responsable des cours de sixième et septième, c'est-à-dire des enfants de 11 et 12 ans. Elle s'avance dans les couloirs et appelle l'ascenseur pour accompagner son visiteur vers les salles de classe, la bibliothèque, l'auditorium et le laboratoire de biologie. Au dernier étage, le gymnase, empli de la lumière qui entre par les fenêtres, offre une vue spectaculaire sur la ville : « C'est ici que jouait Neymar et ici, grâce à la Copa TV Tribuna de football en salle scolaire, qu'il a commencé à se faire connaître de toute la Baixada Santista. »

Nous parlons de l'étudiant Neymar da Silva Santos Junior : « C'était un élève dans la moyenne, qui aimait l'histoire et évidemment, l'éducation physique. En revanche, il avait du mal avec les mathématiques. » « Non, les nombres et les chiffres n'étaient pas son fort, confirme *doña* Vilma Julia Rinaldi, la professeure de mathématiques, mais ce n'était pas un élève étourdi ou désordonné. Il faisait des efforts. »

Maria Antonia ajoute : « Il était bien élevé, respectueux avec les professeurs et sociable. Il ne ratait jamais un cours et n'a jamais eu de problème de discipline. Ce dont on se souvient, c'est combien il était fou du ballon. Il était toujours prêt à disputer un match avec ses camarades. À la récréation, on ne pouvait pas jouer mais il trouvait toujours une bonne excuse. Il allait voir le proviseur et le priait de lui prêter un ballon pour jouer un peu. Et là, dans le gymnase, ses amis et lui baissaient le filet de volley-ball pour l'utiliser comme terrain de football. Les filles voulaient toujours jouer au volley mais ils faisaient la sourde oreille. »

Mais comment un garçon venant de Jardim Glória, issu d'une famille modeste, a-t-il atterri dans une institution privée donc coûteuse ? Il ne pouvait sûrement pas payer l'inscription. « Il a obtenu une bourse », explique la coordinatrice du collège.

C'est une longue histoire, qui débute sur le terrain de football de l'Associação Atlética Portuguesa, que tout le monde à Santos surnomme la « Briosa ». Elle a été fondée en 1917 par un groupe d'immigrés portugais. La majorité étaient des maçons qui travaillaient à la construction des nouveaux quartiers de la ville et ne voulaient rien moins qu'être comme les Italiens, les Espagnols et les Syriens, qui commençaient à créer leurs associations sportives. Après avoir assisté à un match de l'Espanha Futebol Clube, ils se réunirent chez un coiffeur pour fonder la leur. Les installations sportives de la Portuguesa Santista se trouvent à quelques centaines de mètres de l'avenue Ana-Costa, où a été érigé le liceu. C'est un complexe immense, équipé d'une piscine olympique et d'un bassin pour les enfants, de terrains de foot en salle et de tennis, une salle des fêtes et même un restaurant grill. Au centre, le stade Ulrico-Mursa, « le premier de toute l'Amérique latine équipé d'un toit en béton armé », énumère Manuel, le secrétaire de l'association. Sur le terrain se trouve l'équipe première, qui dispute le Campeonato Paulista de deuxième division, contre une équipe de juniors.

Dans la tribune, Edu Marangon observe avec intérêt l'évolution d'un jeune plein de promesses arrivé récemment. Marangon a du sang italien. Sa famille est originaire de Trévise et il n'a pas oublié la langue de Dante. Il a grandi à la Portuguesa Santista, a joué au Torino sous la présidence de Gian Mauro Borsano, puis Gigi Radice pendant deux saisons (entre 1987 et 1989), avant de passer par Porto, Flamingo, Santos, Palmeiras, Yokohama Flügels et de finir sa carrière, après dix sélections internationales, à Bragantino.

Il est aujourd'hui directeur sportif de la Portuguesa Santista. Marangon se souvient bien lorsque Neymar enfant jouait ici, sur le grand terrain, sous le maillot blanc de la Briosa. C'est Betinho qui l'amena à la Portuguesa avec son groupe de garçons. Il y disputa son tout premier tournoi officiel sur un grand terrain : « Il évoluait côté gauche et avait déjà son style. Il allait chercher le ballon dans notre camp, partait de loin en dribblant un adversaire après l'autre, avant de donner une passe ou de s'avancer lui-même vers le gardien », raconte Betinho.

Roberto Antônio dos Santos n'a pas oublié le but marqué par Neymar en finale d'un tournoi à Cascavel, Paraná : « Il a inventé une bicyclette dans le style de Robinho, a frappé fort dans le ballon pour crucifier le gardien. Une œuvre d'art. Tout le monde était impressionné ! »

Mais le match que personne ou presque n'a oublié fut celui de la Portuguesa contre São Paulo, dans les catégories de jeunes. Neymar a alors 11 ans, un an de moins que ses partenaires. Dudu, l'ami avec lequel il a joué à Tumiaru et avec qui il allait au liceu, son meilleur ami sur le terrain et en dehors, le numéro 11 de l'équipe, s'arrache d'un dribble. Il est abattu à l'intérieur de la surface. Penalty. Le numéro 10, Neymar, est chargé de les tirer. 1-0 pour la Briosa. À nouveau Dudu, qui centre du gauche pour le deuxième but signé Gustavo. São Paulo réagit grâce à Fabio, qui marque de la tête. Mais Neymar est décidément inspiré : il s'avance en éliminant ses adversaires et cherche la conclusion en solitaire. Le gardien dégage mais le numéro 10 récupère le ballon et passe à Léo Baptistão qui marque le troisième dans le but vide. Neymar, à onze mètres, se charge d'en ajouter un quatrième.

Le gardien devine son geste mais le ballon lui glisse entre les mains : 4-1 et doublé pour Juninho. C'est la troisième victoire du championnat et les gamins de Betinho prennent la première place du classement. Dans une interview pour la télé à la fin du match, le coach couvre d'éloges Dudu et Neymar, « un joueur révélation des catégories de jeunes de la Baixada Santista ». Juninho aussi est interviewé, son indispensable bandeau rouge « 100 % Jésus » lui couvrant une partie du visage. Il dit que toute l'équipe a bien joué et, avec un sourire malicieux, lance une pique à São Paulo : « On a gagné beaucoup plus facilement que prévu. » Le gamin s'est tellement illustré que São Paulo lui fait la cour, ils tiennent absolument à ce qu'il endosse le maillot tricolore. Mais aucun accord n'est trouvé.

Reginaldo Ferreira de Oliveira, Fino, entraîneur de la Portuguesa et coordinateur du football en salle du liceu, se rappelle : « C'était une bonne équipe. Il y avait Neymar, Dudu, Gustavo et Léo Baptistão. Juninho adorait jouer et il a toujours voulu être le meilleur. Le meilleur de la rue, du quartier, de la ville, de l'État, du pays et maintenant du monde. Chaque jour, il en veut un peu plus et c'est comme ça depuis l'enfance. Il suffit de voir la vitesse à laquelle il s'est adapté au grand terrain après le foot à cinq. Si rapidement que six mois plus tard, Santos le voulait. »

Fino est toujours professeur d'éducation physique. Parmi ses mérites, celui d'avoir aidé Neymar et sa sœur Rafaela à entrer au Liceu São Paulo. Un jour, en parlant avec Ermenegildo Pinheiro da Costa Miranda, Tio Gil, alors directeur du liceu,

Fino lui explique combien son équipe de foot en salle est forte mais aussi qu'il y a quelques joueurs à la Portuguesa qu'il aimerait beaucoup recruter. Concrètement, un gamin lui a tapé dans l'œil et pourrait bien devenir le crack de son équipe. Seul problème, la famille n'a pas les moyens de payer l'inscription. Que faire ? Le directeur ne tergiverse pas. S'il est vraiment aussi bon, qu'il l'amène et il trouvera un moyen de l'aider.

L'essai, dans le gymnase du liceu, est plus que convaincant. « Monsieur Miranda, explique Fino, a inscrit Juninho et sa sœur au liceu. Il leur a accordé une bourse d'études incluant également le matériel scolaire, les livres, l'uniforme et le trajet en autobus pour les emmener à Praia Grande le matin et les ramener chez eux le soir. »

À partir de 2003, le liceu dispute le championnat interscolaire organisé par TV Tribuna, une chaîne affiliée à TV Globo. Plus de 80 collèges de la région y participent et les matches sont retransmis à la télévision. Réunir une bonne équipe et lever la coupe représente une grosse opération marketing. Au point que Tio Gil n'a pas besoin d'y réfléchir à deux fois et, sur le modèle des universités américaines, s'attache les services de Neymar et des meilleurs joueurs de la Portuguesa : « La première année, nous avons atteint la finale mais perdu contre le Collège anglo-américain. Neymar et Dudu, numéros 7 et 11, étaient les deux cracks de l'équipe. Ils étaient inséparables : le ballon, leur vie. Au point que de temps en temps, ils sautaient le déjeuner pour aller jouer. Ça leur était égal d'avoir à s'entraîner à la Portuguesa ensuite. »

Neymar promet, et dans les journaux commencent à apparaître des photographies et des articles sur le petit gars de Praia Grande. « Neymar, possible idole », titre *A Tribuna*, l'un des journaux de Santos. Puis l'article décrit : « Neymar est insolent sur le terrain et en dehors. En match, c'est un retourné après l'autre, il assume ses responsabilités, marque et aide ses coéquipiers à marquer. En dehors, il se dit déjà rodé aux interviews, mais pendant les célébrations du titre, il n'a pas pu esquiver les appareils photo des fans ni les baisers de ses amies du collège.

Tellement que pour un peu, il aurait perdu la médaille qu'on venait de lui passer autour du cou. »

La télévision l'interroge, les gamins lui réclament un autographe, les petites filles crient son nom. À 13 ans, c'est déjà une célébrité. Il provoque la colère des autres collèges, qui accusent le liceu de l'avoir fait venir uniquement pour jouer au football, sans être inscrit ni suivre les cours. Ermenegildo Miranda doit se rendre en personne au rectorat pour montrer le registre et la feuille d'inscription afin de convaincre les autres chefs d'établissement. Tous aimeraient avoir Neymar dans leur équipe.

En 2005 a lieu la seule anicroche dans la scolarité de Juninho, précisément avec son professeur d'éducation physique, Matheus Pavao Fuschini. Neymar passe de la Portuguesa à Santos FC. Il étudie le matin et s'entraîne avec les équipes de jeunes de l'Alvinegro Praiano. Il manque de temps et rate les entraînements du liceu. Ses camarades pâtissent de ses absences. Un coéquipier grogne, un autre s'énerve, à voix haute, contre un traitement de faveur : « Comment ? Il ne s'entraîne pas mais il est toujours titulaire. » Matheus décide de convoquer le garçon et lui demande, pour une fois, de faire l'impasse sur l'entraînement de Santos pour assister à celui du collège. Neymar s'y présente, marque plusieurs buts, fait deux petits ponts. Ça suffit. Personne n'a rien à ajouter car avec lui, le liceu a le vent en poupe.

L'équipe atteint la finale de la Copa TV Tribuna et, cette fois, l'emporte. Neymar, avec un bandeau blanc sur le front assorti à son maillot, soulève le trophée au milieu d'une marée humaine : c'est un soulier de footballeur stylisé au moment de tirer dans un ballon. « Nous avons gagné encore d'autres titres mais la Copa TV Tribuna, avec sa couverture médiatique, a peut-être été le plus important », ajoute Fino.

Neymar quitte la Portuguesa pour les équipes de jeunes de Santos et laisse aussi derrière lui le liceu au profit de l'institut Lupe Picasso, du côté de Vila Belmiro, le stade de Santos.

6
Santos

Port, cafés, plages et football : Santos est tout cela et plus encore. Une ville côtière de 500 000 habitants située dans l'État de Sao Paulo, à 68 km de la capitale. Des files interminables de camions chargés de conteneurs et de marchandises variées dévalent la montagne do Mar en suivant les courbes de l'autoroute dos Imigrantes jusqu'à former une file à l'entrée du port, le plus grand d'Amérique latine avec ses 13 km^2. Un quart des importations et des exportations du Brésil passe par ici. Marchandises et passagers. Les navires transatlantiques des grandes compagnies maritimes débarquent, pendant quelques heures, des centaines de croisiéristes. Après une visite éclair de la ville et ses environs, ils lèvent l'ancre à nouveau. Des pétroliers et des cargos arrivent et reprennent le large ou restent le long de la côte, comme des lumières perdues dans l'horizon de la nuit de la Baixada Santista.

Des dômes en cuivre, des vitraux colorés avec des images empruntées à la mythologie nationale, des mosaïques en marbre, des colonnes de granit, des groupes de sculptures, une tour de l'Horloge de quarante mètres de haut : la Bolsa Oficial de Café, au numéro 95 de la rue XV-de-Novembro, est un monument au passé cafetier de la ville, un hommage à l'âge d'or de Santos qui était alors la capitale mondiale du commerce de café, au point que de nombreux pays n'acceptaient d'acheter ce produit que s'il avait été vendu ici et sa vente certifiée. Inaugurée le 7 septembre 1922, cette bourse a résonné pendant près de cinquante ans des cris des vendeurs de graines des arbres tropicaux de l'espèce *Coffea*. Aujourd'hui, c'est le siège d'un musée qui est devenu l'une des principales attractions touristiques de la ville, une librairie et une cafétéria très fréquentée où l'on vient déguster divers arômes.

C'est l'un des points de rencontre du centre historique, avec ses rues pavées, ses lampadaires et ses palais aux couleurs pastel, édifiés entre la fin du XVIIIe siècle et le début du XIXe, qui témoignent encore du faste lié à l'économie du café. Ici est arrivé, le 16 février 1867, le premier train de la São Paulo Railway, qui reliait les zones de production au port, point de sortie vers l'Europe et port d'entrée pour les immigrants italiens et japonais venus se substituer aux esclaves africains dans les champs. Aujourd'hui, le port reste l'une des importantes sources de revenus de la ville, avec la pêche, le commerce et le tourisme. L'économie de Santos est florissante et, dans les prochaines années, elle pourrait être encore dynamisée grâce au gaz naturel et au pétrole. En 2008 a été découvert, dans la baie de Santos, le gisement de Carioca, qui pourrait contenir l'équivalent de 33 000 millions de barils de brut.

Mais cela appartient à l'avenir. Attardons-nous pour le moment sur le présent de Santos. La ville occupe le cinquième rang des municipalités brésiliennes où il fait bon vivre, d'après l'indice de développement humain de l'ONU, qui prend en compte l'éducation, le PIB par habitant et l'espérance de vie. Cependant, la ville, comme toujours au Brésil, abrite des contrastes brutaux entre richesse et pauvreté, entre les constructions pimpantes de la côte et Vila Gilda, la plus grande favela de maisons sur pilotis de tout le pays, entre un centre historique qui la nuit éteint ses lumières et la vie à l'autre bout du tunnel qui conduit vers les plages.

Sept kilomètres de sable fin bordés de gratte-ciel. Du verre et du ciment, des penthouses de rêve, des piscines avec vue. Des pinacles qui se dressent les uns contre les autres, chacun plus audacieux que le précédent, forment une ligne compacte qui, de temps en temps, laisse de l'espace aux vieux hôtels néoclassiques datant des années 1920, les premiers qui accueillirent les voyageurs convaincus par les bienfaits des bains de mer. Centres commerciaux, restaurants, bars, pistes cyclables, vieux messieurs faisant leur jogging, jeunes allant et venant avec leur planche de surf multicolore sous le bras, inconditionnels de la pétanque ou du beach-volley.

Dans la zone de Praia do Gonzaga, la côte est un va-et-vient ininterrompu. Les samedis après-midi, la plage se transforme en immense terrain de football. L'un après l'autre, les terrains de jeu s'alignent à l'infini. Les lignes tracées dans le sable et les matches joués pieds nus. Les joueurs sont de tous les âges : des hommes d'un certain âge en chair, qui transpirent et se plaignent, de jeunes intrépides, des garçons endiablés et des enfants qui connaissent plus de tours qu'un magicien. Des cris, des chocs, des buts, des penaltys, des remises en touche et des ballons qui roulent dangereusement en direction des vagues de l'océan Atlantique. Maillots aux couleurs des grands clubs européens et brésiliens, torses nus et tenues maison. Football à cinq ou à onze, beach-volley, football society : dans cette procession sportive, il ne manque aucune variation du jeu avec un ballon.

La nuit tombe soudain et la plage, petit à petit, retrouve son aspect originel. On charge les poteaux et les transversales sur les épaules, on range les filets dans les sacs et les footballeurs quittent la plage dans les rires qui s'élèvent des buvettes tandis que les mendiants ramassent les canettes et les bouteilles.

Le football réapparaît dans les clubs, dans les minuscules terrains de la périphérie, dans les pavillons de foot en salle, les écoles, parmi l'assistance quotidienne et dans les trois sociétés footballistiques de la ville : la Portuguesa Santista, Jabaquara et

Santos, le club qui, d'après les membres de la Torcida Jovem, a changé pour toujours la manière de comprendre le football.

« Cent ans de football art », tel est le slogan diffusé par le club blanc à l'occasion de son centenaire, en 2012. Cinq mots qui précèdent l'entrée du stade Urbano-Caldeira, plus connu sous le nom du quartier où il s'élève : Vila Belmiro. On parle d'un petit siège sportif inauguré en 1916 et qui ne peut accueillir que 16 798 spectateurs. Les mauvais jours, on n'en compte pas plus de 4 000.

Tout est à portée de main. On peut presque toucher la pelouse et les joueurs. Les vestiaires sont situés dans les entrailles du stade. À l'entrée, ces mots qui claquent : « Vestuario Edson Arantes do Nascimento Pelé. » À l'intérieur, une photographie géante du maillot immaculé du numéro 10, en hommage au « roi ». Mais Pelé n'est pas le seul champion dont on narre les exploits. Dans les vestiaires, chaque casier porte la photo d'un des joueurs qui composent l'effectif actuel, ainsi que le nom d'une idole de l'histoire alvinegra. Leurs gestes héroïques se transmettent de génération en génération, comme un témoignage, comme entre les murs du CT Rei Pelé, le centre d'entraînement de Santos, où l'artiste plasticien Paulo Cosentino a peint en blanc et noir les visages des footballeurs qui ont marqué l'histoire du club. Et à Memorial das Conquistas, situé au rez-de-chaussée de Vila Belmiro, brillent des photos, panneaux géants, ballons, autographes, chaussures, revues, journaux, cartes postales, maillots et une multitude de trophées conquis durant un siècle de football.

14 avril 1912. Le *RMS Titanic* percute un iceberg et coule en un peu plus de deux heures. Sur ses 2 223 passagers, 1 518 perdent la vie. Ce même dimanche, à Santos, 39 garçons de 15 à 24 ans, étudiants et commerçants, issus de la classe moyenne supérieure de la ville, se donnent rendez-vous dans le salon du Clube Concórdia. Ils ont été convoqués par Francisco Raymundo Marques, Mário Ferraz de Campos et Argemiro de Souza Júnior, des sportifs de la ville, afin de fonder « un puissant club de football ». La discussion se prolonge. La difficulté

consiste à trouver un nom qui sonne bien et satisfasse toutes les personnes présentes. Quelqu'un propose « Africa Football Club », d'autres « Concórdia », certains insistent pour l'appeler « Associação Esportiva Brasil ». Finalement, à 22 h 23, une idée finit par faire l'unanimité : Santos Foot-Ball Club (à l'anglaise, évidemment).

Le jour suivant, le *Diário de Santos*, dirigé par Tito Brasil, publie la nouvelle en première page sous l'entête « Sports » et souhaite « une vie longue et glorieuse à l'association sportive ».

Le 15 septembre 1912, l'équipe fraîchement créée dispute, sur le terrain du numéro 22 de l'avenue Ana-Costa, où se trouve aujourd'hui l'église Coração de Maria, son premier match officiel contre Santos Athlétic Club. Résultat final : 3-2. L'année suivante, le club est invité à participer à la Liga Paulista de Futebol, la première compétition officielle. Son début a lieu contre Germânia, le 1er juin 1913. Les joueurs de Santos encaissent huit buts et en marquent un, une bonne raclée. Ce résultat n'augure rien de bon.

De fait, vingt-deux années passeront avant que Santos ne remporte son premier titre. Enfin, en 1935, l'Alvinegro Praiano s'impose dans le Campeonato Paulista. Le football brésilien obtient le statut professionnel en 1933 et, depuis (le 12 mars exactement, jour du match à Vila Belmiro contre São Paulo da Floresta, ancêtre de l'actuel São Paulo) les supporters de Santos revendiquent le titre péjoratif que leur ont attribué leurs adversaires. À chaque match joué à São Paulo, la tribune adverse se moque d'eux en criant : « Pescados podridos, pescadores ! » (Poissons pourris, pêcheurs !)

Peixe (poisson) devient le surnom de Santos et, avec le temps, une orque deviendra sa mascotte. Mais l'orque ne mord pas et après ce premier trophée a commencé une longue traversée du désert, une époque sombre que l'écrivain José Roberto Torero a défini par l'expression « notre Moyen Âge ». Il n'avait pas tort : vingt années de plus sont passées, de silence et d'anonymat, avant que Santos ne célèbre un nouveau succès, en l'occurrence la conquête du Paulistão. C'était en 1955 et l'équipe, alors formée par Manga, Helvio, Feijo, Ramiro, Formiga, Urubatao, Tite, Negri, Alvaro, Del Vecchio et Pepe, s'imposa 2-1 en finale contre Taubaté.

Au mois de juin 1956, un garçon de 15 ans né à Três Corações, dans l'État de Minas Gerais, arrive à Vila Belmiro. Il répond au nom d'Edson Arantes do Nascimento : Pelé. Celui qui aux côtés de Gilmar, Dalmo, Mauro, Calvet, Zito, Mengálvio, Lima, Dorval, Coutinho, Pagão et Pepe transforme Santos en équipe célèbre dans le monde entier et élève le Brésil au rang de référence globale.

La fin des années 1950 et les années 1960 sont l'âge d'or du club : neuf championnats, deux Copa Libertadores, deux Coupes intercontinentales (contre le Benfica d'Eusébio, puis le Milan d'Altafini) et cinq Coupes du Brésil. Santos forme l'ossature de la sélection brésilienne qui gagne la Coupe du monde en 1958, 1962 et 1970.

Une explosion footballistique à l'écoute des nouveaux évènements qui se produisent dans le monde, sur la même longueur d'onde que le rock'n'roll, les Beatles, la bossa-nova, un style de samba lié au jazz et la musique érudite qui aura une grande influence à l'échelle mondiale. Le Brésil commence à produire une architecture futuriste, symbole d'un pays qui semble destiné à se transformer en nation moderne, capable de faire preuve d'une originalité puisant sa source dans son métissage. Mais tous ces espoirs seront bientôt ruinés avec le coup d'État du 31 mars 1964, puis les années de plomb qui s'ensuivirent.

Cependant le football, cet art du ballon, le style de Santos, forgé pendant les années de changement et d'espoir, continue de provoquer la stupeur, comme étranger à tout le reste. Pelé est son indiscutable symbole, la fierté nationale, le joueur capable de marquer la bagatelle de 129 buts pendant la seule année 1959. L'Alvinegro Praiano est le « football art », le spectacle à l'état pur, la jouissance et le divertissement avec le ballon, que tout le monde veut voir de ses propres yeux. Le Peixe devient une sorte de Harlem Globetrotters. Il visite 59 pays et parvient même à interrompre une guerre. Cela se produit en janvier 1969, quand le Santos de Pelé, en tournée en Afrique, fait taire les armes du conflit entre la République du Congo et la République démocratique du Congo et que l'on décrète une trêve en pleine guerre du Biafra.

Le 19 novembre 1969, au Maracanã de Rio, devant 65 157 spectateurs, la Perle noire marque sur penalty son millième but, contre Vasco de Gama, à l'occasion de la Copa de Plata (qui deviendra le Brasileirão) : « Le monde entier, hurlent les reporters radiophoniques, applaudit le plus grand footballeur de tous les temps ! »

Cinq ans plus tard a lieu le jour le plus triste. C'est le 2 octobre 1974, à Vila Belmiro. Santos joue contre Ponte Preta. À la 22e minute, Pelé ramasse le ballon à la main et s'agenouille au centre du terrain, lève les bras au ciel, puis regarde des quatre côtés. Il se lève, ôte son maillot à rayures blanches et noires, s'offre un ultime tour d'honneur sur le terrain, puis s'en va, en larmes, en direction des vestiaires, tandis que le stade n'est plus qu'une montagne de larmes. Après dix-neuf années, O Rei quitte Santos.

« Le Brésil, veuf de Pelé », disent les chroniques à la télévision. Le pays, et particulièrement Santos, est en deuil. Les plus belles années du football se referment. L'histoire de l'Alvinegro continue, mais il faudra attendre quatre ans avant la renaissance. Il ne gagnera plus le Paulistão jusqu'en 1978, avec Juary, Pita, Ailton, Lira, Nilton Batata et João Paulo, « los meninos da Vila » (les enfants de Vila Belmiro). Jeunes et exubérants. Émerson Leão, l'entraîneur qui arrive à Santos en 2002, accordera sa confiance, comme l'avait fait Lula (Luís Alonso Pérez) dans les années 1950 et 1970, aux garçons élevés et formés dans les catégories jeunes du club. Et l'histoire se répète, le football renaît grâce à la deuxième génération de gamins : Diego et Robinho, qui conquièrent, en 2002, avec un football gai et chamarré, le septième titre de champion du Brésil de l'histoire de Santos. Huit ans plus tard, ce sera au tour de la troisième génération, menée par Neymar.

Le Memorial das Conquistas de Vila Belmiro a dédié à Pelé une vitrine remplie de souvenirs et d'émotion. Un seul autre joueur a mérité un tel honneur : Neymar. Ici, les deux champions sont l'un à côté de l'autre. Une brillante statue en étain avec les cheveux en crête pour Neymar ; une en fils de cuivre avec le maillot numéro 10 de la Seleção pour Pelé.

7
Peixe

José Ely de Miranda, dit Zito, et Antônio Lima dos Santos, dit Lima : deux institutions du Santos Futebol Clube. Zito, surnommé également le Géant, arriva au club en 1952. Moustache fine à la Clark Gable, il fut, avec le maillot numéro 5, promu capitaine d'une équipe de rêve qui rafla tous les trophées durant les décennies 1950 et 1960, parmi lesquels les Coupes du monde 1958 et 1962 avec la Seleção. On dit de lui qu'il fut le seul capable de donner des ordres et de tutoyer le roi Pelé.

Lima joua dix années à Santos, entre 1961 et 1971 : 696 matches, 65 buts et tous les trophées remportés pendant cet âge d'or. On l'appelait O Curinga (le Joker), car il pouvait évoluer à tous les postes, sauf celui de gardien. Il fut le poumon d'une équipe qui a émerveillé le monde. Zito et Lima ont été essentiels dans la vie de Neymar. Le premier l'a fait venir à Santos ; le second fut son entraîneur quand il fit ses débuts dans le football à onze.

Zito, mort en 2015 à l'âge de 83 ans, décida que Juninho devait être à Santos. Vers la fin 2003, Zito était le coordinateur des équipes de jeunes du club lorsque Alemão, un supporter fanatique du Peixe, l'appela pour lui dire qu'il devait absolument venir voir un certain Neymar, un petit gars qui participait à un tournoi de foot en salle : « Ce n'est qu'un môme mais il joue déjà très bien. Je suis certain qu'il te plaira », ajouta-t-il pour le convaincre.

Alemão est un personnage inimitable : il a treize (oui, treize) écussons de Santos tatoués sur les bras et un sur le front. Il tient un bar devant Vila Belmiro et fait autorité parmi les supporters les plus fervents. Son conseil fut particulièrement avisé mais il n'était pas le seul : Santos avait déjà reçu des renseignements sur le gamin de Mogi das Cruzes à plusieurs occasions, dont un par le biais de José Luis Pinho, un syndicaliste sidérurgiste qui l'avait vu sur la piste du Gremental.

De toute façon, Zito décide d'aller l'observer, parle avec un ami et se retrouve au bord du terrain de la Portuguesa. Neymar n'a que 11 ans mais, avec le ballon dans les pieds, il est infernal, sensationnel, meilleur que tous les autres joueurs. Zito revient vite à Vila Belmiro et parle avec le président, Marcelo Teixeira. Il lui conseille de faire signer le gamin immédiatement, avant que d'autres s'intéressent à lui et lui chipent. Il insiste pour qu'un contrat de longue durée lui soit proposé.

Et ainsi, quelques mois plus tard, le 10 mai 2004, Neymar da Silva Santos Junior signe son premier contrat avec Santos. Durée : cinq ans. Salaire : 450 réaux par mois. Il ramène à la maison son premier salaire même si, en vérité, lui et sa famille touchaient déjà un peu d'argent ou des cadeaux de la part du club lorsqu'il jouait au foot à cinq.

Au moment où Neymar démarre sa carrière avec l'Alvinegro Praiano, le club n'a pas d'équipe dans la catégorie des moins de 13 ans. Zito et le président vont s'efforcer d'en créer une pour former les nouveaux talents comme Ney. En 2006 sera inauguré le Centro de Treinamento Meninos da Vila, destiné aux catégories de jeunes du club. Juninho commence donc en salle.

C'est Lima qui lui fait sauter le pas vers le football à onze : « J'avais entendu dire que le garçon savait se débrouiller, malheureusement pour moi, il jouait encore au foot à cinq. Je suis allé voir un entraînement et à la fin, j'ai décidé de l'emmener travailler avec mon équipe. Mes joueurs avaient 15 ans, Neymar 12. J'en ai parlé avec Zito : "Regarde, lui ai-je dit, si ça te va, je prendrai Neymar pour qu'il joue avec moi." "Tu es fou, m'a-t-il répondu, il n'a pas le physique pour jouer à onze." J'ai insisté en lui expliquant que je ne l'inscrirais pas pour les matches de championnat, que je voulais seulement qu'il s'entraîne avec le groupe, à un rythme plus soutenu. "Très bien, c'est toi le responsable, fais comme tu veux." Nous avons clos la discussion et Neymar est venu avec moi. »

Lima – grosse voix de baryton, figure imposante – se souvient de ces premières années avec force détails : « Il jouait avant-centre. Après avoir un peu réfléchi, je lui ai dit (et en trois ans, c'est tout ce que j'ai eu à lui dire) : "Avec ton physique, tu ne peux pas bouger correctement dans la surface entre des défenseurs beaucoup plus corpulents et forts que toi. Essayons de changer. Si tu passes au milieu du terrain, tu recevras le ballon et tu seras face au jeu, tu auras la possibilité de dribbler tes adversaires et, avec ta puissance, personne ne t'arrêtera. Tu pourras avancer en slalomant, trouver l'espace pour conclure l'action ou passer le ballon à un coéquipier mieux placé." Neymar ne voulait pas au début et, les larmes aux yeux, il m'a dit : "Non, professeur, vous voulez m'éloigner de la surface, vous ne voulez plus que je marque." "Non, lui ai-je expliqué, je ne veux pas t'éloigner de la surface, je t'y replace au contraire, mais en possession du ballon. Tu n'auras plus à le recevoir dos au but, tu n'auras plus à revenir en arrière ni à te battre avec des défenseurs ayant plusieurs centimètres et plusieurs kilos de plus que toi." »

En l'occurrence, les fameux « gatos do futebol », ces garçons qui trichent, parfois beaucoup, sur leur âge, et sont de vraies armoires à glace qui jouent dur pour intimider leurs adversaires plus petits et frêles, comme Neymar.

Le problème du physique préoccupait sérieusement Lima : « Ce n'était pas grand-chose mais, petit à petit, grâce au travail du club, les enfants gagnent sept ou huit kilos de masse musculaire et surtout acquièrent une bonne condition physique.

Avant ses 14 ans, Neymar disputait leur place à des garçons de 15 ans. Il jouait à la fois au foot en salle et à onze. L'après-midi, il s'entraînait sur le terrain et, plus tard, sur la piste. Un peu trop. J'en ai parlé à Zito et Neymar père. Je préférais qu'il choisisse et il a fini par choisir. (Quelqu'un tape à la porte de son bureau, pose une question et la referme. O Cirunga reprend le fil de son récit.)

Neymar était un garçon calme, bien élevé et à l'écoute. C'était facile de travailler avec lui. Aucun exercice ne le rebutait. Le travail ne lui pesait pas. Je me rappelle quand arrivait l'heure de quitter le terrain et de retourner au vestiaire pour se doucher, il fallait toujours l'attendre : "Professeur, il me manque cinq ballons. Laissez-moi tirer les derniers penaltys", disait-il.

Il semblait très déterminé, ce qui est important à cet âge. Quand tu lui expliquais le but de tel entraînement, un schéma à l'appui, tu pouvais être sûr que Ney attendrait l'objectif. Comme cette semaine entière où nous avons travaillé la même action pour profiter de sa vitesse. Nous entrons sur le terrain pour jouer contre San Bernardo. Je m'assois sur le banc et m'adresse à un remplaçant. Donc je tourne le dos au terrain. J'entends crier derrière moi mais j'ignore ce qui vient de se passer. Un des enfants me dit : "Professeur, Neymar vient de marquer grâce à l'action que nous avons travaillée toute la semaine." C'était incroyable.

La seule chose qu'il n'aimait pas, c'était tirer du gauche, car son bon pied était le droit. Quand j'insistais, il se fâchait : "Pourquoi toujours moi ? Pourquoi ça tombe toujours sur moi, professeur ?" me demandait-il. Mais aujourd'hui, il est quasiment ambidextre. Quelquefois, pour le taquiner, je lui envoie un message, comme après le but qu'il a marqué face à l'Espagne en finale de la Coupe des confédérations. Je lui ai écrit quelque chose comme : "Pas mal pour quelqu'un qui ne voulait pas tirer du gauche." »

Jusque-là, ce sont les opinions de l'entraîneur. Il manque celle de Neymar. Que pensait-il ? À quoi rêvait l'enfant tout juste arrivé à Santos ? Le chercheur brésilien António Venâncio a reçu, en 2004, une commande d'Angleterre : ses clients voulaient qu'il interviewe des enfants du Peixe, les plus prometteurs, ceux qui avaient le potentiel d'un futur Robinho. Les enregistrements seraient inclus dans un documentaire sur Robson de Souza qui, deux ans plus tard, lors de la Coupe du monde, serait décrit comme le nouveau Pelé. Mais en Allemagne, tout est allé de travers pour le Brésil, éliminé en quart de finale par la France, et pour Robinho, qui ne fut pas à la hauteur des attentes. Au bout du compte, le documentaire n'a pas vu le jour mais Venâncio a bien réalisé les interviews. Dans ses archives, il y a une conversation avec Neymar Junior, qui avait alors 12 ans.

Au premier plan, on voit une photo au mur : Juninho, avec son habituel bandeau rouge sur le front et le maillot de Santos, apparaît à côté de Robinho. L'interview commence. Le garçon, cheveux courts, torse nu et yeux grands ouverts, a l'air un peu timide face à la caméra. Il raconte que la photo a été prise en 2003 et que Robinho voulait le rencontrer car on lui avait « dit que sur certains aspects [il] lui ressemblai[t] ». Venâncio lui demande quels conseils lui a donné le champion : « Il m'a dit que si je continuais de travailler et d'étudier, un jour, j'irais loin. » Quelles sont ses intentions s'il devient un joueur professionnel et gagne beaucoup d'argent ? « Aider ma famille », répond Juninho.

On passe en revue les trophées, les coupures de presse qui ont été découpées et collées aux murs, les Souliers d'or qui récompensent le meilleur joueur de foot en salle en 2002, un prix que seul Robinho avait remporté. Il répond à base de « oui » et « non » mais ajoute tout de même qu'il a remporté toutes ces coupes parce qu'il marque des buts. Il précise qu'il ne se fâche pas lorsque l'entraîneur le met sur le banc et qu'au cours de sa jeune carrière, il n'a été expulsé qu'une fois, pour avoir poussé un adversaire.

L'interviewer change de sujet et passe à la musique : « Non, je n'aime pas beaucoup. » Venâncio insiste et Juninho finit par confier qu'il écoute de la samba et de la pagode, que ses groupes préférés sont Revelação et Sorriso Maroto. Il connaît les paroles de quelques chansons mais n'aime pas chanter. Quelle équipe supporte-t-il ? « Palmeiras. » Sans l'ombre d'un doute. Pourquoi ? « Je n'en sais rien, parce que j'ai connu l'époque d'Evair et Rivaldo » (entre 1993 et 1999, lorsque le club verdao a remporté le Campeonato Paulista, le Brasileirão et la Copa Libertadores).

Ce n'est pas ce qu'on imaginait d'un Peixe mais Neymar est jeune et, une chose est sûre, c'est qu'il a de l'avenir en tant que footballeur. Il confirme d'un « oui » catégorique, ajoute que devenir professionnel à Santos lui plairait, puis – dans une autre interview de la même époque – qu'il espère aller au Real Madrid ou à Barcelone. Il rêve de suivre la voie tracée par Pelé et Robinho. C'est ce qu'on appelle l'ambition.

8
Madrid

Fédération de football de Madrid
Saison 2005-2006. Catégorie : enfants
Demande d'inscription du joueur
Nom de joueur : Neymar
Prénom : Neymar
1er nom : da Silva
2e nom : Santos Junior
Adresse : Castillo de Alarcon, 49
Ville : Villafranca del Castillo
Province : Madrid
Lieu de naissance : Mogi das Cruzes
Date de naissance : 5 février 1992
Pays : Brésil
Nationalité : brésilienne
Club : Real Madrid CF
De : Madrid
Date : 29 mars 2006

Papier jaune et photo d'identité d'un Juninho souriant : voilà la demande d'inscription auprès de la Federación de Fútbol de Madrid du garçon de Mogi das Cruzes en tant que joueur du Real Madrid. Autorisé à la date du 30 mars 2006, le document tiré des archives de la fédération est la confirmation que Neymar Junior, tout juste âgé de 14 ans, aurait pu être un joueur merengue.

Mars 2006 : Neymar Junior embarque à l'aéroport de São Paulo en direction de Madrid. Pour ce premier vol, l'accompagnent son père et Wagner Ribeiro, son agent, l'homme qui, en 2005, boucla, après une longue et éprouvante négociation, le transfert de Robinho de Santos au Real Madrid. C'est Betinho qui a présenté Ribeiro à Neymar père. Il est convaincu de la valeur du jeune homme, verse une pension mensuelle pour aider la famille et est décidé à miser sur Neymar depuis ses 12 ans. Aux côtés de l'Uruguayen Juan Figer, imprésario célèbre dans le monde entier pour avoir eu dans son écurie Maradona, Gullit, Socrates, Dunga, Klinsmann et Kaka, ainsi que pour ses problèmes avec la justice brésilienne, Ribeiro gère la carrière du gamin. Et, grâce à ses contacts au Real Madrid, il reçoit une invitation de la part de la Fábrica blanca pour amener son poulain à l'essai.

Il se loge au Colegio Internacional SEK-El Castillo, à Villafranca del Castillo, un lotissement situé à vingt kilomètres du centre de la capitale espagnole, où vivent et étudient les jeunes espoirs merengues. Le club met à leur disposition une voiture pour que le père l'accompagne aux entraînements et visite les installations sportives du Real Madrid.

Les examens médicaux se passent bien et l'essai impressionne les entraîneurs. Jesús Gutiérrez, alors entraîneur de l'équipe Infantil A du Real Madrid (les garçons de 14 ans), se rappelle que, dès le début, Ney « a démontré qu'il possédait une qualité énorme décidément supérieure aux joueurs dont [il] dispos[ait] ». Ces joueurs n'étaient pourtant pas n'importe qui : Dani Carvajal, aujourd'hui en équipe première, Pablo Sarabia, Alex Fernandez, Fran Sol. Gutiérrez ajoute : « Nous étions tous d'accord pour le recruter. Le garçon a fait l'unanimité, de la direction jusqu'aux joueurs. En général, quand un nouveau arrive dans un groupe déjà formé, cela provoque jalouse et envie. La première chose que te disent les joueurs, c'est : "Il n'est pas aussi bon qu'on le dit." Mais là, dans le cas de Neymar, ils m'ont dit : "Coach, ce jeune est fantastique, il joue comme un dieu." »

Neymar joue bien et marque beaucoup pendant les matches d'entraînement, jusqu'à 26 buts d'après certains. Il s'est bien intégré dans le groupe et semble content d'être à Madrid : « J'étais comme dans un rêve sauf que le Real Madrid est une réalité », dira Neymar dans une interview accordée à l'époque à ESPN. Le jeune homme est ému. Comment ne pas l'être : il rencontre ses idoles (Ronaldo, Zidane, Júlio Baptista) et retrouve Robinho.

Le dimanche 26 mars 2006, il est invité à Santiago-Bernabéu pour le match de Liga du Real Madrid contre le Deportivo La Corogne. Depuis la tribune d'honneur, juste sous le président, il assiste à la victoire des blancs sur le score de 4-0, avec des buts de Hector, Ronaldo, Sergio Ramos et Júlio Baptista. À la fin du match, Julio Gomes, correspondant en Espagne de TV Bandeirantes, l'interviewe et lui demande s'il a apprécié le match : « Voir jouer Zidane et Robinho, comment pourrais-je ne pas avoir aimé ? » répond-il dans un sourire. Puis il ajoute qu'il a aussi apprécié la ville et qu'il aimerait y rester.

Wagner Ribeiro précise que « Neymar est venu pour découvrir Madrid car son père pourrait faire venir sa famille en Europe et son fils pourrait jouer en Espagne, en Angleterre ou en Italie. C'est seulement une question de temps ». Qu'en pense le gamin de Mogi ? Il rit et répond : « Je n'en sais rien, c'est eux [son père et Ribeiro] qui s'occupent de tout. Moi, je joue au ballon. »

Quelques jours plus tard, la décision du Real est prise. Le contrat est rédigé et les deux parties d'accord. Il est d'une durée de cinq ans, primes, inscription à l'école pour lui et sa sœur, et un emploi pour son père inclus. Ne manque que la signature de la mère. Nadine avait un billet pour rejoindre Juninho en Espagne mais elle a préféré rester à la maison avec Rafaela. Le Real a déjà prévu de faire débuter le Brésilien à l'occasion des derniers matches de la saison. Quelqu'un suggère que la recrue participe, quelques jours plus tard, à un tournoi de l'équipe Infantil A à Barcelone. Mais Neymar ne fait pas le déplacement. Il rentre au Brésil.

Que s'est-il passé ? L'accord avec Madrid ne s'est pas conclu. Les versions divergent. Neymar père parle de *saudade*, la nostalgie portugaise. Il dit que Juninho était chaque jour un peu plus triste, qu'il avait perdu sa joie naturelle. Sa famille lui manquait, ses amis, la maison, le collège, la ville, Santos et même le riz et la feijoada. D'après le père, c'est le cœur qui les a fait rentrer au Brésil, quand bien même il n'a pas été facile de renoncer à une nouvelle vie et à une grosse somme d'argent.

Mais du côté de Madrid, on ne dit pas exactement la même chose. Apparemment, l'accord était quasiment scellé lorsque Wagner Ribeiro a réclamé 60 000 euros pour finaliser la négociation. Les responsables du club se sont pliés à la demande. Ce n'est pas un montant extravagant. Ramón Martínez, secrétaire technique, donne son aval à l'opération et réclame que la négociation soit bouclée le plus vite possible. Mais un dirigeant n'est pas d'accord : « Nous n'avons aucune intention de payer un euro de plus pour un jeune gars de 14 ans qui vient du Brésil avec toute sa famille sur son dos », dit-on. L'identité du dirigeant récalcitrant reste cachée mais une certitude, c'est que Carlos Martínez de Albornoz, censé signer l'accord en tant que directeur général, n'est pas disponible pour assumer la responsabilité d'une telle dépense.

Il convient de rappeler que le Real Madrid, en mars 2006, vit un moment délicat au niveau institutionnel. Florentino Pérez, le président qui a inauguré l'ère des Galactiques, présente sa démission ferme le 27 février. Déçu par quelques joueurs – selon ses dires – gâtés au-delà du tolérable, il s'en va avec l'intention de provoquer un changement dans la dynamique de résultats du club. Il est remplacé par Fernando Martín, un imprésario du secteur du BTP, censé occuper l'intérim jusqu'aux élections suivantes, en juin 2006. Mais le nouveau président jette l'éponge plus vite que prévu ; le 26 avril 2006, à peine deux mois après avoir accepté l'intérim, il cède la place à Luis Gómez-Montejano, qui sera chargé de mener à bien le processus électoral. Pour résumer, le club se retrouve dans une situation extrêmement délicate. L'absence de référents stables au sein de la direction a fait capoter la signature de Neymar pour 60 000 euros.

Marcelo Teixeira, président de Santos, exprime dans une note son désaccord avec cette version des faits : « En prenant connaissance de l'offre du Real, nous avons lancé les grandes manœuvres et rapidement appelé les parents de Neymar pour lui proposer un contrat de cinq ans, une hausse de salaire et un logement pour toute la famille. Père et fils voulaient rester au Brésil et nous, même avant que Ney connaisse le succès avec le Peixe, leur avons présenté un plan de carrière et des conditions dignes d'un professionnel. »

Ce n'est pas tout. Santos, toujours selon Teixeira, s'attache les services de l'avocat Marcus Motta, qui porte à la connaissance de la FIFA et des organismes compétents la situation du mineur. En quelques mots, l'ex-président affirme que son club a remporté la partie et nie le fait que le Real Madrid ait renoncé pour 60 000 euros. Quelques détails manquent. D'après Neymar père, Wagner Ribeiro et lui ont parlé avec Zito et Vanderlei Luxemburgo, alors entraîneur de Santos, passé aussi par le Real. Ils l'appellent en espérant qu'il convainque le président de parier sur le jeune homme. Il est évident que la rencontre entre les trois parties – père, président et agent –, qui a eu lieu à l'université Santa Cecilia de Santos, a été fructueuse. Peu de temps après, Neymar Junior et son père signent le contrat dans leur maison de Jardim Glória de Praia Grande, sous le regard de Zito. Santos s'assure que Neymar reste dans les catégories de jeunes pour un million de réaux et un salaire mensuel de 10 000 réaux. Avec ce montant, la famille achète un appartement juste en face de Vila Belmiro, laissant Praia Grande derrière elle.

C'est la version officielle mais l'histoire ne peut pas en être certaine. La chose ne se règle pas aussi rapidement, au contraire, la confusion dure si longtemps que le 30 août 2007, UOL Esporte affirme que le gamin de 15 ans est sur le point de signer un contrat qui le lierait avec le Real Madrid jusqu'en 2011. Emilio Butragueño, le directeur sportif du Real, se montre convaincu que les négociations seront bouclées, comme beaucoup d'autres, en une semaine. Santos ne touchera aucune indemnité pour le transfert car il ne possède pas plus qu'une déclaration d'intentions de la part de Neymar, dans laquelle les parties s'accordent sur la signature d'un contrat professionnel à 16 ans révolus. Wagner Ribeiro affirme que la décision finale appartient au père et au fils, et ajoute que le Real a pour Neymar un plan à long terme, comme le Barça l'avait eu pour Messi.

Le 13 septembre, la question est tranchée : le contrat d'image entre Neymar et Santos est prolongé, les bases d'un futur contrat professionnel sont posées et l'on s'accorde sur une clause de départ pour un montant de 25 millions de dollars : « Nous sommes tous contents d'avoir trouvé un accord, déclare Neymar père à ESPN Brésil. Le plus important désormais, c'est que Juninho puisse jouer sereinement et sans pression. »

9
La Copinha

Il est tout juste 17 heures à São Paulo. Nous sommes le 10 janvier 2008 et, dans le stade Nicolau-Alayon, plus connu sous le nom de Comendador Souza, dans la partie ouest de la mégalopole, se déroule un match de la Copa São Paulo Júnior.

La Copinha est le tournoi des jeunes. Créée pour célébrer l'anniversaire de la fondation de la ville, depuis sa première édition en 1969, elle a vu naître de grands talents : Roberto Falcão, Toninho Cerezo, Rai, Walter Casagrande, Kaka, Robinho. Tous les États du pays sont représentés, bien que la majorité des formations (38) vienne de l'État pauliste. Aujourd'hui, le tournoi est réservé aux mineurs de moins de 17 ans mais, en 2008, les participants pouvaient avoir jusqu'à 20 ans.

Neymar a 15 ans et onze mois, il mesure 1,66 m et pèse un peu plus de 50 kg mais, le 10 janvier, il joue son deuxième match avec Santos. Il a été convoqué à la dernière minute pour emmagasiner de l'expérience face à des joueurs ayant trois ou quatre ans de plus que lui, qui le dépassent en taille comme en nombre de matches joués.

Le match est retransmis en direct par Sport TV. Jota Júnior, le commentateur, explique que la grande nouveauté, le grand espoir du public de Santos, est assis sur le banc. Un gamin que tout le monde espère voir briller le plus vite possible. Au bout de trente minutes en deuxième période, l'arbitre assistant lève deux panneaux : numéro 10 d'un côté, numéro 21 de l'autre. Neymar attend que son ami Paulo Henrique, le futur Ganso, sorte du terrain.

Le Peixe gagne 3-0 contre Barra do Garças, de Mato Grosso. Un résultat qui permet à l'entraîneur de lancer le jeune homme dans le bain. La grande nouveauté entre sur la pelouse avec son maillot blanc floqué du numéro 21 sur le dos et court se positionner en meneur de jeu, derrière l'avant-centre.

Jota Júnior se souvient du lieu et de la date de naissance du garçon, et le commentateur à ses côtés parie qu'il pourrait être le plus jeune joueur du tournoi. Deux minutes passent et Neymar entre en action : la surface face à lui, dribble fermé, passe millimétrée pour Tiago Luís, démarqué près du point de penalty. Le gardien repousse le tir mais l'arbitre assistant a levé son drapeau. Hors-jeu. Le numéro 21 se rapproche de l'arbitre avec un air inquisiteur.

37e minute : Carleto, côté droit, sert Serginho, il trouve Neymar dans la surface qui lui rend le ballon. Le une-deux est parfait. Mais à deux pas du gardien, Junior, le défenseur en maillot bleu et jaune, envoie le ballon au fond.

41e minute : le jeune homme se retrouve à nouveau face à la surface adverse. Il lève le ballon pour tromper deux défenseurs ; passe géniale pour Vinícius mais l'arbitre signale une nouvelle position de hors-jeu. À la télévision, on entend ce commentaire : « Une passe sensationnelle, un aperçu balle au pied. Quel dommage que l'arbitre ait sifflé un hors-jeu aussi douteux. » Il ne se passe pas une minute et cette fois, la passe de Juninho est couronnée de succès. Long dégagement du gardien adverse, la défense de Santos renvoie le ballon, Neymar, dans la zone centrale, passe en avant de la tête, vers Alemão, le numéro 8, qui entre dans la surface et tire puissamment. Le numéro 1 de Barra do Garças ne peut stopper le ballon. 4-0. Neymar vient l'étreindre et lui saute au cou.

Mais ce n'est pas fini. Ceux du Mato Grosso marquent un but pour l'honneur, fêté timidement, mais immédiatement, ils reprennent un coup sur la tête. Neymar entre à nouveau dans la surface côté gauche, échappe à un adversaire et, une fois de plus, invente une passe décisive. Passe croisée, trajectoire incurvée parfaite du ballon, Tiago Luís n'a plus qu'à pousser le ballon dans les filets : 5-1, score final.

En quinze minutes seulement, l'espoir alvinegro a régalé les spectateurs et confirmé tout le bien qu'on disait de lui. Il répond à une interview à la sortie du terrain. On lui demande ce qu'il a pensé de sa première expérience dans la Copa, ses sensations sachant que le match était diffusé en direct devant une audience élevée : « O frio na barriga quando o jogo passa na TV é maior », ce qui signifie quelque chose comme : « Quand le match passe à la télé, tu as des frissons, mais dès que tu touches le ballon, tu oublies la nervosité et la peur. Grâce à Dieu, mon équipe a été excellente. Nous travaillons pour être champions. » L'interviewer lui dit qu'il ne lui a manqué qu'un but. Ney rit et répond qu'il faudra patienter jusqu'au prochain match.

En effet, pour sa deuxième apparition contre le Nacional de São Paulo, il marque sur penalty. Mais Santos échoue en quart de finale, éliminé par l'Internacional de Porto Alegre. Márcio Fernandes était l'entraîneur de ces moins de 20 ans de Santos. Il y a quelques années, il se souvenait comme on l'avait pris pour un fou pour avoir aligné un garçon de 15 ans au milieu de joueurs de 18 ans : « Oui, dans un premier temps, ma décision a déclenché une polémique au sein du club. Ensuite, quand ils l'ont vu jouer, ils m'ont demandé pourquoi je ne l'avais pas titularisé dès le début du tournoi. Avec nous, il a sans doute franchi un palier. Mon idée était justement de lui faire brûler des étapes, le mettre à l'épreuve dans un tournoi important pour la formation des jeunes, face à des plus grands, pour observer sa réaction. Bien entendu, il a vite montré qu'il était à la hauteur du challenge. »

Opinion partagée par Lino Martins, qui fut l'entraîneur de Ney entre ses 16 et 18 ans. Ami du père, il connaissait le môme depuis l'époque où il avait joué à Tumiaru et au Gremental, entre 7 et 10 ans. Au bar d'un hôtel de Santos, il explique qu'il l'a eu entre les mains à un âge critique : « À un âge où l'on voit si le garçon a de l'avenir, s'il deviendra professionnel. Neymar n'était pas comme les autres, il était encore en pleine maturation mais son bagage technique était impressionnant. Au cours de ma carrière, il m'est rarement arrivé de voir un joueur aussi rapide. Il a disputé un bon Campeonato Paulista, puis un bon Brasileirão, en marquant une avalanche de buts. Il avait du caractère et de la personnalité. Et la tête sur les épaules, ce qui n'est pas évident à cet âge. Lorsqu'un jeune joueur est bon avec le ballon, il commence à se prendre pour un crack, pour le meilleur de tous, et souvent, il finit par se perdre. Pas Neymar. Je crois qu'O Pai lui a délivré une bonne éducation. En tant qu'ancien footballeur, il connaissait les risques et les écueils à éviter. Il savait que le ballon n'est pas tout, qu'il faut aussi de l'humilité, de la discipline, une bonne conduite, l'esprit adéquat au moment d'entrer sur la pelouse. Et surtout, travailler dur au quotidien. » Lino, l'année d'après, passe le témoin à un autre entraîneur. Neymar passe chez les juniors et postule à une promotion en équipe première.

Début 2009, il dispute à nouveau la Copinha de São Paulo, cette fois en tant que titulaire. Il porte le numéro 7. Dans la phase de groupes, il inscrit le troisième but de Santos contre le CENE : il a subi une faute à la limite de la surface et s'est chargé lui-même de marquer le coup franc. Il n'était pas dans une position idéale, trop excentré à gauche. Qu'il le veuille ou non, il devait tirer du gauche. Bien que ce ne soit pas son meilleur pied, il donne au ballon une parfaite trajectoire en parabole. Le ballon franchit le mur et entre dans la cage en frôlant le poteau sur la droite du gardien.

Santos termine la phase de poules avec le maximum de points. En seizième de finale, il rencontre Guaraní. El Pequinho, le surnom que lui donne le commentateur, ouvre le score de la tête sur un corner. Il court vers la tribune et improvise un pas de samba. Il n'en reste pas là : le numéro 7 conclut aussi le match en beauté. Long ballon, il prend le meilleur sur son défenseur grâce à sa vitesse, il parcourt la moitié du terrain et bat le gardien : 4-0. L'Alvinegro Praiano se hisse en huitième de finale mais se retrouve face à Cruzeiro : 2-1 pour l'équipe de Belo Horizonte.

Neymar et ses partenaires rentrent à la maison mais la bonne performance de Neymar génère une discussion sur sa possible promotion en équipe première. Depuis l'été 2008, Santos est dirigé par Márcio Fernandes, qui a déjà fait appel à Neymar pour plusieurs entraînements avec les professionnels au CT Rei Pelé. Le coach apprécie d'avoir trois équipes sur le terrain, un système qu'il a baptisé « treino alemão », l'entraînement allemand, de façon à ce que les juniors impriment puissance et contrôle du ballon aux siens. Neymar passe le test avec brio. Kléber Pereira qui, à 33 ans est l'attaquant le plus expérimenté du groupe, s'approche et lui passe un savon. C'est la tactique des aînés pour bizuter les novices et leur faire bien comprendre que la vie d'un footballeur professionnel n'est pas facile. Mais le numéro 7 des moins de 20 ans ne se laisse pas intimider.

Il s'intègre rapidement et commence à faire des siennes. Quelques jours avant le Clásico contre Palmeiras, il convainc ses partenaires, en chasuble jaune, de se présenter au centre d'entraînement avec un sparadrap sur la bouche, afin de faire comprendre qu'il ne faut plus contester les décisions de l'arbitre lors des oppositions à l'entraînement, qui n'est autre que Serginho Chulapa, ancien joueur très aimé de Santos dans les années 1980.

Mais bien que le garçon se sente à son aise dans le groupe et s'entraîne avec soin, Márcio Fernandes marche sur des œufs. S'il est convaincu d'avoir un grand joueur avec Neymar, il trouve qu'il manque encore d'expérience et de physique. À seulement 17 ans, il refuse de lui confier trop de responsabilités : « Je l'ai inclus dans l'équipe première, déclare-t-il, pour qu'il gagne en expérience et baigne dans un environnement professionnel.

Mais il a encore le temps de jouer. Le public doit se montrer patient. » Il ajoute qu'il ne tardera plus à le convoquer mais ne donne aucune date.

Le 12 février 2009, Neymar fait le déplacement avec l'équipe pour le match contre Marilia, comptant pour la 7ᵉ journée du Paulistão. Santos perd 1-0 et Márcio Fernandes est contraint de démissionner : « J'ai pensé à le lancer au cours de ce match. Je ne l'ai pas fait et aujourd'hui, je le regrette », dira-t-il quelques semaines plus tard, après que Ney est enfin entré dans le grand monde.

10
Pacaembu

Non, on n'avait jamais rien vu de tel dans toute l'histoire du Santos Futebol Clube. Ou du moins, personne ne se souvient d'un joueur ovationné avant même d'avoir disputé une seule minute, d'avoir touché son tout premier ballon. Ni que le public, euphorique, réclame à grands cris l'entrée d'un jeune garçon d'à peine 17 ans.

C'est pourtant ce qui arrive le samedi 7 mars 2009 à Pacaembu, le stade municipal de São Paulo. Santos dispute le Paulistão contre Oeste de Itápolis. Il y a 22 000 spectateurs, la majorité supporte le Peixe.

Le coup d'envoi est donné à 18 h 30 et immédiatement, on entend monter des tribunes le nom du jeune homme assis sur le banc. Vágner Mancini, l'entraîneur qui a succédé à Márcio Fernandes le 14 février, rappelle Neymar à la 58e minute. Il lui glisse ses dernières recommandations et, deux minutes plus tard, le lance dans le match. Il entre sur la pelouse dans son maillot aux rayures blanches et noires, le numéro 18 dans le dos, à la place du milieu de terrain colombien Mauricio Molina. Le changement se produit dans un grondement. C'est l'instant tant attendu des débuts du gamin dont le public entend parler depuis ses 13 ans comme du « crack du futur ».

Feinte à l'angle droit de la surface opposée, le môme se défait de son adversaire et frappe puissamment dans le ballon, qui s'écrase sur la transversale, puis le poteau de l'Oeste. Presque but. Sur le premier ballon touché par l'enfant de Mogi das Cruzes… il n'y avait pas mieux à faire. À la fin du match (2-1 pour Santos), le numéro 18 quitte la pelouse sous les applaudissements et s'en retourne jouer au ballon avec ses amis à Santos. Ça y est, il a débuté, aidé son équipe à gagner et s'est montré à la hauteur des espoirs placés en lui.

Un premier match dont Vágner Mancini se souvient gaiement. Actuellement, le technicien d'origine italienne (sa famille vient d'un village proche de Rome) entraîne Vitória. Depuis Salvador de Bahia, à l'heure du déjeuner qui suit la séance du matin, il revient sur le moment où le numéro 18 est entré en jeu : « Lorsque je suis arrivé au Peixe, Neymar était déjà en équipe première mais il n'avait pas encore eu l'opportunité de jouer. À ce moment, Santos avait quelques motifs d'espoir mais les résultats n'étaient pas bons. Il fallait tenter quelque chose pour relancer l'équipe.

Aux entraînements, le petit m'avait montré ce dont il était capable. Cependant, beaucoup disaient qu'il n'était pas prêt, qu'il devait patienter un an, voire un an et demi de plus. Tout le monde le traitait comme une perle rare à protéger jalousement. Il fallait le surveiller de près, ne surtout pas le gâcher. Je suis allé un peu à contre-courant, en tout cas contre l'opinion générale du club, en douceur, car j'estimais que Ney était prêt à jouer.

Et je l'ai fait débuter à Pacaembu. Tout le public de Santos avait hâte de voir Neymar entrer en jeu car, dans les catégories de jeunes, des moins de 20 ans aux moins de 17, il avait fait des merveilles. L'espoir qu'il avait fait naître était immense, tous voulaient le voir en action en espérant qu'il devienne l'héritier de Robinho et Diego. Dans cette histoire, je n'ai pas de mérite particulier. Je ne l'ai pas lancé, il s'est lancé tout seul.

Tout ce que j'ai fait, c'est lui donner une opportunité et Neymar a prouvé, dès son premier match, qu'il était un footballeur différent. Sa performance fut très convaincante. Et rapidement, grâce à son habileté et à sa vision du jeu, il a fait sa place dans l'équipe. Le public est tombé amoureux de lui. Et pas seulement pour son jeu délicieux ; Neymar était charismatique et sympathique, c'était quelqu'un avec qui on créait vite des liens. Derrière le footballeur, sans aucun doute supérieur à la moyenne, on voyait l'homme, humble, simple et aimable, des traits de caractère importants chez un crack. »

Je suis curieux : qu'avez-vous dit à ce jeune joueur sur le point de débuter ? « Je lui ai demandé s'il se sentait prêt à entrer en jeu. Un gamin de 17 ans ne ment pas. Il m'a répondu qu'il était parfaitement préparé pour ce moment, qu'il avait envie de jouer et ne ressentait pas de pression. Mes conseils ont été basiques, ceux de n'importe quelle personne à l'égard d'un jeune entrant dans une équipe. Je lui ai demandé d'avoir confiance en lui, de ne pas avoir peur de dribbler ou de chercher le dernier geste ; autrement dit, de jouer comme il savait le faire. Et c'est ce qu'il a fait. Il n'a pas été inhibé, n'a pas connu la trouille de l'artiste au moment d'entrer en scène. »

Mancini n'a pas davantage oublié la joie du garçon lorsqu'il a marqué son premier but, huit jours après ce premier match, toujours à Pacaembu. C'était l'après-midi du 15 mars 2009. Neymar avait fait ses premiers pas à Vila Belmiro contre le Paulista. En deuxième période, il est entré à la place de Domingos, le défenseur central, et il a tout donné : dribbles, bicyclettes, coups du sombrero, passes efficaces. Il a mené la vie dure à l'arrière-garde adverse. Il a même marqué mais son but a été annulé pour hors-jeu. Face aux caméras, il a ri de cette occasion manquée mais à l'intérieur, ça bouillonnait.

Il remédie à la situation quatre jours plus tard, à Pacaembu. Cinq titulaires manquent si bien que Mancini le met dans son onze de départ face à Mogi Mirim, l'ancienne équipe de Rivaldo. Neymar porte le numéro 7 et, dès les premières minutes, il est clair que lui et Paulo Henrique vont prendre à leur compte l'attaque santiste. À la 17e minute, Ney se procure une première occasion. Il entre dans la surface, laisse un défenseur derrière lui et tente un tir croisé. Marcelo Cruz, le gardien de Mogi, l'arrête. À la 35e minute, Paulo Henrique décoche un coup de canon mais le défenseur Júlio César écarte le ballon. La différence se fait après la pause : Paulo Henrique d'abord, à la 56e minute, Roni ensuite, à la 68e, donnent deux buts d'avance à Santos, qui maintient la pression. Les joueurs en maillot conservent le même rythme et, cinq minutes plus tard, à la 73e, arrive le premier but de Neymar.

L'action part de loin. Molina passe la ligne médiane et passe à Germano, qui adresse une ouverture côté gauche à Triguinho ; celui-ci entre dans les seize mètres et centre. C'est là qu'apparaît le garçon, dont le coup de tête bat Marcelo Cruz.

Il est 18 h 37 et c'est le but du 3-0 pour Santos, le premier pour le jeune homme, qui se tourne vers le ciel, puis saute dans les airs en levant le poing. Il imite le geste de l'idole du Peixe, Pelé : « J'ai fêté mon but ainsi car je me suis beaucoup inspiré de Pelé. Je l'avais promis à mon père », expliquera-t-il à l'issue de la rencontre.

C'est un hommage à Ilzemar, son grand-père, grand supporter de Pelé, l'homme qui lui avait montré quelques fois les vidéos des buts du roi, celui qui l'accompagnait au parc et, tandis que ses petites cousines jouaient à la poupée, jouait au ballon avec son petit-fils. Ilzemar, le père de son père, mort en 2008 sans l'avoir jamais vu jouer pour Santos. Un hommage à la mémoire de son grand-père donc, et une manière de donner du bonheur à son propre père.

Le gosse de Mogi saute au ciel, puis s'en va embrasser Paulo Henrique, son ami, son partenaire en moins de 20 ans. Tout cela pendant que Milton Leite, le commentateur de Sport TV, hurle à l'antenne : « Le gamin de Santos brille ! Ça peut être un but historique ! La date d'aujourd'hui peut entrer dans l'histoire du football brésilien ! »

Mancini accorde au numéro 7 les applaudissements de la foule qui le raccompagnent au vestiaire. Neymar reviendra sur le terrain au coup de sifflet final, pour donner l'accolade à un adversaire : Giovanni, l'attaquant, idole du public de Santos au début des années 1990, puis joueur de Barcelone entre 1996 et 1999. Devant les micros, le jeune garçon explique qu'il attend le match du dimanche suivant contre Corinthians, où joue une autre de ses idoles : Ronaldo Luis Nazário de Lima.

Dans les tribunes, les supporters exultent. Beaucoup ne sont venus que pour voir Neymar. Et il les a convaincus. « Il doit jouer », « il doit être titulaire », « c'est le meilleur que nous ayons vu depuis Robinho et Diego », tels sont les commentaires les plus enthousiastes. Journaux et télévisions ne sont pas moins fervents : à commencer par Glenda Kozlowski, une ancienne athlète devenue présentatrice et journaliste : « Neymar peut être le nouveau Pelé », prophétise-t-elle.

En attendant, le petit continue de marquer. Le deuxième but, à Vila Belmiro, pendant la Coupe du Brésil contre Rio Branco. Cette fois, il a même prévu une chorégraphie avec ses coéquipiers et, avec Madson et Rodrigo Souto, il en invente une autre pour fêter son troisième but en tant que professionnel : un beau but qui, le 11 avril 2009, donne à Santos la victoire 2-1 contre Palmeiras en demi-finale aller du Paulistão. Neymar reçoit le ballon dos à la surface. Il contrôle, se retourne, passe entre trois adversaires et adresse un puissant tir du pied droit qui passe entre les jambes d'un défenseur et entre dans les filets en frôlant le poteau. Le Peixe obtient le même résultat à domicile contre Palmeiras et se qualifie pour la finale, mais contre les Corinthians de Ronaldo, il n'y a rien à faire. O Fenomeno, qui arrive à Vila Belmiro après une vie en Europe (PSV Eindhoven, Barcelone, Inter Milan, Real Madrid, AC Milan), marque deux buts époustouflants qui contribuent largement au 1-3 final. Le 3 mai, à Pacaembu, un résultat nul suffit aux Corinthians pour s'adjuger à domicile le 26e titre pauliste de leur histoire.

Après quinze ans en Europe, Ronaldo conquiert son deuxième trophée brésilien ; le premier remontait à 1994, le Campeonato Mineiro avec Cruzeiro. Il est désigné meilleur joueur du tournoi. Neymar Junior reçoit le titre de révélation : « Il se l'est approprié au cours de ces deux mois, commente Mancini. En quelques matches, il a fait la démonstration de sa grande maturité, au point qu'au moment de débuter le Brasileiro, il était déjà devenu l'un des joueurs les plus importants de l'équipe. »

Dommage pour Mancini que le championnat national coïncide avec la fin de son aventure à Santos. Le 13 juillet 2009, après une douloureuse défaite (6-2) à Salvador de Bahia contre Vitória, il est renvoyé par le président Marcelo Teixeira. Son remplaçant se nomme Vanderlei Luxemburgo, une vieille connaissance du club, où il a joué en 1997-1998, en 2004, puis en 2006-2007. Avec le Peixe, il a gagné un Campeonato Paulista, un Campeonato Brasileño et un Torneo Rio-São Paulo.

Le 20 juillet, jour de sa présentation, il annonce que son objectif est de remettre Santos à sa place, c'est-à-dire parmi l'élite du football brésilien, et le remonter de sa 14e place au classement du championnat, où l'ont plongé les trois dernières défaites. Le premier match avec Vanderlei sur le banc a lieu à domicile, contre l'Atlético Paranaense. Neymar entre en deuxième période et sort le match de sa monotonie. Comme un éclair, il inscrit le but de la victoire et sauve les débuts de son nouveau coach.

Le 8 août, après un résultat nul à Vila Belmiro contre l'Avaí de Florianopolis, le coach réfléchit à la place à donner à la pépite de l'effectif. On lui demande pourquoi Neymar n'est pas titularisé (au cours des cinq matches disputés, il n'a démarré qu'une fois, contre Flamengo) et Vanderlei répond : « Cette année, tout le monde a dit des merveilles à propos de Neymar. Demain, il sera un grand joueur mais je suis convaincu que son arrivée en équipe première a été trop rapide. Il aurait dû jouer plus longtemps dans les équipes de jeunes, le temps de mûrir. Il faut rester patient avec lui, bien le préparer pour les rendez-vous à venir. C'est un filet à papillons. Il est très fin, ne peut pas supporter le contact physique d'un match entier. Il ressemble au Robinho des débuts. Il doit prendre de la masse musculaire. Voilà pourquoi nous ne devons surtout pas le brûler. »

Cela signifie qu'avec Luxemburgo, Neymar termine souvent ou presque toujours sur le banc. Il est soumis à un régime hypercalorique, mange des pâtes toutes les trois heures pour gagner en puissance et prendre les trois kilos de masse musculaire que le staff juge indispensables pour évoluer au plus haut niveau. C'est une période compliquée pour le gamin, qui avait signé un contrat avec Santos quelques mois auparavant : cinq ans (jusqu'en 2014), un salaire mensuel de 80 000 réaux et une clause de départ pour un montant de 90 millions de réaux.

Le club est préoccupé par sa progression, pour son développement ; on craint qu'après 31 matches et 8 buts, le grand espoir stagne. Physiquement et footballistiquement parlant. À tout cela, il faut ajouter le dégoût du jeune homme qui, comme il l'avouera plus tard, ne supporte pas d'être le « filet à papillons ». Il sait bien qu'il ne s'agit que d'une boutade signée Vanderlei, mais il veut défaire le nœud coulant le plus vite possible.

11
Joie

Prélude d'opérette du XIXe siècle, le rideau s'ouvre et, sur fond noir, apparaît le message : « Du Santos FC pour son public. » En fond, les terrains de football du CT Rei Pelé.

Madson, en habit, fait une révérence et ôte le chapeau haut de forme : « Mesdames, Messieurs », puis il salue.

Neymar, en veste noire, s'avance près de la caméra : « Le 17 janvier, nous invitons tous les santistes... »

Dorival Júnior poursuit : « Au stade Pacaembu. »

Madson dévoile le maillot rayé blanc et noir : « Costume obligatoire, celui de Santos. »

Neymar : « Permettez-moi de vous présenter le garçon de la fête : Paulo Henrique, ou Ganso. »

Paulo Henrique, ou Ganso, en tenue de gala : « Et voici le plat de résistance : le match entre Santos et Rio Branco. »

Neymar : « Nous comptons sur votre présence. »

Paulo Henrique : « Notez bien dans votre agenda : dimanche à 19 h 30. »

Madson : « Nous espérons que vous profiterez de votre soirée. »

Puis il salue d'une autre révérence. Le rideau rouge se referme. Quarante-trois secondes de vidéo pour inviter les supporters au premier match du Peixe pour la saison 2010, au premier tour du Paulistão.

Ce sera, comme l'a annoncé Madson, une soirée fantastique. Baisers et accolades entre les joueurs et quatre buts : deux pour Ganso et deux pour Neymar.

Le gamin est en grande forme et arbore un nouveau look : les cheveux courts en crête. Son père, en tribune, reste debout lorsqu'il voit entrer deux Indiens : son fils et André. Et dire que c'est lui qui avait insisté pour que Neymar Junior se coupe les cheveux. Il les avait laissés pousser ; ça ne plaisait pas à son père, mais il n'avait pas imaginé qu'il sortirait avec une coupe pareille.

« C'est pour changer un peu », dit Neymar Junior à un Ganso horrifié, qui s'empresse de répondre : « Non, moi, je ne me les coupe pas comme ça. » À dire vrai, Neymar avait déjà pensé à cette coupe de cheveux fin 2009, mais il n'avait pas franchi le pas avant que commence la nouvelle saison. « Il voulait changer de tête, confirme Cosme Salles, son coiffeur depuis l'âge de 15 ans, alors je lui ai proposé le style mohican. » C'est-à-dire la crête : cheveux rasés sur les côtés du crâne et une frange au milieu, avec le cheveu plus long, une coupe popularisée à la fin des années 1970 par la culture punk anglaise. Anarchie, rébellion contre la couronne, contre l'autorité. *No future*, au diable le monde et la crête bien droite.

Dans le cas du gosse de Santos, la coupe est plus douce, moins provocatrice et sans connotation politique, ni anarchiste. Ce n'est qu'une question de mode. Mais elle fait fureur et devient son emblème. Avec mille variations (plus ou moins de gel, teinte, naturelle, décolorée, avec des tresses, les côtés rasés, avec une frange sur le devant ou jusque derrière) et vingt longueurs différentes ; en un peu plus de trois ans, sa coupe va générer une véritable épidémie. La fièvre est contagieuse. Enfants, ados, supporters ou joueurs, tous copient le style capillaire de Neymar. Un succès retentissant.

L'un des rares à résister, sans parler d'O Pai, est João Araujo Didi, le coiffeur de Pelé. Son salon se trouve juste en face de

Vila Belmiro, et sur l'enseigne, entre deux écussons de Santos, on peut lire : « Coiffeur historique de Pelé et le vôtre aussi. » L'intérieur est un musée de l'histoire du football : photographies, portraits, autographes, écharpes et fanions, qui couvrent une époque allant de 1956 – quand il coupa les cheveux de Pelé pour la première fois – jusqu'à aujourd'hui. « À mon époque, explique le coiffeur, la coupe mohican était quelque chose de *maloqueiro* [un adjectif péjoratif du Rio Grande do Sul, qui désigne les habitants des maisons rustiques], mais je reconnais qu'aujourd'hui, on peut faire de bonnes coupes à la mohican. »

En effet, même Didi, avec les nuances souhaitées, a fini par succomber à cette mode. Surtout depuis que Pelé a montré à Neymar quelques photographies de ses 17 ans ou de son service militaire, revendiquant avec humour la paternité, cinquante ans plus tôt, grâce à Didi, du crâne rasé avec une frange au milieu. Regardez la tête de Pelé au mondial 1958 en Suède.

Discussions et mode capillaires mises à part, la crête porte chance à Neymar. Dorival Júnior, le nouvel entraîneur du Peixe nommé à la place de Vanderlei, dit le jour de sa présentation, le 30 décembre 2010, qu'il dispose d'un groupe de jeunes footballeurs formés au club qui méritent qu'on leur fasse confiance ; Neymar est l'un d'eux. Après l'épisode du filet à papillons, le gamin redevient donc titulaire. Au début, il forme un trio avec Paulo Henrique Ganso et André ; puis, avec Robinho, le trio devient quatuor offensif, ou *Quarteto Santástico*, comme on l'appellera au Brésil, rapprochant les mots « Santos » et « fantastique ».

Robinho, l'idole de Neymar, rentre à la maison après son passage à Manchester, comme le fils prodigue de l'Évangile selon saint Luc. Dans le City de Roberto Mancini, il n'a jamais trouvé sa place et n'a pas fait mieux que chauffer le banc de touche. Il avait la possibilité de rejoindre Benfica ou de revenir à Santos mais n'a pas douté à l'heure du choix, si bien que le 7 février, sur la pelouse du Barueri, celui qui régala le public santiste de 2002 à 2005 fait de nouveaux débuts sous le maillot blanc et noir. Il entre à la 57e minute, à 1-1.

Neymar, qui reste sur six buts lors des six matches de championnat, a transformé le penalty sifflé pour une faute sur Arouca. Cinq ou six pas, et *paradinha*. Rogério Ceni, le gardien de São Paulo, part sur la droite et au sol, ne peut que regarder le ballon faire trembler les filets. Ceni, un monument du football brésilien, s'énerve. Ce genre de tir n'a pas lieu d'être. Kaka émet la même opinion sur Twitter, depuis Madrid car, d'après lui, une *paradinha* n'est admissible qu'au Brésil. Pour Ceni, le but puis sa célébration sont une humiliation, un manque de respect à l'égard d'un vétéran du football. La polémique entre les deux durera un certain temps.

Le match continue et Roger égalise pour São Paulo. Puis c'est au tour du roi de la feinte, Robinho. À la 85e minute, il dévie du talon un tir croisé de Wesley au premier but et marque : « Robinho a prouvé qu'il avait encore beaucoup à offrir au football. Avec un toucher exquis, écrit Lance, il assure la victoire et assoit la première place de Santos au classement du Campeonato Paulista. »

Après ce galop d'essai, le *Quarteto Santástico* ne cesse d'impressionner. Le 10 mars 2010, Santos-Naviraiense : 10-0. La plus large victoire de Peixe dans l'histoire de la Copa do Brasil. Neymar marque les deuxième et septième buts. À la 54e minute a lieu une action d'anthologie. Ney reçoit le ballon de Giovanni au bord de la surface, élimine deux défenseurs grâce à une série de feintes, en ridiculise un troisième et trompe le gardien. « Gol de placa ! » s'égosillent les commentateurs (une expression créée à partir d'un but marqué par Pelé, le 5 mars 1961, contre Fluminense, qui lui valut une plaque commémorative).

Ce n'est pas rien. D'après les commentateurs, ce but a été le meilleur de la Copa do Brasil, mais aussi de toute la saison. Ce n'est pas tout : le 14 avril 2010, le jour où la ville de Santos souffle ses 980 bougies, Neymar, à Vila Belmiro, inscrit cinq buts en huitième de finale de la Copa do Brasil face à Guaraní.

2e minute : penalty transformé d'une *paradinha*.

30e minute : tir du gauche depuis l'entrée de la surface.

38e minute : il marque seul face au but.

81e minute : centre de la gauche de Robinho, deux touches et quatrième but personnel.

85e minute : Madson part comme une fusée, s'appuie sur Robinho et trouve Neymar, qui ne rate pas l'occasion.

Résultat final : Santos-Guaraní 8-1.

Mais ce ne sont pas seulement les avalanches de buts ou le beau jeu qui plaisent tant au public ; c'est la joie, la volonté d'amuser de la dernière génération de joueurs formés à Vila Belmiro que l'on ressent à chaque instant. C'est ainsi, le groupe de gosses qui prend le relais des générations précédentes, celle des années 1960, de 1978 et celle de 2002, est, comme disent les Brésiliens, *brincadeira*.

Chaque but est une fête, suivi d'une célébration à chaque fois différente et euphorique. Rien que dans le match face à Guaraní, on ne compte plus les créations originales : casquettes de base-ball sur un rythme de rap, match de tennis, motocyclettes, camions, avions, cabrioles. Plus tard, ce seront des cercles, des saluts militaires, des nettoyages de crampons et plusieurs types de danse sur des bandes-son variées. L'éventail des chorégraphies semble infini.

Le 21 mars 2010, lors d'un match de championnat contre Ituano, les joueurs vont jusqu'à imiter la statue de la Liberté. Neymar, suspendu, ne joue pas. Il se trouve à New York avec l'équipe réserve pour un match amical contre le Red Bull. Avant le match, il téléphone à André et lui demande d'avoir un geste en son honneur et, si l'équipe marque, que ses coéquipiers fêtent le but en imitant la statue de la Liberté. Aussitôt dit, aussitôt fait : André marque le but de l'égalisation et, avec Madson et Wesley, se précipite vers la ligne de touche, le bras levé comme s'il portait la torche de la liberté, les trois se transforment en statue. Lorsque Paulo Henrique marque le deuxième but, ils recommencent pour la plus grande joie de Neymar, qui regarde le match à la télévision, puis téléphonera plus tard à son ami pour le remercier.

Cela vaut la peine de se remémorer ce match, sans Neymar ni Robinho, blessé, pour le résultat final brutal : 9-1. « Quand on gagnait par trois ou quatre à zéro, les gens disaient que nous étions en crise, se souviendra Neymar quelques années plus tard. On jouait avec joie mais sans oublier nos responsabilités. L'ambiance dans le vestiaire et dans le stade était formidable. Ce furent parmi les plus belles années de ma vie. »

La saison rapporte deux trophées, les premiers dans la carrière du numéro 11. Stade de Pacaembu, le 2 mai 2010. Finale retour du Campeonato Paulista. Santos s'est qualifié en demi-finale contre son rival de toujours, São Paulo. Deux grandes victoires : 3-2 au Morumbi et 3-0 au retour, à domicile. À Vila Belmiro, Neymar marque le premier but de la tête. Un peu plus tard, sur penalty, il trompe à nouveau le pauvre Rogério Ceni d'une *paradinha*, mais plus discrète cette fois.

La finale oppose Santos à Santo André, l'équipe révélation du championnat. À l'aller, à Pacaembu, le match se termine sur le score de 3-2 en faveur du Peixe. Neymar n'a pas la chance de son côté et cède sa place à André à la pause. Au retour, le jeu monte en intensité, cœurs fragiles s'abstenir. Le numéro 11 de Santos marque deux buts. Le premier est un chef-d'œuvre : Robinho le sert du talon au cœur de la surface, Neymar dribble deux adversaires et le gardien et, dans les six mètres, il tire puissamment au milieu d'une forêt de têtes. Encore un « gol de placa » qui évoque Pelé, une fois de plus. Le môme de Mogi das Cruzes marque aussi le deuxième but avant d'être remplacé par Roberto Brum. Mais Santo André ne baisse pas les bras et reprend l'avantage 3-2. Le match, avec trois expulsés dans les rangs de Santos, se complique, et même beaucoup, mais les huit joueurs parviennent à garder le navire à flot. Paulo Henrique invente un geste jamais vu : il s'avance le long de la ligne côté gauche, mais n'aperçoit aucun partenaire dans la surface, encore moins près de lui. Il décide d'abandonner le ballon dans l'arc de cercle du poteau de corner. Puis il attend qu'un adversaire s'empare du ballon et vient le presser. Compte tenu de l'infériorité numérique, tout est bon pour gagner du temps. Après avoir beaucoup souffert, sur le terrain comme dans les tribunes, l'arbitre siffle la fin. 3-2. Le même score qu'à l'aller, mais inversé. Santos est désigné vainqueur pour sa performance tout au long du tournoi. Les joueurs sautent sur le banc, les supporters dans les gradins. C'est la fête, encore et encore. Neymar pleure lorsqu'il reçoit sa médaille de champion.

Après la joie légitime de la conquête de la grande coupe dorée, c'est l'heure de la désillusion. Bien que le public ne cesse de hurler « Ao, ao, ao, Neymar en Seleção ! », bien que Pelé et Zico assurent sa promotion, bien que les journalistes et les chroniqueurs soient de son côté, Dunga et la Confédération brésilienne refusent de céder aux pressions. Neymar et Paulo Henrique ne font pas partie de la liste des 23 joueurs retenus pour la Coupe du monde en Afrique du Sud, un échec douloureux pour ces gamins qui se sont tant illustrés au cours de ce semestre glorieux. Beaucoup auraient aimé voir Neymar marcher dans les pas de ce jeune homme surnommé Pelé qui, à 17 ans, stupéfia le monde lors de la Coupe du monde, en 1958. Il faudra patienter encore quatre ans. En Afrique du Sud, le Brésil s'arrête en quart de finale, éliminé par les Pays-Bas. Tristesse pour les millions de supporters de la Canarinha. Les fans de Santos pallient la dépression post-mondial avec la victoire en finale de la Copa do Brasil.

Le match aller, contre Vitória à Vila Belmiro, se solde par un 2-0 carré en faveur de Santos. Neymar marque le premier but sur un centre de Para, mais il gâche ensuite un penalty tiré d'une panenka : le ballon, tiré sans puissance et au milieu, termine sa course arrondie entre les mains du gardien. Le tireur s'attire les sifflets du public, qui recommence à chaque touche de balle ultérieure, pour bien lui faire comprendre qu'il a commis l'audace de trop. Mais en dépit de ce faux pas, l'histoire se termine bien. Au retour, la défaite 2-1 à Bahia, le 4 août, n'empêche pas Santos de soulever la Copa do Brasil. Neymar finit meilleur buteur du tournoi avec onze buts. Il a aussi marqué quatorze fois dans le Paulistão. Il redevient l'idole du pays.

Dans une interview d'avril 2010 pour *O Estado de S. Paulo*, il explique que, même s'il vient de s'acheter une Volvo XC60 pour 140 000 réaux, son rêve est d'acquérir une Porsche jaune et une

Ferrari rouge. Il ajoute qu'il aimerait aller à Disneyland car, dans les parcs d'attractions, il s'éclate. Il collectionne montres et parfums, adore s'acheter des vêtements, surtout des marques Calvin Klein et Armani. Il a sa carte d'électeur mais ignore qui sont les candidats à l'élection présidentielle. Non, pour le moment, il n'a pas prêté attention à Lula da Silva, mais précise qu'il s'y intéressera plus tard. Il se montre comme un jeune homme riche et célèbre qui n'a pas fini de mûrir. Et devra le faire sans tarder.

12
Ayrton Senna

La première offre est un test. Elle émane de West Ham United, fin juin 2010. Le club londonien propose 15 millions d'euros avec l'idée que l'attaquant de Santos puisse rester une ou deux saisons à Boleyn Ground, avant d'aller ensuite à Chelsea. Les Hammers seraient donc un tremplin et une façon pour les Blues de Roman Abramovitch d'avoir des garanties sur le produit et, pourquoi pas, un bon système pour payer moins cher la matière première. Une opération du même genre avait réussi en 2006 avec les Argentins Javier Mascherano et Carlos Tévez qui, après être passés de Corinthians à West Ham, ont rejoint Liverpool pour l'un, Manchester United pour l'autre.

Dans un premier temps, l'offre ne déplaît pas à Neymar père. Il voit d'un bon œil la possibilité pour son fils de s'adapter rapidement au football anglais, sans pression, et de prendre tranquillement ses marques dans l'un des grands championnats d'Europe. Mais Santos se montre réticent à négocier. Le club, propriétaire de 60 % des droits sur le joueur (les 40 % restants appartiennent au groupe DIS, filiale sportive de Sonda, la plus grosse chaîne de supermarchés de l'État de São Paulo) sait que Chelsea se cache derrière West Ham et espère donc une offre supérieure. Entre-temps, le club met en avant la clause de départ de 35 millions d'euros du joueur et fait savoir qu'il n'a aucune intention de le brader, ce qui reviendrait à démanteler une équipe qui a accompli des merveilles tout au long de l'année 2010.

Une nouvelle offre arrive, cette fois de la part des Blues, quelques jours plus tard. Abramovitch et son entourage posent 20 millions d'euros sur la table. Le 20 juillet, dans un communiqué officiel publié sur son site Internet, Santos remercie le club pour l'intérêt manifesté mais répond qu'il n'est pas disposé à négocier pour le joueur. Une façon de faire monter les enchères, car des marques d'intérêt venues d'Italie, d'Espagne et du Portugal convainquent Chelsea d'aller jusqu'à 30 millions d'euros. Neymar se voit offrir un contrat de cinq ans à 3,5 millions d'euros par saison, ainsi que des primes de match et de titres.

La famille da Silva Santos ne peut pas refuser. Neymar père et Wagner Ribeiro, l'agent, s'envolent début août direction New York, où la sélection dispute un match amical où Ney pourrait débuter, afin de négocier directement avec les émissaires de Chelsea. Santos, cependant, campe sur ses positions. Le club ne souhaite pas vendre à un tout frais champion d'Europe entraîné par Carlo Ancelotti.

Dans une interview à Radio Globo, Ribeiro déclare à ce sujet : « Luis Álvaro de Oliveira Ribeiro, le président de Santos, est un homme très correct, qui a toujours le respect du père Neymar et le mien. Mais soyons objectifs, je crois qu'il rêve. N'importe quel club brésilien serait ravi d'avoir sur la table une offre comme celle de Chelsea pour Neymar. Il a reçu la proposition que tout président voudrait et pourtant, il refuse de vendre. C'est dommage qu'il faille respecter les contrats. »

Ribeiro n'a aucun doute à ce sujet : le moment est venu pour Neymar de quitter le Brésil. Il ne voit pas pourquoi le garçon devrait rester à Santos pour grandir et mûrir. Pire, il pense que cela pourrait s'avérer contre-productif de rester davantage dans son pays d'origine : « Nous avons les meilleurs joueurs, affirme-t-il, mais pas le meilleur championnat. Disputer la Ligue des champions n'a rien à voir. » Pour lui, le joueur est arrivé au bout de la route, même s'il prend soin d'ajouter que « la décision appartient au joueur et à sa famille ».

À ce stade, Santos sait qu'il a les cartes en main. Il reste peu de jours au club pour dévoiler son jeu. Luis Álvaro de Oliveira Ribeiro demande l'avis d'Armênio Neto, le directeur du marketing du club depuis qu'il en est le président : « On me propose 30 millions d'euros, mais je ne veux pas céder Neymar, je veux vendre le spectacle. Nous n'avons pas les moyens de nous aligner sur le salaire proposé par Chelsea mais nous devons trouver l'argent pour le garder, en rédigeant un nouveau contrat, une nouvelle offre financière, mais surtout, nous devons proposer au gamin et à son père un plan de carrière. Nous devons leur parler d'avenir. »

Dans le salon d'un hôtel de São Paulo, à deux pas de l'avenue Paulista, Neto, publiciste, homme de marketing qui quitta Santos en juillet 2013, se rappelle les détails de ce qu'on appela le « projet Neymar ». L'idée était simple : mettre au point la marque « Neymar » pour trouver un sponsor capable de verser l'équivalent du salaire proposé par les Anglais. Une tâche compliquée, surtout l'aspect consistant à convaincre Neymar, son père et son agent, de son bien-fondé. Neto ficelle les grandes lignes marketing, le président gère la partie financière.

Le 17 août a lieu le rendez-vous décisif dans les bureaux de Banco Santander. Une réunion tendue, difficile, entre toutes les parties prenantes du projet. « Comment expliquer à Neymar père que son fils est spécial, qu'il a tout ce qu'il faut pour devenir une idole et la personnalité la plus aimée du Brésil ? Comment le convaincre que le mieux pour eux est de rester à Santos ? » Neto se pose ces questions et réfléchit. Il cherche un exemple parmi les grands sportifs, songe à Pelé, à Roger Federer, à Maradona, à David Beckham. Finalement, en bon publicitaire habitué à créer des campagnes pour ses clients, il s'arrête sur une image qu'il pense susceptible de fonctionner.

La réunion débute à 10 heures. Après les formalités, le président de Santos éteint la lumière et désigne l'écran situé au fond de la salle. La première diapositive du « projet Neymar » apparaît. « Écoutez, intervient le père de Neymar, nous sommes venus ici pour parler de contrats et d'argent, que représente cette chaise vide ? » Le président lui répond : « C'est la chaise de la grande idole sportive nationale. Elle est vide depuis qu'Ayrton Senna nous a quittés. Gustavo Kuerten a été à deux doigts de s'y asseoir mais il a malheureusement dû arrêter le tennis à 29 ans. Ronaldo, O Fenomeno, est parti en Europe à seulement 17 ans. La chaise est vide. Si votre fils renonçait à la proposition de Chelsea pour rester à Santos, il ferait un premier pas en direction de cette chaise. »

Neto se souvient du discours mot pour mot, un discours marquant et bien équilibré qui parvient à émouvoir les présents, en particulier le père de Neymar. Mais ce n'est que le premier as sorti de la manche du président de Santos. Il donne d'autres exemples, positifs et négatifs, des projets de carrière et, évidemment, des chiffres.

À 10 h 40, le téléphone portable du président sonne. Luis Álvaro de Oliveira Ribeiro le tend à un Neymar père intrigué. Qui peut bien l'appeler pendant une réunion aussi importante ? À l'autre bout de la ligne, c'est Pelé. O Rei parle, O Pai écoute. Il lui dit que l'heure n'est pas encore venue de quitter Santos pour l'aventure européenne, que le garçon doit encore acquérir force, maturité, préparation et qu'il doit prendre conscience de tout ce qui est nécessaire pour triompher sur le Vieux Continent. Il lui rappelle que, même si c'était une autre époque, lui a fait toute sa carrière à Santos, qu'il a remporté tous ses titres, nationaux ou mondiaux, avec le Peixe.

Neto explique : « Au moment où Neymar père raccroche et rend le téléphone à Luis Álvaro, il est comme sur une autre planète. L'expression de son visage est celle d'un père qui réalise combien Santos se démène pour le bien de sa famille. La présentation se termine sur un texte court mais émouvant, dans lequel on s'accorde sur le fait que Neymar Junior s'en ira en Europe, mais seulement après avoir gagné tout ce qu'il y a à gagner avec Santos. À ce moment, il sera l'idole de tous.

Neymar père était entré dans la salle de réunion convaincu à 99 % du départ à Chelsea de son fils. À sa sortie, c'est du 50-50. Il nous demande un délai pour réfléchir en famille. On programme une nouvelle réunion à 17 heures dans le bureau de Ribeiro. Au moment où je vois Neymar père entrer dans la pièce, je sais que son fils reste à Santos. »

La décision est rendue publique le 19 août. Neymar Junior signe un nouveau contrat de cinq ans avec une clause de départ à 45 millions d'euros. Son salaire passe de 170 000 à 600 000 réaux par mois, ce qui fait de lui le deuxième joueur le mieux payé du Brésil, derrière Ronaldo, qui touche 1 million de réaux à Corinthians. Et ce n'est pas tout : le nouveau contrat prévoit une participation significative des revenus publicitaires liés à l'exploitation de son nom et des primes pour chaque convocation en sélection.

Le président et Neymar Junior se présentent devant la presse pour expliquer les détails de l'accord. Le jeune homme, souriant, assure qu'il a écouté tous les conseils mais qu'à la fin, il a décidé seul. Il se dit content de continuer à Santos. Luis Álvaro de Oliveira Ribeiro le couvre d'éloges : « Il réfléchit comme un homme dans un corps de garçon », et explique à son tour que la négociation a été longue et compliquée mais que l'issue est une grande première pour le football brésilien. « Un football qui a toujours vendu sa matière première à l'étranger, dès que se présentait l'occasion de faire de l'argent. Le choix de Santos a été à contre-courant de la culture nationale. C'est un exemple pour les autres clubs », explique Neto.

Le contrat signé, reste à mettre en œuvre le projet. Deux fronts sont ouverts : d'un côté, le joueur ; de l'autre, les sponsors. Le club de Baixada Santista met au travail un petit groupe pour garantir son investissement. Certains s'occupent de l'agenda de Neymar, d'autres l'accompagnent dans ses voyages ou lors des stages de l'équipe nationale. Ce sont les yeux de Santos, ils ne quittent pas la pépite du club. Il faut aussi le faire grandir, lui apprendre comment se comporter devant les caméras et les micros. On lui donne des cours de phonétique et de phono-audiologie, pour apprendre à articuler correctement. Il commence aussi à prendre des leçons d'anglais.

Et nous arrivons au point crucial du projet : vendre la marque « Neymar ». « Non, ça n'a pas été difficile, car Neymar a du charisme, cette chose qu'on ne trouve dans aucun supermarché. On l'a ou on ne l'a pas. Comment l'avons-nous vendu ? En l'analysant corps et âme pour offrir plusieurs options aux investisseurs. Corps : les cheveux, avec ses extravagances, les tatouages, sa présence ininterrompue sur les réseaux sociaux comme Instagram, Facebook et Twitter. Neymar est un jeune homme connecté avec la technologie, la musique et la mode. Âme : Neymar est synonyme d'audace, de joie, de vitesse.

Je me rappelle quand j'ai parlé d'un possible partenariat avec Red Bull : "Non Neto, m'ont-ils dit, nous n'envisageons pas de nous associer avec un footballeur. On s'engage auprès d'équipes entières, le seul joueur que nous avons pris sous contrat a été Edgar Davids, pour son aspect de prédateur. Neymar n'a pas cette image. On fonctionne mieux avec des athlètes issus des sports extrêmes." Très bien, j'allume l'iPad, recherche sur YouTube les images de Santos-Guaraní, Copa do Brasil 2010. Cinq buts de Neymar. Je leur montre un par un. Et à la fin, le directeur me dit : "Lui, ce n'est pas un footballeur, c'est un athlète de sports extrêmes."

Red Bull est devenu son troisième partenaire personnel, après Nike et Panasonic, puis tous les autres sont tombés. En 2011, tous les cinq jours, un nouveau sponsor potentiel venait frapper à notre porte. » Neymar en a bientôt eu treize.

Mais, bien que le projet Neymar fonctionne, en juin 2013, l'idole s'en va à Barcelone. Santos a montré au Brésil et au football brésilien qu'il était possible de garder au pays l'un des meilleurs joueurs du monde. Pour un temps. Ce fut une leçon très importante pour un pays habitué à vendre. Et sans doute, Santos a remporté avec lui bien plus qu'il n'y serait parvenu s'il l'avait laissé partir dès 2010. Des succès sur le terrain comme en dehors. Le club a remporté six trophées, vu le nombre de socios passer de 20 000 à 66 000 et son chiffre d'affaires multiplié, de

70 millions de réaux en 2009 à 198 millions en 2012. La marque « Santos » s'est hissée parmi les plus populaires, les droits télé ont augmenté de manière significative, tout comme la vente de produits dérivés ; les revenus publicitaires sur le maillot sont passés de 6 à 40 millions de réaux. Le club, d'après les dernières études, se situe désormais parmi les cinquante meilleurs clubs du monde. Ce n'est pas seulement le mérite de Neymar mais, à coup sûr, sa présence a contribué dans des proportions déterminantes à améliorer l'image du club.

Mais alors, pourquoi l'avoir laissé partir ? « Parce que, lorsqu'un footballeur prend une décision, il n'y a pas grand-chose à faire. On se dit adieu et c'est fini. Il faut ajouter que, si du point de vue économique un club brésilien peut assumer le coût d'un footballeur comme Neymar, le marché, l'entourage et la structure de notre football ne le permettent pas. Nous avons besoin d'un championnat et de clubs plus professionnels pour atteindre un jour le niveau des ligues espagnole ou anglaise mais malheureusement, à ce jour, rien de tout cela n'existe au Brésil. On ne peut même pas rivaliser avec les équipes ukrainiennes. Quel dommage ! »

13

Le monstre

« Aujourd'hui, je suis profondément déçu. J'ai passé toute ma vie dans le football mais j'ai rarement vu quelqu'un d'aussi mal élevé, sportivement parlant, que ce garçon : Neymar. J'ai toujours travaillé avec des jeunes et je n'avais jamais rien vu de tel. Ce qu'il a fait est inacceptable. Même les joueurs de Santos étaient en désaccord avec son comportement. Il est temps que quelqu'un le prenne en main ou nous allons créer un monstre. Effectivement, dans le football brésilien, au nom du football art auquel je suis totalement favorable, nous créons un monstre. C'est un homme omnipotent sur le terrain et personne ne fait rien à cet égard. Oui, vous, les journalistes, les arbitres, le club, nous devons l'éduquer pour le bien du football car, pour le moment, ce n'est pas un homme, pas un grand joueur, rien qu'un projet. Ce que j'ai vu aujourd'hui s'est avéré désagréable, très désagréable. »

Cette invective longue et polémique est signée René Simões, entraîneur de l'Atlético Goianiense, diffusée sur les radios et les télévisions de tout le pays, depuis Vila Belmiro, dans la nuit du 15 septembre 2010. Qu'est-il arrivé de si grave pour que Simões répète le mot « monstre » pas moins de cinq fois en deux minutes ? Qu'a donc fait Neymar Junior ? Reprenons au début.

À Vila Belmiro, on joue la 28e journée du Brasileirão. Santos affronte l'Atlético Goianiense, une équipe de Goiânia, dans l'État de Goiás. C'est censé être un match facile pour le Peixe. Mais les choses se compliquent et, dès le début de la deuxième période, Santos compte deux buts de retard. Neymar prend ses responsabilités, donne le meilleur de lui-même, le groupe réagit et en quelques minutes, le voilà qui a remis Santos devant : 3-2. Énième faute à l'entrée de la surface sur Ney, dont les gestes ne laissent aucun doute sur le fait qu'il va tirer lui-même le coup franc. Il pose le ballon, mais c'est Marcel qui tire.

À moins de cinq minutes du coup de sifflet final, la situation se répète. Cette fois, le numéro 11 de Santos s'écroule à l'intérieur de la surface. Penalty. Neymar s'empare du ballon et se dirige vers le point blanc. Un contre-ordre lui parvient : Léo, le numéro 3, s'approche de Neymar et l'informe que l'entraîneur a décidé de confier le tir à Marcel.

Le gamin laisse tomber le ballon, tend les bras, et se dirige vers le banc. Au coach, Dorival Júnior, il dit un certain nombre de choses qu'il vaut mieux ne pas répéter. Léo revient sur ses pas, prend le jeune homme dans ses bras et tente de le calmer. Marquinhos aussi, qui se trouve sur le côté, essaie de lui faire entendre raison, mais Neymar se détourne de l'un comme de l'autre, et revient vers le milieu du terrain avant une bouteille d'eau à la main. Roberto Brum et Edu Dracena, le capitaine, essaient aussi de l'apaiser. Marcel transforme le penalty et le score passe à 4-2. Pour Neymar, c'est du pareil au même ; il est énervé de n'avoir pas pu tirer et se comporte comme un môme mal élevé et grincheux. Il monopolise le ballon, joue seul. Il abuse de feintes statiques et de bicyclettes, comme si ses partenaires n'existaient pas. Son attitude, manifestement, tape sur les nerfs de l'entraîneur, qui ne cesse de crier depuis le bord du terrain. Il ne fait pas attention. Le public santiste contre celui de l'idole Neymar. Hors du stade, beaucoup diront que Santos est plus important que Neymar.

Au coup de sifflet final, le numéro 11 rentre au vestiaire en courant. Il s'éloigne sans un mot des journalistes qui lui tendent leur micro. En salle de presse, Dorival est déjà en train de s'exprimer, contrit : « C'est une situation compliquée, grave, que j'aimerais régler ici même, en interne, avec Neymar, son père et la direction du club. Je suis mal à l'aise d'en parler. Je sais que René a parlé de ce qui s'est passé. J'aurais probablement fait comme lui dans une situation équivalente. »

Les journalistes insistent, ils veulent savoir ce qui s'est passé avec Neymar : « Je ne sais pas. Je fais mon possible pour l'aider mais s'il me fuit, ça devient difficile. Grâce à Dieu, en dix-sept ans de carrière, je n'ai jamais eu de problème d'indiscipline. Avec Neymar, je découvre une situation nouvelle. Nous sommes tous en train d'apprendre, lui aussi », affirme Dorival. Il explique avoir choisi Marcel comme tireur car Neymar restait sur une mauvaise série (trois ratés sur six) et n'avait pas davantage de réussite à l'entraînement.

La rébellion de Neymar est mal vue par ses coéquipiers. Marcel ne pratique pas la langue de bois : « Un joueur doit accepter les choix de l'entraîneur. Sur le terrain, il faut respecter la hiérarchie comme on le ferait dans une entreprise. »

Le lendemain, le monstre Neymar est au centre des débats télévisés, dans les colonnes des chroniqueurs et dans les conversations des suiveurs. Les journaux dénichent les forfaits précédents du numéro 11 : le sombrero polémique sur Chicão, défenseur des Corinthians, celui sur Marcinho Guerreiro, arrière d'Avaí, une provocation qui a déclenché l'ire des joueurs adverses.

Antônio Lopes, entraîneur de l'équipe de Santa Catarina, accuse publiquement Neymar d'avoir dit à ses joueurs : « Je suis millionnaire et je fais ce que je veux. » Une compilation des blagues qui inclut celle du dimanche précédent, au coup de sifflet final, entre Neymar et João Marcos, de Ceará, lorsque le numéro 11 de Santos et le milieu de terrain adverse ont échangé des noms d'oiseaux. Sans l'intervention de leurs coéquipiers, ils en seraient peut-être venus aux mains.

« On commence à s'habituer à voir Neymar quitter le terrain au centre d'une polémique », écrit la presse brésilienne.

On le qualifie de rebelle, prétend que la célébrité lui monte à la tête et qu'il ne respecte plus rien ni personne. Autrement dit, il devient le *bad boy* du football brésilien. Les sponsors, voyant la tournure des évènements, font marche arrière. Trois entreprises qui étaient sur le point de signer d'excellents partenariats contactent le département marketing et se contentent de dire : « Ce gamin est fou. Il ne nous convient plus. » Les mauvaises nouvelles s'accumulent.

Une taupe fait savoir que la discussion s'est prolongée dans les vestiaires de Vila Belmiro, d'abord avec le capitaine, puis avec l'adjoint de Dorival. Neymar, qui ce soir-là ne s'était pas rendu en conférence de presse, publie un tweet pour calmer le jeu : « La discussion que j'ai eue sur le terrain, c'est parce que je veux gagner tout le temps. J'admire et je respecte beaucoup Dorival Júnior. Il a toute mon estime. Tout va bien. Grâce à Dieu, nous avons gagné. Tous ensemble, professeur. »

Mais aux yeux du public, ce n'est pas suffisant. Certains réclament des excuses publiques devant l'équipe et le public. Elles arrivent le jour suivant : « Je demande pardon à Dorival, à Edu, à mes coéquipiers, au président et au public de Santos. Je m'excuse auprès de tous ceux qui aiment Neymar et aux enfants pour qui je suis un modèle. Je demande pardon car le Neymar d'hier n'est pas celui que les gens ont l'habitude de voir. Neymar donne de la joie et joue au football avec le sourire. »

Comme devant les micros, en privé, Neymar demande pardon à Dieu pour son comportement. Des années plus tard, il dira que ce 15 septembre 2010 fut l'un des pires jours de son existence. Il se souvient qu'après le match, il est rentré chez lui et a trouvé ses parents en larmes. Nadine, qui avait assisté au match depuis la tribune, lui a dit : « Je ne te reconnais pas. Ce n'était pas mon fils sur le terrain. Ce n'était pas Juninho, pas le fils que j'ai élevé. » Ces mots font leur effet sur Neymar, bien plus que l'avalanche d'informations qui tombe dans les jours suivants. Neymar se rappelle avoir passé quelques nuits agitées et avoir pleuré comme jamais.

Un état confirmé par le président de Santos, qui lui a rendu visite le lendemain, à 8 heures du matin : « Il avait les yeux rouges et gonflés, se sentait profondément désolé pour son comportement. Je me suis contenté de lui expliquer qu'il aurait été plus judicieux pour son image, sur le terrain comme en dehors, de se montrer sympathique et agréable. Qu'à la longue, être un *bad boy* ne paie pas. »

Neymar se montre reconnaissant et jure que, sans sa famille, ses amis les plus proches et l'aide du club, il aurait arrêté le football ce jour-là. D'après lui, il a fait la paix avec Dorival Júnior juste après le match, lorsque le coach l'a fait venir dans son bureau, mais lorsque tout a été réglé, et après avoir encaissé un sévère sermon, la question est revenue sur le tapis suite à l'intervention de l'adjoint de Dorival.

L'entraîneur décide d'une sanction exemplaire. Qu'il s'agisse d'un jeune ou de Neymar, on ne peut tolérer aucune forme d'indiscipline. Il faut marquer le coup. L'entraîneur décide de lui infliger une amende de 30 000 réaux et de l'écarter de l'équipe : « Je crois que c'est le mieux à faire pour le joueur. Peut-être pas pour le club, qui se prive d'un élément important, mais pour Neymar, oui, sans doute. Je ne le sanctionne pas de gaieté de cœur mais par nécessité, explique Dorival. J'espère que ma décision l'aidera à grandir. » Puis il ajoute qu'il bénéficie du soutien inconditionnel du club, qui lui a donné carte blanche sur le sujet.

Le dimanche 19 septembre, Santos affronte Guaraní au Brinco de Ouro de Campinas. Neymar, sanctionné, n'est pas convoqué. En tenue de ville, il assiste à l'insipide match nul et vierge.

Et maintenant ? Neymar va-t-il jouer ou pas à Vila Belmiro contre les Corinthians ? C'est la première question posée au coach pendant sa conférence de presse : « Non, Neymar ne jouera pas », répond Dorival Júnior, décidé.

Cinq mots qui marquent la fin de la lune de miel entre le technicien d'Araraquara et Santos. Visiblement, le président Luis Álvaro de Oliveira Ribeiro se met en colère. Il s'était mis d'accord avec l'entraîneur pour que Neymar ne soit pas convoqué pour un match. C'est du moins sa version. En tout cas, il soulève son téléphone et appelle son vice-président et son conseiller pour définir leur position. Une décision est prise immédiatement : Dorival doit partir. Il est convoqué au CT Rei Pelé le soir même et, à 1 heure du matin, la nouvelle de sa démission est rendue publique.

« Dorival perd », « Neymar rit le dernier », « Neymar abat Dorival », « Neymar gagne le bras de fer : Dorival dehors ! » sont quelques-uns des gros titres du lendemain. Bien que la direction évoque un consentement mutuel et mette en avant l'usure de sa relation avec le club, l'ensemble des médias souligne que Dorival a perdu son bras de fer avec le président sur le cas Neymar. Entre un entraîneur qui a gagné deux titres et un garçon de 18 ans qui pèse 80 millions de réaux, le club n'a pas hésité à prendre le parti du second, idole du public, prodige du centre de formation.

Les conséquences ? « Que Neymar, à partir de maintenant, se sente le patron de l'équipe de Vila Belmiro, soit précisément ce qu'un adolescent de 18 ans ne devrait jamais croire », écrit Paulo Vinicius Coelho, dans sa chronique de la *Folha de S. Paulo*.

14

Doha

Brésil-Argentine, Messi vs. Neymar Junior. Ils se rencontrent pour la première fois au Khalifa International Stadium de Doha, Qatar. En réalité, le duel le plus attendu de ce match amical de gala est celui des deux numéros 10, les deux anciens partenaires du Barça : Ronaldinho et Lionel Messi. Neymar est encore un novice qui doit gagner en expérience et son nom n'apparaît pas en lettres capitales sur l'affiche du spectacle.

Ses débuts avec les grands ont eu lieu le 10 août 2010 contre les États-Unis, dans le stade qui s'appelait encore « New Meadowsland », dans le New Jersey. Après la débâcle du mondial africain, Dunga a démissionné et la Confédération brésilienne de football a décidé de nommer Mano Menezes. En trois ans aux Corinthians, le nouveau patron de la sélection a gagné trois titres (le Campeonato Brasileño de Serie B en 2008, qui a ramené l'équipe de São Paulo en première division, puis le Paulistão et la Copa do Brasil en 2009), un palmarès qui augure du meilleur pour la Canarinha, surtout dans l'optique du mondial 2014 à domicile.

Pour son premier match contre les États-Unis, Menezes fait appel aux jeunes joueurs réclamés à grands cris par le public et par l'ensemble du pays mais que Dunga avait refusé d'emmener en Afrique du Sud : Neymar et Paulo Henrique. L'un joue avec le numéro 11, le même qu'à Santos ; l'autre porte le 10.

À la fin du match, les deux amis se disent ravis. Ganso déclare : « Je ne m'attendais pas à un si bon début, mais Mano nous a donné une grande liberté, il nous a demandé de jouer comme nous savons le faire. Nous avons pu montrer ce football joyeux que nous avons pratiqué avec Santos pendant toute la saison. Porter le numéro 10 en sélection donne une grande responsabilité, mais grâce à Dieu, j'ai pu faire un bon match et montrer mon talent. »

Et Neymar ? Le garçon ne s'attendait pas à marquer pour son premier match, encore moins de la tête, mais le but est bien arrivé, à la 28e minute. Ballon de Robinho pour André Santos, qui s'avance sur la gauche, centre, le môme de Mogi das Cruzes anticipe sur son défenseur et de la tête envoie le ballon sur la droite de Howard, le gardien américain. Ney s'agenouille, lève les bras au ciel et embrasse l'écusson du Brésil avant de recevoir les accolades de Ganso et Alexandre Pato qui, à la 47e minute, marque le but du 2-0, score final.

« Mon but nous a apporté une certaine tranquillité ; ensuite, tout a été comme sur des roulettes », explique Neymar, ravi que le déroulement du match ait fait disparaître sa nervosité. « À partir de maintenant, je serai plus tranquille », ajoute-t-il.

Un autre qui peut être rassuré, c'est Mano Menezes, qui reçoit des applaudissements nourris. La presse le couvre d'éloges devant le retour d'un football joyeux, rapide, riche de feintes et de passements de jambes ; en définitive, d'un Brésil qui a tourné la page défensive de Dunga et revient à ses bases, l'attaque et la poésie.

La tranquillité ne va pas de soi pour Neymar, qui n'est pas convoqué pour les deux matches amicaux suivants, contre l'Iran et l'Ukraine. Ce n'est pas tant pour ce qu'il a montré sur le terrain du New Jersey que pour la polémique des injures dirigées contre Dorival Júnior. Une double peine pour qu'il grandisse et prenne du plomb dans la tête. Il sera de retour le 17 novembre 2010 pour le Clásico contre l'Argentine.

Avant le match a lieu une rencontre émouvante entre Neymar et Ronaldinho, de retour en équipe nationale après des mois d'absence. Micro en main et maillot de la sélection sur le dos, Ney n'arrive quasiment pas à articuler un mot aux côtés de son idole : « Je suis fan de son football, de sa carrière, de sa personne, de tout ce qu'il a fait sous le maillot de la sélection. Je me rappelle ses feintes, ses coups du sombrero, son but contre l'Angleterre à la Coupe du monde en Corée. » Il serre la main de Ronnie et lui tend le micro. Le numéro 80 de l'AC Milan confesse à voix basse : « J'ai suivi son début de carrière et celui de la nouvelle génération des gamins de Santos. C'est un football joyeux, un football art. Je me sens privilégié de revenir en sélection auprès d'eux. Nous espérons donner beaucoup de joie au peuple brésilien. »

Ceci dit, celui qui se charge de rendre heureux le public du Khalifa International Stadium s'appelle Leo Messi. La Pulga se paie le luxe de mettre en déroute l'éternel rival, à la cinquième tentative. Jusqu'à ce jour, il restait sur trois défaites et un nul, et n'avait jamais marqué un but au Brésil, même pas aux Jeux olympiques de Pékin, en 2008, où les Argentins remportèrent la médaille d'or.

Cette fois, il marque à la 47e minute après l'un des slaloms endiablés dont il a le secret : erreur de Douglas au milieu du terrain, ballon récupéré par l'Argentine et contre-attaque vertigineuse. Messi part en puissance, comme il aime. Il remonte la moitié du terrain, déborde Lucas, s'infiltre entre David Luiz et Thiago Silva et conclut d'un tir croisé qui surprend Victor, le gardien brésilien, impuissant.

Il gagne le duel et pendant la seconde période, son ancien partenaire de club retourne sur le banc. Malgré tout, Ronaldinho parvient à sortir par la grande porte : plusieurs passes millimétrées, des coups francs et presque un but du talon. Le tableau d'affichage ne change pas mais l'action régale.

Neymar, en revanche, ne reproduit pas sa performance du premier match. Contre l'Argentine, il reste un acteur secondaire. C'est le joueur le plus avancé du Brésil sur le flanc gauche mais il ne crée aucun danger, finit au sol trop souvent, avant d'être remplacé à la 40e minute. Un commentateur autorisé comme l'est Juca Kfouri exige de lui plus de maturité et d'expérience.

En fin de compte, l'aventure internationale de Neymar sous le maillot de la Canarinha n'a pas deux ans. En 2008, Lucho Nizzo met en place une équipe de jeunes capables de participer au mondial des moins de 17 ans qui aura lieu, l'année suivante, au Nigeria. Neymar a fait bonne impression dans la Copa São Paulo junior, et le technicien des jeunes Brésiliens décide de le mettre à l'essai avec les moins de 16 ans.

Le premier rendez-vous est la Copa Internacional Mediterránea, un tournoi de jeunes disputé sur la Costa Brava espagnole depuis 2001. Il s'agit de l'un des évènements les plus prestigieux du monde, où se sont illustrés de futurs professionnels : Cesc Fàbregas, Gerard Piqué, Juan Mata, Marcelo, Jordi Alba, Lucas Leiva et, en 2003, un certain Leo Messi… Cinq ans plus tard, c'est au tour de Neymar et Coutinho d'y briller.

144 équipes issues de 19 pays participent à l'édition 2008, réparties entre les catégories poussin, enfant, cadet et jeune. Le 19 mars a lieu l'inauguration à Palamos : défilé des joueurs, feux d'artifice, danses, pom-pom girls et pour finir, un match entre les jeunes de l'équipe locale et le Brésil : 1-0 pour la Canarinha. Une mise en bouche du jeu proposé tout au long du tournoi par les bébés jaunes et verts. Philippe Coutinho et Neymar, numéro 8 et 10 respectivement, sont les grands protagonistes. Ils se sont connus grâce à la convocation de Nizzo et, immédiatement, se sont liés d'amitié, tant sur le terrain qu'en dehors. Coutinho, un petit gars de Rio de Janeiro qui évolue avec les jeunes de Vasco de Gama, aujourd'hui à Liverpool (après être passé par l'Inter Milan et l'Espanyol), est un milieu de terrain qui construit le jeu et fournit des passes décisives à ses équipiers. Neymar, comme se charge de l'expliquer le technicien de la sélection, est un milieu offensif rapide, qui joue en profondeur et recherche le but.

En quelques jours, l'entente entre les deux est parfaite : le donnant-donnant et les échanges à toute vitesse sont permanents.

« Combien d'actions avez-vous partagé tout au long des cinq jours du tournoi ? » demande-t-on à Neymar, et le jeune homme se met à rire.

Le Brésil sort sans difficulté de la phase éliminatoire et arrive en demi-finale, disputée à Calonge. Le terrain est un vrai bourbier. Le ballon s'enlise, les Brésiliens ont du mal à l'extraire des flaques d'eau et à l'utiliser techniquement. Les adversaires de Konoplet, une équipe russe, beaucoup plus costauds et lourds, ont l'avantage et s'imposent sans problème. En deuxième période, la nuit tombe, l'air se refroidit et réduire l'écart se complique. Mais Coutinho parvient à égaliser : 1-1. Peu après, Neymar se blesse et doit quitter le terrain.

Le match se joue aux tirs au but. Luís Guilherme, le gardien des moins de 16 ans brésiliens, détourne le tir d'un attaquant russe. Les garçons de Nizzo, trempés comme des poulets, célèbrent leur qualification pour la finale. Neymar n'est pas en grande forme. Sa présence au prochain match n'est pas garantie.

Le dimanche 23 mars 2008, le soleil brille sur le stade municipal de Palamos, où se jouent les finales de toutes les catégories. Le Brésil affronte le Lokomotiv Moscou. Neymar est bien là. Le match n'est pas simple mais les deux génies gèrent. Sur un ballon de Coutinho, Neymar tombe près de la surface. Wellington Alves da Silva, le numéro 11, se charge de tirer le coup franc. Vodanov, le numéro 11 du Lokomotiv, ne peut rien faire. Le gardien a déjà réussi l'impossible mais cette fois, il ne peut que regarder le ballon secouer les filets.

Le Brésil et Neymar font la fête. Le môme est là : cheveux frisés coupés en brosse, un sourire qui dévoile un appareil dentaire, médaille autour du cou, et salué par ses coéquipiers : à ses côtés, Coutinho tient le drapeau avec la devise « Ordre et progrès ». Neymar dit que grâce au Dieu, tout s'est bien terminé. « On verra ce qui arrive dans le futur. »

Le futur avec la Canarinha passe par le Championnat du monde des moins de 17 ans en 2009. Le tournoi se déroule au Nigeria. Le 24 octobre, au stade Teslim-Balogun de Lagos, le

Brésil débute contre le Japon. Neymar porte le numéro 11 et, à la 67e minute, il donne l'avantage aux siens sur une action qui porte la marque des trois joueurs qui avaient brillé sur la Costa Brava et que Nizzo a rappelés : Wellington récupère le ballon en défense et prend appui sur Coutinho au milieu du terrain. Le numéro 8 est dos au but, serré de près par un adversaire, mais il parvient à se retourner et à se démarquer, puis allonge une passe qui prend la défense à revers. Son ami Neymar est bien placé. Il court, atteint le ballon et, pour éviter la sortie du gardien japonais, invente un geste fantastique : il touche le ballon du bout du pied droit, pour l'éloigner des mains du numéro 1 adverse, et le récupère du gauche avant de le pousser au fond des filets.

Ce sera son unique but du tournoi. Après la victoire face au Japon (3-2), le Brésil s'incline tour à tour face au Mexique et à la Suède, finissant troisième du groupe B. Retour à la maison.

Dix mois plus tard, Neymar fera ses débuts avec l'équipe nationale A.

15
2011

Dans la vie, il est rare de vivre en seulement douze mois autant d'émotions, de joie et de bonheur. Il n'est pas fréquent de recevoir, dans un laps de temps aussi court, autant de leçons de vie, fondamentales, sur ce que sera la vie, pour le meilleur et pour le pire. Plus rare encore, pour un garçon de 19 ans.

Neymar, en 2011, a cette chance. Cette année, tout lui arrive, et même plus. La paternité, quatre trophées historiques, la montée finale vers l'Olympe du football mondial, des millions d'euros de contrats, le statut de pop star du foot et un fiasco équivalant à un cours magistral d'art footballistique. Tout cela s'enchaîne à une vitesse vertigineuse, un tourbillon d'évènements qui dépasse de manière exponentielle ce qui s'était passé l'année d'avant.

Commençons par le début.

17 janvier 2011, stade Jorge-Basadre, Tacna

Quatre buts face au Paraguay dès le premier match du Championnat du monde des moins de 20 ans. Le journal sportif *Olé*, de Buenos Aires, le surnomme « Neymaradona ». Ney

Franco, l'entraîneur, convoque pour le tournoi Neymar et son ami Philippe Coutinho qui, par malheur, ne pourra pas faire le voyage. Avec eux, la crème de la jeunesse brésilienne : Lucas Moura, Fernando, Oscar, Casemiro.

Ce tournoi, qui peut être un tremplin vers les Jeux olympiques de Londres en 2012, commence bien pour l'enfant de Mogi das Cruzes. « J'assume la responsabilité de jouer mon football », avait-il promis, et il le confirme dès le premier match du groupe B.

Il commence par transformer un penalty sifflé pour une faute sur Casemiro et fête son but avec la *Dança do Créu*, une musique de Mc Créu. À la 33e minute, passe de Lucas, feinte et deuxième but. Le troisième, de la tête. Le quatrième est spectaculaire : Rafael Galhardo, de la gauche, adresse une passe parfaite à Neymar, qui pénètre dans les seize mètres et, pour éviter la sortie du gardien, pique le ballon par-dessus. 4-2 contre le Paraguay. Après ces trois premiers points, place à l'adversaire suivant : la Colombie. 3-1 pour le Brésil et Neymar marque le dernier.

Le nul contre la Bolivie, puis la victoire face à l'Équateur placent l'équipe des moins de 20 ans en tête du groupe. Le Chili est le premier adversaire du tour principal, composé de six équipes. 5-1 pour les Brésiliens, dont un doublé pour Neymar (sept au total). Il inscrit les deux derniers à Arequipa, la ville natale de Mario Vargas Llosa, au sud du Pérou.

Ici, tout le monde connaît l'écrivain, lauréat du prix Nobel en 2010, et tout le monde aime le nouveau Pelé, le phénomène débarqué au Pérou dans l'anonymat mais devenu, en quelques semaines, la grande attraction des terrains de football. À tel point que la Conmebol décide de déplacer les rencontres du Brésil à un horaire de large audience afin de satisfaire l'intérêt grandissant que suscitent la Canarinha et son désormais célèbre numéro 7.

Le 12 février 2011, la sélection rencontre l'Uruguay. Les charruas ont un point d'avance sur le Brésil à un match de la fin, les Brésiliens ayant enregistré un revers contre l'Argentine, et sont désormais les favoris pour la qualification aux JO. Cependant, les Uruguayens sont démolis : 6-0. Trois buts de Lucas Moura, un de Danilo et un doublé pour Neymar. Le Brésil remporte le titre pour la troisième fois d'affilée, la onzième depuis sa création en 1954, et obtient son billet pour Londres. Avec neuf buts, Neymar est le meilleur buteur du championnat et est désigné meilleur joueur.

« Au début, confesse Ney Franco dans une interview à *El País*, son style décontracté, sa coupe de cheveux et ses vêtements furent considérés par erreur comme des signes de rébellion. Mais, en réalité, c'était un type avec de la personnalité. » Et il en fait la démonstration pendant ce championnat. Il est au centre de l'attention, un grand footballeur, mais aussi capable de jouer pour son équipe et de faire partie d'un groupe.

« À 19 ans, depuis le 5 février, Neymar est déjà habitué à briller parmi les vétérans et à faire le spectacle avec les jeunes, affirment les chroniqueurs brésiliens. En plus de détruire la défense de l'Uruguay, il s'est avéré fondamental face au Paraguay, à la Colombie et au Chili. Il quitte le tournoi sur la promesse d'une carrière encore plus prometteuse qu'on l'attendait. »

Neymar, tandis qu'il célèbre le trophée avec la médaille et le drapeau, répond ainsi à l'avalanche de compliments : « Ici, il n'y a pas de star. En deux mois, nous avons formé une famille merveilleuse et c'est le résultat d'un travail commencé le 13 décembre [le premier jour de stage des moins de 20 ans]. Notre rêve, désormais, est de participer aux Jeux olympiques et de ramener à la maison la médaille d'or qui nous manque. »

24 février 2011, Forte dos Andradas, Guarujá

« Bien qu'il ne fasse pas partie de l'armée, Neymar, avec son talent et ses dons, peut faire beaucoup pour notre pays. Il peut l'aider à se faire connaître dans le monde encore plus qu'il ne l'est aujourd'hui. » Ces mots sont prononcés par le général

Santos devant les caméras qui immortalisent la visite du garçon de Santos au Forte dos Andradas.

Neymar – lunettes de soleil, chemise et chaussures blanches, crête agrémentée de petites dreadlocks, grosse montre et collier en or – se rend à la caserne de la 1re brigade d'artillerie antiaérienne pour obtenir sa dispense de service militaire obligatoire. Tapes dans le dos, poignées de main, accolades, autographes et photographies avec les militaires en service, qui lui offrent la veste et le béret de la brigade. Le jeune homme visite les installations, puis assiste à la projection d'une vidéo sur Pelé qui, contrairement à lui, effectua son service militaire en 1959, au Forte de Itaipu de Praia Grande, où il joua même au sein de la sélection militaire. Il finit par signer le document qui l'exonère de ses obligations, des manœuvres et des dortoirs. Tout cela sous le regard aimable du commandant du fort, qui reconnaît que, au moins, dans le cas de Neymar, le ballon peut être beaucoup plus utile que les armes.

7 mars 2011, Emirates Stadium, Londres

Troisième match avec l'équipe nationale A et trois buts pour celui que l'on célèbre déjà comme le petit prodige du football brésilien. On joue contre l'Écosse à Londres, dans le stade d'Arsenal, et le numéro 11 fait ce qu'il aime le plus : marquer. Avec une extrême facilité, il contrôle depuis la gauche une passe d'André Santos et adresse un tir croisé précis pour le premier but. Le deuxième est une action individuelle. Il entre dans la surface avec le ballon, et le défenseur écossais Adam le déséquilibre. Penalty transformé impeccablement.

Les journalistes constatent avec stupéfaction le sang-froid et la technique du jeune joueur, et se mettent à parler en direct du présent et de l'avenir de l'attaquant de Santos. La conclusion : « Son futur est ici. » Mais une précision : une bonne partie du public londonien se consacre, pendant tout le match, à siffler le numéro 11 brésilien et, dans la surface, quand il cherche le dribble, on lui jette une banane. Du racisme à l'état pur. « Cela nous attriste énormément, dit le joueur, on ne peut pas venir ici et assister à ce genre de chose. » Les supporters écossais rejettent les accusations de racisme et assurent qu'ils s'en sont pris à Neymar parce qu'il se roule à terre et fait semblant de subir des fautes inexistantes. Alors qu'au mieux, ce qui irrite les Écossais, comme d'autres publics et même certains joueurs, ce sont ses feintes.

15 mai, Vila Belmiro, Santos

« Santos ! Santos ! Gol !
Agora quem dá bola é o Santos.
O Santos é o novo campeão,
Glorioso Alvinegro Praiano,
Campeao absoluto desse ano !
Santos !
Santos, sempre Santos !
Dentro o fora do alçapão,
Jogue o que jogar
És o leão do mar,
Salve o nosso campeão ! »

Oui, comme dans l'hymne de Santos, *Leão do Mar*, composé en 1955 par José Maugeri Neto et Maugeri Sobrinho, le glorieux Alvinegro Praiano est le champion absolu de cette année. La musique résonne à Vila Belmiro. Edu Dracena, le capitaine, lève la coupe du Paulistão sur une estrade placée au milieu du terrain. Elle est sienne pour la deuxième année successive ; le septième doublé et le 19e dans l'histoire du Peixe. Le but décisif dans le match retour contre les Corinthians (après le 2-0 de l'aller) est signé Neymar. À la 43e minute, avec un but d'avance pour Santos (Arouca), le numéro 11 manque l'occasion de doubler l'avantage. Il se présente seul face à Júlio César, le gardien adverse, tente de placer le ballon entre ses jambes mais celui-ci devine l'intention et repousse en corner.

Júlio César est moins inspiré à la 83e minute. Le tir croisé du droit de Neymar n'a rien d'extraordinaire, le ballon a peu de puissance. Le numéro 1 est bien placé, il s'étend et semble en mesure de toucher le ballon mais celui-ci lui échappe des mains et termine sa course lente au fond des filets. À la 86e minute, Morais marque pour les Corinthians mais il ne reste pas assez de temps pour égaliser. Neymar, torse nu, enlace et embrasse tous ceux qui passent près de lui.

Le Paulistão n'a pas été facile. Après le départ de Dorival Júnior, trois entraîneurs se sont succédé sur le banc de Santos : Marcelo Martelotte, Adílson Batista, puis à nouveau Martelotte. Finalement, Muricy Ramalho a pris le relais le 10 avril 2011. L'équipe a changé : Robinho est reparti en Europe ; André, autre camarade de jeu de Neymar, a été vendu au Dynamo Kiev juste après la Copa do Brasil. Pour renforcer le milieu de terrain, Elano est arrivé en provenance de Galatasaray, après un premier passage à Santos entre 2001 et 2005. Une bonne acquisition qui, malheureusement, ne pourra pas jouer aux côtés du numéro 10 qui a fait rêver tout le Brésil : Paulo Henrique. Une rupture du ligament croisé antérieur lors du match contre Grêmio éloignera Ganso des terrains pendant sept mois, c'est-à-dire jusqu'en mars 2011.

Neymar, en raison des rendez-vous avec l'équipe des moins de 20 ans, n'a pas pu disputer les six premières journées du championnat. Muricy Ramalho ne pourra pas compter sur l'ensemble de ses titulaires avant le quart de finale du Paulistão, où Santos élimine Ponte Preta sur un but de Neymar. Puis vient le tour de São Paulo. La rencontre se dénoue sur une intervention d'Elano et d'un Ganso ressuscité. Les portes de la finale s'ouvrent en grand. Puis la victoire, le doublé et l'hymne spectaculaire au rythme de *zumpa pá-pá, zumpa pá-pá*.

22 juin 2011, Pacaembu, São Paulo

Quarante-sept ans après les buts de Coutinho et Pelé contre Boca Juniors, quarante-huit ans après le but contre son camp de Caetano et le doublé de Pelé face à Peñarol, Santos remporte à nouveau la Copa Libertadores aux dépens des Uruguayens. Le 15 juin, le stade Centenario de Montevideo forme une masse jaune et noire, les couleurs de l'équipe locale. Lorsque les formations pénètrent sur la pelouse, les feux de Bengale et les feux d'artifice illuminent la nuit de la capitale. L'accueil des joueurs de Santos donne des frissons mais ils ne se laissent pas intimider. Résultat : 0-0. Ça aurait pu être pire, mais pour le Peixe, le nul est bon à prendre avant le match dans un Pacaembu plein à craquer.

Santos se crée des occasions mais ne parvient pas à marquer. Jusqu'à la 46e minute, quand Neymar donne l'avantage au score en profitant d'une belle action d'Arouca, qui prend le ballon au milieu du terrain, puis s'avance jusqu'à trouver le numéro 11 libéré sur le gauche, qui en une touche de balle décoche un tir à ras de terre sur la droite du gardien, près du poteau.

Sur le terrain, les joueurs s'embrassent. Danilo marque le deuxième but, semblant sceller le résultat, mais il reste assez de temps pour souffrir. Durval, dans une tentative de dévier un centre, marque contre son camp à la 79e minute. Dans les gradins, des spectateurs ne veulent pas en voir davantage, refusant d'assister à une tragédie. Ils ne veulent pas revenir avant que l'arbitre, l'Argentin Sergio Pezzotta, donne le coup de sifflet final.

Les émotions sont à fleur de peau, les gens pleurent et on entend monter un grondement. Un supporter de Santos pénètre sur le terrain et agresse un joueur de Peñarol, qui ne se laisse pas faire. Commence alors une bataille rangée avec les joueurs en blanc. La police doit intervenir pour séparer les protagonistes des deux camps. Un moment passe avant que le calme revienne et que l'on puisse procéder à la remise des récompenses. Neymar s'agenouille sur le tapis vert et lève les bras au ciel. Muricy tombe dans les bras de Pelé et l'accompagne jusqu'au rond central. O Rei, vêtu d'une veste rouge, salue le public et ne se dérobe pas lorsque l'interviewer de Fox Deportes l'interroge sur Neymar : « Comme tout le monde le sait et peut le voir, c'est un joueur de grand talent. En première période, il n'a pas pu s'exprimer totalement car Peñarol a bien défendu. Mais ensuite, c'est lui qui a fait basculer le résultat, car l'important pour Santos était de débloquer le résultat. À présent, nous verrons s'il aura avec la sélection le même rendement qu'avec le Peixe. Espérons qu'il ne lui arrivera pas la même chose qu'à Messi, qui joue très bien à Barcelone mais n'a encore rien prouvé avec l'Argentine. »

« Neymar vous dépassera-t-il ? » demande encore le journaliste. Pelé, en souriant, répond : « Pour cela, il devra marquer plus de 1 283 buts. » Le vieux roi n'est toujours pas prêt à abandonner son trône. Quelques jours plus tard, Neymar reçoit une couronne dorée avec un « N », comme celle de Napoléon, juste au-dessus de sa crête. Il y est inscrit : « Reymar » et, à côté, un titre de la *Veja* (un hebdomadaire de São Paulo) du 28 juin : « Enfin un crack dans la lignée de Pelé. »

17 juillet 2011, stade Ciudad de La Plata

C'est un après-midi de chien, de ceux où le ballon refuse d'entrer dans les filets, de ceux où l'on ne fait pas de manières : dégagements à la limite, sauvetages miraculeux, erreurs grossières, à commencer par quatre (oui, quatre) tirs ratés pendant la séance de tirs au but. Elano, Thiago Silva, André Santos et Fred échouent lamentablement et le Brésil, petit à petit, voit s'éloigner la Copa América 2011. L'équipe est éliminée en quart de finale, battue 2-0 par le Paraguay de Tata Martino qui s'inclinera en finale contre l'Uruguay de Diego Forlán.

Au début du tournoi disputé en Argentine, les deux noms sur toutes les lèvres sont ceux de Neymar et Paulo Henrique. Tout le monde est convaincu qu'ils sont capables de changer le cours d'un match en faveur du Brésil. N'empêche, le 17 juillet, ils quittent avec mélancolie une Copa América où ils n'ont jamais été à leur niveau de Santos.

Surtout Neymar, méconnaissable face au Paraguay, au point d'être remplacé à 83e minute par Fred, l'empêchant ainsi de participer à la séance de tirs au but, qu'il verra depuis le banc, à côté de Ganso, rappelé sur la touche après la première mi-temps de la prolongation. Mano Menezes a accordé une totale liberté de mouvement au numéro 11 sur le front de l'attaque, où il est associé à Alexandre Pato. Neymar rate la première occasion à la 3e minute. Il manque aussi la deuxième, puis la troisième. Les erreurs le bloquent : ses adversaires ne tombent plus dans ses feintes, ses passes n'arrivent plus à destination, il perd neuf ballons. En résumé : il est absent au moment où la sélection a le plus besoin de lui. Le bilan final de Neymar est insuffisant : deux buts marqués contre l'Équateur lors du dernier match du groupe B sur treize tirs cadrés. « Trop peu, se désolent les Brésiliens, pour quelqu'un censé incarner le futur de la sélection. »

27 juillet 2011, Vila Belmiro, Santos

Un show ? Un spectacle ? Un concert ? Un évènement inoubliable ? Un match historique, de cinémathèque, comme on n'en avait pas vu depuis des années ? Une ode au football ? Difficile de se remémorer un équivalent au match joué par Santos contre Flamengo lors de la 12e journée du Brasileirão. Un 4-5 enchanteur, qui évoque le 7-6 entre Santos et Palmeiras en 1958. Ce qui ne fait aucun doute, c'est que Neymar a disputé son meilleur match sous le maillot de Santos et que Ronaldinho a réussi sa performance la plus marquante depuis sa merveilleuse époque barcelonaise.

Le Gaúcho marque trois buts : un opportuniste sur une erreur du gardien et d'Edu Dracena ; un autre sur un coup franc qui a effacé le mur et envoyé le ballon près du poteau au ras du sol ; le dernier, sur un tir croisé légèrement dévié par Arouca. Neymar au sol, après un retourné, offre le deuxième but à Borges ; il obtient un penalty transformé d'une panenka par Elano et parachève d'un tir précis à contrepied pour le 4-3. Son second du match. Le premier, d'après les commentateurs, a été un chef-d'œuvre.

Neymar reçoit le ballon collé à la ligne de touche, juste après la ligne médiane. Deux joueurs le marquent de près, Léo Moura et Williams. Ils le prennent en tenaille. Il doit s'en sortir, cela semble mission impossible, mais il réussit. On ne comprend pas comment, mais il se faufile entre les deux. Il court vers l'avant, aperçoit Borges et lui passe le ballon, que lui rend l'avant-centre. Renato le serre, soutenu par Ronaldo Angelim. Ses pieds – comme il le dira plus tard – lui dictent une demi-lune, ou *drible da vaca*, une action où l'attaquant, le défenseur face à lui, envoie le ballon d'un côté et le contourne par l'autre côté avant de le récupérer. Exécution parfaite et, avant que les défenseurs le rattrapent, il anticipe la sortie du gardien avec son toucher délicat et s'en va fêter le troisième but de Santos. Un but plus facile à créer et à voir qu'à expliquer. Un but qui lui vaudra le prix Ferenc Puskás de but de l'année 2011 décerné par la FIFA.

Le 9 janvier 2012, Neymar arrive au palais des congrès de Zurich, où se déroule chaque année le gala de la FIFA. Le numéro 11 de Santos, avec sa crête épaisse teinte en rouge, porte une veste noire, une chemise blanche et une cravate grise. Ainsi, vêtu pour la grande occasion, il s'assoit dans les premiers rangs de l'orchestre, reçoit des tas de félicitations et, en plus concourir pour le prix Puskás, se retrouve parmi les 23 joueurs nommés pour le Ballon d'or 2011.

Sur la scène, le Néerlandais Ruud Gullit présente la cérémonie et présente les trois finalistes du prix Puskás : Leo Messi, Wayne Rooney et Neymar. La Pulga est nominé pour son but marqué le 8 mars en Ligue des champions contre Arsenal : un double sombrero délicieux aux dépens du gardien des Gunners. L'avant-centre des Diables rouges est retenu pour son ciseau réussi lors du derby face à Manchester City, le 12 février. On projette les images des trois buts, puis Kay Murray, la journaliste qui accompagne Gullit, présente celui qui va remettre le trophée au lauréat : Hugo Sánchez, le meilleur joueur mexicain de l'histoire.

« Marquer un but, c'est un sentiment très agréable, cela donne du bonheur et être récompensé, c'est le summum. Je parle en connaissance de cause », affirme l'ancien Madrilène. Les caméras capturent l'image des trois finalistes. « Et le prix Puskás de la FIFA est attribué à... », un instant de suspense, Sánchez ouvre l'enveloppe et annonce : « Neymar. »

Le gamin de Santos enlève les écouteurs de la traduction simultanée, serre la main de Rooney, se fraie un chemin entre Piqué et Iniesta, referme le bouton de sa veste et grimpe sur scène. Il salue Hugo Sánchez, Gullit et Murray, puis se dirige vers le public : « Je suis très heureux de recevoir ce prix. Les deux autres finalistes sont des cracks dont je suis fan. Avant tout, je veux remercier Dieu et tous ceux qui m'accompagnent ici. Je vous souhaite une bonne soirée », ajoute-t-il, ému. Il attrape le trophée et quitte la scène. L'heure est à la fête.

24 août 2011, hôpital São Luiz, São Paulo

« Nasceeeuu ! Davi Lucca », d'un tweet, Neymar annonce la naissance de son premier fils et publie une photo sur laquelle, avec la charlotte blanche et la blouse orange de la salle d'accouchement, il tient son bébé dans les bras. Puis une autre avec son père et Paulo Henrique, son ami et parrain du nouveau-né. Sur son site Internet est publié un texte en portugais, anglais et espagnol, dans lequel il dit que la mère et l'enfant se portent bien et remercie Dieu pour « cette bénédiction dans [leur] vie qui s'appelle Davi Lucca, 2,810 kg de joie pure ».

Neymar partage son bonheur d'un tweet qui, en quelques heures, devient l'un des plus vus au Brésil. Bien qu'il dise aujourd'hui que Davi Lucca est ce qu'il a de plus cher dans la vie et lui donne beaucoup de joie, devenir père à 19 ans n'a pas été facile.

Lorsqu'il se rend compte que Carolina Dantas, 17 ans, est enceinte, Neymar ne sait pas très bien quoi faire. Il a peur. Il n'est pas préparé à affronter pareille responsabilité ; en plus, sa relation avec Carol n'est pas suivie. Ils font connaissance grâce à des amis communs alors qu'elle a seulement 16 ans. Il lui envoie quelques messages et ils finissent par sortir ensemble. Mais l'histoire prend fin rapidement. Quand Carolina découvre qu'elle attend un enfant, elle envisage d'abord de ne rien dire à Juninho, mais elle réalise vite qu'un jour, son enfant voudra savoir qui est son père. Alors elle lui explique et lui se comporte « comme un homme, un vrai », confessera plus tard Carolina dans l'émission de télévision *Domingão do Faustão*.

Mais Neymar doit encore en parler avec sa famille et celle de la jeune fille. Il aborde d'abord la question avec Nadine, sa mère, qui s'émeut et fond en larmes. Avec son père, c'est plus délicat, car O Pai lui a répété mille fois d'être prudent, de ne pas commettre de bêtises, de garder en tête que chaque acte a des conséquences. Lorsque père et fils se parlent face à face, le sermon est inévitable, mais ensuite, ils s'étreignent et son père lui conseille d'assumer ses responsabilités. Il pense que devenir père est une joie, en aucun cas une tragédie. Neymar père dit haut et fort à son fils, quoi qu'il décide, qu'il épouse Carol ou non, qu'il considérera l'enfant comme son petit-fils. Sur ces mots, la peur de Neymar s'envole et O Pai accompagne Juninho rendre visite à la famille Dantas. Tout se passe bien. Neymar reconnaît son futur enfant, accepte de laisser la garde à la mère et de lui verser une pension mensuelle substantielle. Le jeune homme rend la situation publique, sans cependant dévoiler le nom de la future mère.

Il reste aux côtés de Carol pendant toute sa grossesse et, à 11 heures, le 24 août, il entre dans la salle de travail pour célébrer la venue au monde de Davi Lucca : « Juninho est un père merveilleux, investi, attentif, un ami qui m'aide pour tout. Quand il était à Santos, il venait voir son fils dès qu'il pouvait, il le couvre d'attentions et de cadeaux, et il est resté souvent dormir chez nous pour passer du temps avec Davi », confirme la mère.

Neymar présente son fils en l'église baptiste Peniel et, à peine âgé d'un mois, le 7 septembre 2011, l'emmène au CT Rei Pelé pour le présenter à ses coéquipiers. Le 4 mars 2012, il fait une entrée triomphale à Vila Belmiro avec son fils, avant le Clásico face aux Corinthians. Davi Lucca reçoit un baiser de son parrain et porte chance à l'équipe qui l'emporte 1-0. Il devient en quelque sorte une mascotte de Santos, comme Neymar lui-même l'avait été à l'époque à l'União Mogi.

28 septembre 2011, stade Mangueirão, Belém

Le Superclásico de las Américas existe depuis 1913. C'est le président argentin Julio Roca qui en a été à l'origine afin de promouvoir le football en Argentine et au Brésil. La première édition se dispute le 27 septembre 1914, quelques jours avant la mort de son promoteur. Le Brésil gagne sur le terrain de Gimnasia y Esgrima de Buenos Aires, 1-0, but de Ruben Sales. Avec des fortunes diverses, les deux grands rivaux du football sud-américain s'affrontent chaque année jusqu'en 1976. Ce match disparaît ensuite des calendriers, mais un accord entre les fédérations argentine et brésilienne permet son retour en 2011. Le grand défi gagne en popularité grâce à l'instauration d'une formule aller-retour. Le premier match a lieu au stade Mario-Kempes de Córdoba, le 14 septembre, le retour au

Mangueirão de Belém, le 28. En Argentine, devant 50 000 spectateurs, le match s'achève sur un triste 0-0. L'Albiceleste, sans ses joueurs basés en Europe, est composée de remplaçants, tandis que le Brésil, privé lui aussi de ses ressortissants du Vieux Continent, parvient à réunir un onze mixte, avec les espoirs Lucas et Cortez, qui débutent en sélection, et de vieilles gloires comme Ronaldinho. Neymar marque le but du 2-0, score final, à Belém. Sur la gauche, Cortez sert Diego, qui centre à ras de terre. Le gamin à la crête se glisse entre le défenseur et le gardien et marque. Mano Menezes ne cache pas sa satisfaction d'avoir enfin battu une grande équipe, tandis que Neymar ajoute un trophée dans sa vitrine déjà bien garnie. En 2012, il recommencera grâce à deux penaltys : un à l'aller, qui entérine le résultat 2-1, l'autre au retour, pendant la séance de tirs au but qui départage les deux équipes.

9 novembre 2011, Vila Belmiro, Santos

À 11 h 30, une poignée de main marque la conclusion de la négociation. L'annonce officielle a lieu à 15 heures.

Luis Álvaro de Oliveira Ribeiro, le président, se présente en conférence de presse en bras de chemise : « Le même talent dont fait preuve Neymar sur le terrain pour déséquilibrer la défense adverse, sa famille l'a par son sérieux et son engagement en faveur des bonnes causes, ainsi que la passion de Santos qui nous anime tous. Je veux la remercier publiquement du fond du cœur. J'ai souvent dit que le jour le plus heureux de ma vie a été la Copa Libertadores remportée le 22 juin à Pacaembu, quarante-huit ans après, mais aujourd'hui, je suis plus heureux encore, car un rêve est devenu réalité. Neymar continue jusqu'au mondial 2014. Le contrat est signé et garanti. Il n'est ni du Real Madrid ni du Barça ; il est de Santos. »

Face à la « puissance économique », dixit Ribeiro, des clubs européens, le Peixe a lutté comme Don Quichotte face aux géants. Comment a-t-il vaincu ? En payant plus. Le salaire de Neymar passe de 1,5 million de réaux par mois à 3 millions et, avec 14,9 millions annuels de revenu, il se hisse à la huitième place des joueurs les mieux payés au monde. Le Peixe l'intéresse aussi aux revenus publicitaires, dont il touche 30 %. Il augmente également la clause de départ et modifie sa durée : si l'accord précédent valait jusqu'en 2015, sa nouvelle échéance est désormais août 2014. Un coup magistral pour Luis Álvaro de Oliveira Ribeiro qui, le 2 décembre, remet en jeu son poste aux élections.

Dans la salle de presse, Neymar fils et père se tiennent aux côtés de Ribeiro. Le numéro 11 de Santos, casquette à l'envers et chewing-gum dans la bouche, explique sa joie de rester à Vila Belmiro : « C'est ce que je voulais. Je l'ai toujours dit : ma famille, mon fils, mes amis sont ici. Je remercie les clubs espagnols pour leur intérêt. C'est un honneur. Je n'ai jamais envisagé de m'en aller pour devenir le meilleur du monde. Je ne pense pas à ça, seulement à disputer les meilleurs championnats. Et c'est ce que fait Santos. Nous avons remporté la Copa Libertadores et nous allons maintenant disputer le mondial des clubs. »

Fin du chapitre. Pour le moment.

18 décembre 2011, International Stadium, Yokohama

« Aujourd'hui, nous avons pris une leçon de football. Barcelone a été nettement supérieure. Ses joueurs sont fantastiques. C'est vraiment la meilleure équipe au monde. Ce match nous servira de leçon. » La finale de la Coupe du monde des clubs de la FIFA 2011 vient de s'achever. Neymar, la crête affaissée, un écarteur sur les narines pour mieux respirer, répond debout sur le terrain aux questions des journalistes. Il reconnaît sans peine la démonstration blaugrana aux dépens de Santos. Ensuite, il devra grimper deux fois sur le podium, d'abord pour recevoir la médaille de finaliste, puis le trophée du troisième meilleur joueur du tournoi. Il y saluera Lionel Messi, le meilleur joueur de la finale et de l'ensemble du tournoi.

Le duel Neymar-Messi avait suscité beaucoup d'attente, mais il n'y a pas eu photo : Neymar doit se contenter d'assister, en spectateur privilégié, au show de l'Argentin. La Pulga offre un récital digne d'un attaquant total, marquant deux des quatre buts du Barça face à l'Alvinegro Praiano. Il ouvre le score d'un délicieux piqué aux dépens de Rafael, le gardien de Santos, puis inscrit le dernier en se payant le luxe de le dribbler. Tandis que tous les ballons passent entre les pieds du natif de Rosario, Neymar n'en reçoit pas un exploitable. Le Barça quadrille l'espace et l'isole, comme un enfant perdu dans un champ. Et bien sûr, sans ballon, pas de football.

En première période, le môme de Mogi das Cruzes ne se montre que sur une offensive mais Puyol et Piqué le bloquent. Après la pause, il se procure la seule occasion franche de la rencontre mais il tire sur Víctor Valdés. C'est tout. Ne reste qu'à regarder le visage de Neymar capturé par les caméras de télévision après chaque but barcelonais. Plus qu'éloquent.

Le jour suivant, la *Pep Team* qui vient de remporter son treizième trophée recueille tous les éloges : « Barcelone est unique au monde », écrit *O Globo* de Rio de Janeiro ; *Clarin*, le journal de Buenos Aires, est catégorique : « Messi a pris le Barça par la main vers le titre », tandis que *El País* titre : « Le football extraterrestre de Barcelone gâche le rêve de Santos. » Effectivement, le rêve de répéter l'exploit de Pelé et des siens, gagner à nouveau le mondial des clubs, quarante-huit ans après le fameux Santos-AC Milan de 1963, est tombé en pièces. Pour Neymar, la seule consolation est d'être arrivé jusque-là et de rentrer chez lui avec un lot de consolation : le maillot de Leo Messi.

16

Remake

Vous vous rappelez John Wayne et son aéropage de personnages de l'Ouest sauvage ? Ringo Kid, Ethan Edwards, Rooster Cogburn, le colonel York, le pistolero John Bernard Brooks ? Des types solides comme le roc. Comme Rooster, capable d'affronter seul – au galop, la winchester dans une main, le colt dans l'autre – quatre bandits et de les éliminer, même avec un œil en moins, des kilos et des litres de whisky en plus. Ce film qui rapporta à John Wayne l'unique oscar de sa carrière.

En 2010, les frères Coen réalisèrent un remake avec Jeff Bridges dans le premier rôle. Qu'ont à voir l'Ouest lointain et John Wayne avec Neymar Junior ? D'après João Paulo de Jesus Lopes, John Wayne est l'homme le plus à même de stopper le numéro 11 de Santos. Une boutade du président de São Paulo au micro d'une radio pauliste en avril 2012. Une boutade, mais pas tant que ça : monsieur João Paulo de Jesus Lopes le dit avec le plus grand sérieux et en connaissance de cause car Santos, pour la troisième année d'affilée, vient de priver son équipe d'une qualification en finale du Campeonato Paulista. Neymar a marqué les trois buts du match sans que personne ne puisse l'arrêter.

Nous sommes le 29 avril et le match se dispute au Morumbi, l'antre de São Paulo. Le premier but arrive dès la 3e minute, alors que les spectateurs ont à peine eu le temps de s'installer à leur place : Alan Kardec reçoit le ballon dans la surface et Paulo Miranda le bouscule. L'arbitre, Paulo César de Oliveira, siffle un penalty. Neymar s'approche du point blanc : longue course, tir puissant en hauteur, au milieu des poteaux. Denis n'a aucune chance de toucher le ballon. C'est le centième but de Neymar sous le maillot de Santos. Trois ans et cinquante et un jours sont passés depuis ses débuts avec le Peixe, le 7 mars 2009, et le gamin de Mogi das Cruzes fait son entrée parmi les meilleurs buteurs de l'histoire santiste.

Neymar avait déjà marqué son centième but en compétition officielle trois mois plus tôt, le 5 février 2012, le jour de son vingtième anniversaire. Cela s'est passé lors d'un match contre Palmeiras, au stade Prudentao. Son premier but de l'année et le numéro 100 de sa carrière : 82 avec Santos, 8 avec la sélection, 9 avec les moins de 20 ans, 1 avec les moins de 17 ans.

O Globo dissèque le record : 70 buts du pied droit, 21 du gauche, 7 de la tête, 1 de l'épaule, 1 de la poitrine ; 72 depuis l'intérieur de la surface, 10 de l'extérieur, 16 sur penalty et 2 sur coup franc. Le journal de Rio n'oublie pas de préciser sa progression comme joueur : 15 buts lors de sa première saison professionnelle (2009), puis 44 en 2010 et 40 en 2011. Mais il n'y a pas que les chiffres ; les comparaisons pleuvent aussi. Avec Messi, par exemple, qui a atteint la barre des 100 buts à 22 ans et trois mois ; ou avec Ronaldo, que Neymar n'a pas dépassé mais pour rien (O Fenomeno marqua son centième but à 19 ans et quatre jours). Rien à faire en revanche face à Pelé, qui atteignit cette marque à 17 ans et neuf mois, même si O Rei était professionnel depuis l'âge de 15 ans. En tout cas, les chiffres servent aux journaux brésiliens pour justifier que la comparaison entre Neymar et Messi n'a rien d'absurde, quoique l'Argentin soit triple lauréat du Ballon d'or, car il faut bien admettre qu'en matière de but et de précocité, Neymar sort vainqueur.

■ Neymar à ses débuts, sous les couleurs de Santos, au Brésil.

■ En équipe nationale du Brésil, aux côtés de Ramires, face à Michael Bradley (États-Unis) en août 2010.

■ 2013. Neymar signe à Barcelone et pose en compagnie du président de l'époque, Sandro Rosell.

■ Joie de la fameuse MSN, avec Messi et Suarez face à Arsenal en 2016.

■ Pendant sa Coupe du monde au Brésil, en 2014. La joie du buteur face au Cameroun, puis la détresse après la blessure contre le Chili.

Le Barça face au PSG en avril 2017 (victoire 6-1)

■ 4 août 2017, Neymar rejoint le PSG. Présentation officielle aux journalistes en compagnie du président Nasser Al-Khelaïfi (en bas) et de son père Neymar Sr. (en haut).

■ Premier match au Parc des Princes et premier doublé contre Toulouse.

■ Première rencontre entre Neymar et Mbappé : l'association des deux joueurs semble prometteuse.

Avançons dans le temps jusqu'au but numéro 101, marqué avec Santos, qui tombe comme une poire mûre à la 31e minute de la demi-finale contre São Paulo. Rodolfo, le numéro 3 tricolore, dégage mal, le ballon arrive dans les pieds de Ganso, qui trouve Neymar. Le numéro 11 prend le meilleur sur Miranda et tire à ras de terre malgré la sortie de Denis. Il court vers le poteau de corner gauche. Premier remake de la série : Neymar Junior reproduit la danse du *banderin* de Juary, Jorge dos Santos Filho, l'attaquant santiste qui débarqua en Europe au début des années 1980, d'abord en Italie (Avellino, Inter Milan, Ascoli et Cremonese), puis au Portugal. Juary, le numéro 9 du Peixe, qui en 1978, précisément au Morumbi, marqua contre São Paulo et fêta son but de la même manière.

Pour la quatrième année consécutive, le Peixe se qualifie pour la finale du Paulistão. La première fois, il s'inclina contre les Corinthians de Ronaldo, mais ensuite, il remporta le titre aux dépens de Santo André, puis du Timao. Il a maintenant l'opportunité de ramener à la maison son vingtième titre de champion de l'État et de devenir triple tenant.

Pour Neymar et compagnie, le rendez-vous est fixé au 6 mai, jour du match aller contre Guaraní au Morumbi. Un but de Ganso et un doublé de Neymar tuent le suspense. Remonter trois buts au retour, cela semble mission impossible pour Guaraní. Le numéro 11 célèbre son premier but au Morumbi avec un autre remake, qui évoque Serginho Chulapa, attaquant de Santos pendant les saisons 1983, 1984, 1986 et 1990 : il court le long de la ligne de but, se laisse glisser et finit au sol, extatique. Chulapa avait fêté de cette manière le but de la victoire dans le Paulistão du Peixe en 1984.

Avec son deuxième but contre Guaraní, l'enfant de Mogi das Cruzes atteint le total de 105 buts, dépassant Serginho Chulapa et João Paulo (entre les saisons 1977 et 1984, puis en 1992) et devient le meilleur buteur du Peixe depuis l'époque de Pelé.

Chulapa n'est pas déçu d'être relégué, au contraire : « Je ne suis pas jaloux pour mon record. D'autant qu'il a été battu par

Neymar. Il y est parvenu à 20 ans et doit encore grandir. On attend beaucoup de lui. J'ai été très ému de le voir marquer ce but et me rendre hommage à travers sa célébration. Un honneur. C'est fantastique de voir que Neymar a en tête l'histoire de son club de cœur et qu'il se montre reconnaissant envers ce que nous avons accompli à notre époque. Dimanche prochain, je ne raterai le match retour pour rien au monde. »

Ce jour est arrivé et *Globo Esporte* écrit : « Quiconque a entendu ses parents ou ses grands-parents raconter des histoires sur Santos aura à son tour, dans le futur, l'occasion de raconter celle du Santos de Neymar à ses enfants et ses neveux. Une histoire qui aujourd'hui, dimanche 13 mai 2012, s'est enrichie d'un nouveau chapitre avec la victoire du Santos de Neymar 4-2 aux dépens de Guaraní, un succès que personne n'avait obtenu depuis l'ère Pelé, en 1967, 1968 et 1969. »

L'année de son centenaire, Santos devient triple tenant du titre grâce à deux nouveaux buts de Neymar. « Nao canso de ser tricampeao paulista 2010, 2011, 2012 », peut-on lire sur le t-shirt qui commémore la victoire. Neymar l'a enfilé avant de monter sur le podium. Sur son front, encore un remake : un bandeau blanc avec le message « 100 % Jésus ». Le jeune homme court sur le terrain, esquivant les caméras et les appareils photo. Chaque fois qu'il en croise un, il crie « olé ! ». Dans les gradins, les spectateurs hurlent de rire.

Neymar célèbre au Morumbi, en caleçon et la ceinture autour de la tête. La fête ne fait que commencer. Elle se prolonge à Santos avec un dîner de l'équipe dans un restaurant de viande, puis en discothèque. Neymar, arrive dans sa Porsche blanche, et est l'un des premiers à rejoindre la piste de danse. À l'intérieur, *Neymarzetes*, open bar et invités triés sur le volet. Pour la bande-son, deux DJ, les groupes Batukada et Revelação, funk et pagode. Neymar, sur le podium, chante *Sou o Cara Pra Você*, de son ami chanteur Thiaguinho. À 5 h 30, la bacchanale touche à sa fin. La nuit du 3 décembre est plus calme, soir de remise des prix du Brasileirão dans la salle de conférence de São Paulo de HSBC Brésil. Ses grands protagonistes sont Fluminense, champion national, et Fred, qui rafle trois récompenses. Neymar, en gilet gris, chemise blanche et cravate rouge, avait été élu meilleur joueur de la saison 2011, mais cette fois, il doit se contenter du prix du meilleur attaquant et du Globinha, le trophée remis à l'auteur du plus beau but, à savoir celui marqué par le numéro 11 de Santos le 17 octobre, lors de la 31e journée, contre Atlético-MG, le jour même de son 200e match sous le maillot de Santos.

Lorsqu'il monte sur l'estrade, les applaudissements du public sont nourris. C'est l'accueil le plus chaleureux de la soirée. Neymar emporte le trophée, puis explique que cela a été « une saison merveilleuse, la meilleure de [sa] carrière ». Quarante-trois buts marqués, le triplé, la Recopa Sudamericana (gagnée en septembre contre Universidad de Chile) et une avalanche de récompenses individuelles, comme celle de meilleur joueur des Amériques, qui lui est attribuée pour la deuxième année consécutive par le quotidien uruguayen *El País*.

Effectivement une grande année mais qui a connu aussi ses heures sombres. Pas tant dans le Brasileirão – où Santos a fini 8e – ou la Libertadores – éliminé par les Corinthians – qu'aux Jeux olympiques. Le Brésil n'a jamais remporté la médaille d'or du tournoi olympique, c'est même le seul honneur qui échappe à la sélection la plus titrée au monde. Ronaldo, Rivaldo, Bebeto s'y sont essayé… Le dernier, par ordre chronologique, a été Ronaldinho, aux Jeux olympiques de Pékin en 2008, où Leo Messi l'a dominé : l'Argentine, en demi-finale, avait sorti le Brésil sur un retentissant 3-0.

Pour cette trentième olympiade, Mano Menezes convoque les talents maison : Neymar, Paulo Henrique, Lucas, Oscar, Pato, Rafael da Silva, et il renforce l'effectif avec trois expatriés de luxe : Thiago Silva, Marcelo et Hulk. Sur le papier, la Canarinha est la grande favorite.

La route vers l'or commence dans le groupe C, le 26 juillet 2012, au Millennium Stadium de Cardiff contre l'Égypte. La première période est spectaculaire et, après trente minutes, le

Brésil mène déjà 3-0, le troisième but signé Neymar de la tête. Après le repos, les Pharaons marquent à deux reprises, faisant craindre le pire jusqu'au coup de sifflet final.

Reste à jouer contre la Biélorussie et la Nouvelle-Zélande. À Old Trafford, contre le premier adversaire, Neymar donne une passe décisive à Pato alors que le Brésil est mené d'un but, puis il marque un coup franc avant de trouver Oscar du talon pour le troisième. Jusque-là, pas de problème. Au tour de la Nouvelle-Zélande. Un match sans enjeu pour le Brésil, déjà qualifié, mais tout de même une victoire 3-0, sans forcer.

Le quart contre l'Équateur, puis la demi-finale face à la Corée du Sud ne font pas davantage suer les Brésiliens : 3-2, puis 3-0. C'est la finale tant attendue. La première depuis 1988. Au cours des cinq premiers matches de ce tournoi olympique, Ney a été inarrêtable : il a délivré quatre passes décisives et marqué trois buts, ce qui en fait le deuxième meilleur buteur de l'équipe derrière Leandro Damião, qui a frappé six fois. Le gamin est satisfait de son niveau de jeu mais ne s'attribue aucun mérite, répétant que son rôle est le même que celui de ses coéquipiers : aider la sélection à conquérir l'or. Il confie n'avoir pas dormi après la demi-finale contre la Corée et ajoute que, même s'il n'a pas de problème d'insomnie, il fera sûrement une autre nuit blanche si, grâce à Dieu, le Brésil gagne la finale. Il n'en sera rien. Le 11 août 2012, le Mexique prive le Brésil du métal tant espéré. Oribe Peralta est « the man of the match » à Wembley. À la 28e minute, il marque sur une grosse erreur défensive de Rafael, laissant le Brésil chancelant. En deuxième période, la Canarinha se réveille. Neymar se procure la meilleure occasion : après un joli mouvement d'Oscar, le ballon lui arrive à une dizaine de mètres de la ligne de but, sur la gauche, mais il tire au-dessus. En revanche, le numéro 9 mexicain ne rate pas la cible à la 75e minute : 2-0. Le but de Hulk inscrit dans le temps additionnel vient trop tard. Le Mexique est champion olympique, le Brésil battu en finale pour la troisième fois, comme en 1984 contre la France, comme en 1988 face à l'URSS. Tandis que les Mexicains fêtent leur triomphe, Neymar fond en larmes, inconsolable sur la pelouse de Wembley. Le lendemain, la presse brésilienne parle d'un autre fiasco après la Copa América 2011, et critique le numéro 11 en songeant déjà au mondial à domicile. Les larmes de Neymar sont justifiées.

17

« Merci à tous, pour tout »

Pour certains, c'est mieux qu'il parte en Europe cette année ; pour d'autres, il est préférable d'attendre la fin du mondial. Il y a ceux qui craignent un fiasco, ceux qui lui conseillent d'emmagasiner plus d'expérience avant de faire le grand saut, quelques-uns ne le trouvent pas assez mûr, quelques autres aimeraient mieux qu'il parte au Real Madrid plutôt qu'à Barcelone. Au contraire, il y a les convaincus du bien-fondé de jouer pour Pep Guardiola, ceux qui prétendent qu'il a la tête dans les nuages, sans parler de ceux qui l'insultent pour cette même raison, ceux qui décrètent qu'il appartient au patrimoine national, ceux qui parlent plus de ses cheveux que de son jeu, ceux qui ne peuvent plus le voir en peinture ; certains ne pensent qu'à son bonheur tandis que d'autres ne savent plus quoi dire.

Nulle exagération. Pendant les cinq premiers mois de l'année 2013, toutes sortes d'opinions sont exprimées à propos de Neymar. Le débat dépasse le quotidien du football pauliste et de la sélection, désormais dirigée par Luiz Felipe Scolari. Partira ou partira pas ? Restera-t-il à Santos ou choisira-t-il l'un des grands clubs européens qui le courtisent depuis des années ? Cette expérience sur le Vieux Continent est-elle indispensable, après tout ? On ne cesse de poser la question à l'intéressé, jusqu'à la nausée. Mais la réponse du jeune homme est toujours la même.

Exemple. Le 4 mars 2013, Neymar Junior répond à l'invitation du *Programa do Jô*, sur Rede Globo, un talk-show inspiré du programme de David Letterman, sur CBS. Le sympathique présentateur Jô Soares l'enlace et l'embrasse en guise de bienvenue. Il lui demande d'ôter sa casquette noire pour mieux voir sa coupe de cheveux (blond décoloré à la Marylin Monroe, avec une frange qui arrache des hurlements à ses groupies présentes dans le studio) et commence la discussion.

Cinq minutes ne sont pas passées que tombe la question qui fâche : « Tout le monde me le demande et veut savoir : quand ira-t-il en Europe, avant ou après le mondial ? Il semble que Barcelone ait déjà payé une partie du transfert à titre de garantie. Que pouvez-vous nous révéler à ce sujet ? » Neymar sourit et répond : « Je réponds à cette question depuis des années. Je suis heureux à Santos et je veux respecter mon contrat, qui va jusqu'à l'année prochaine. Évidemment que je rêve de jouer en Europe. C'est le rêve de tous les gamins et de tous les footballeurs. Mais chaque chose en son temps. Certains s'en vont très jeunes, d'autres attendent d'être des joueurs confirmés. En ce qui me concerne, le moment n'est pas encore arrivé. »

Cette réponse ne satisfait pas Jô Soares, qui insiste : « Mais dans quelle équipe européenne aimeriez-vous jouer ? » Réponse : « Aucune », qui provoque chez l'homme aux cheveux et à la barbe blancs, une réaction pincée, comme un vieux maître d'école : « Ne me mentez pas, mon garçon. Un peu de respect, s'il vous plaît. » Neymar rit et tente une feinte qu'il a déjà utilisée lors d'interviews : « Petit, je jouais beaucoup à la PlayStation, et j'y joue toujours, tout comme mes amis, et j'ai toujours glissé mon nom parmi les joueurs de Barcelone, du Real Madrid ou de Chelsea. Je n'avais pas une équipe favorite étant donné que mes joueurs préférés évoluaient dans plusieurs équipes. Donc j'étais attiré par plus d'une. »

Jô n'a toujours pas l'air satisfait et continue de mettre la pression : Real Madrid ou Barcelone ? Neymar lâche un autre petit rire nerveux et, pour s'en sortir, ne peut dire que : « Ce sont deux grands clubs. » Le présentateur ne renonce pas : « Encore mieux, le Bayern, le prochain club de Guardiola. » Réponse de Juninho : « C'est une autre grande équipe, avec un grand entraîneur. » Jô Soares le regarde dans les yeux et blague : « Mais enfin, vous êtes un footballeur ou un homme politique ? » Éclat de rire général. Neymar ne lâche rien. Il a bien appris son texte et répète exactement les mêmes réponses dix jours plus tard, lors d'une autre interview télévisée, cette fois à *Esporte Espetacular*. Résumons : il n'y a rien à faire pour le piéger. En revanche, il accepte de confirmer sa relation amoureuse avec Bruna Marquezine, une actrice de 17 ans née à Duque de Caixas, dans l'État de Rio de Janeiro, célèbre pour son interprétation du personnage de Salete dans la telenovela *Mulheres apaixonadas*. Il est même ravi d'en parler, raconte leur rencontre et ajoute qu'ils n'ont aucune intention de se cacher des paparazzis. Mais sur son futur professionnel et l'identité de son prochain club, pas un mot. Entre-temps, dans les bars, au stade ou à la télévision, supporters ou individus lambda, commentateurs et reporters, footballeurs ou quidams ne cessent de parler de lui.

Pelé soutient que le problème de l'aventure européenne n'est pas lié à l'âge mais au statut et à la maturité car, en Angleterre, en Italie ou en Allemagne, le jeu est plus âpre, les arbitres plus laxistes. C'est-à-dire qu'il faut compter sur l'expérience pour s'adapter à ces championnats et faire le poids sur le terrain. O Rei ajoute que Santos a besoin de Neymar et que c'est une raison pour lui de ne pas s'en aller, mais que s'il désire vraiment faire le grand saut, qu'il choisisse Barcelone, l'équipe idéale pour lui. Il en profite pour tirer les oreilles du gamin, plus soucieux d'après lui de sa coupe de cheveux que de son jeu.

Ronaldo, au contraire, l'encourage à partir : « Si un Brésilien ne se mesure pas aux championnats européens, il lui manquera toujours quelque chose », soutient O Fenomeno.

Romário, député fédéral de Brasília qui a connu de belles heures sous le maillot barcelonais, ne voit pas pourquoi il devrait partir, à moins d'en faire une histoire d'argent. Pour lui, la Liga espagnole est plus facile que le championnat brésilien, donc Neymar n'apprendra pas grand-chose en y allant.

Walter Casagrande Junior, ancien avant-centre des Corinthians, du Torino et d'Ascoli, désormais consultant pour Rede Globo lors des matches de l'équipe nationale, confie avoir changé d'avis. Assis dans les gradins du stade de Nyon, en Suisse, où la Canarinha s'entraîne avant son match amical contre l'Italie, le 21 mars 2013, il explique : « J'ai toujours pensé que Neymar devait rester au Brésil, qu'il n'avait nul besoin d'aller jouer en Europe, mais je crois désormais qu'il a atteint le plus haut niveau du football brésilien. L'expérience internationale lui manque. Il doit participer à un championnat plus difficile, en Espagne, en Italie ou en Angleterre. Et il doit le faire maintenant. C'est la meilleure façon d'arriver à son meilleur au mondial 2014. »

Juca Kfouri, chroniqueur à la *Folha de S. Paulo*, et l'une des voix les plus influentes du Brésil, pense le contraire : « Je ne fais pas partie de ceux qui pensent qu'il doit aller jouer en Europe. C'est un avis conservateur. Le football de notre pays doit créer les conditions pour que Neymar reste au Brésil. La sélection a remporté trois Coupes du monde, en 1958, 1962 et 1970 avec des équipes intégralement composées de joueurs évoluant dans notre championnat. Depuis, les choses ont changé, le monde est devenu global mais je crois qu'aujourd'hui, grâce à notre croissance économique et à la crise en Europe, nous avons la possibilité de conserver nos talents. Ce n'est pas un hasard si, dans les dernières années, plus de 1 100 joueurs brésiliens sont revenus, inversant une tendance lourde. Il y a plus d'argent dans le football. Pensons simplement que les revenus des cent meilleurs clubs brésiliens sont passés de 396 millions de dollars en 2003 à 1 400 millions de dollars en 2011. Corinthians a vu ses recettes augmenter de 481 %, Santos de 548 %. Dommage que la Confédération brésilienne ait appliqué une politique délibérément novice pour nos intérêts. Elle a passé toutes ces années à faire de la sélection l'étendard de notre football, reléguant les grands clubs, comme le Santos de Pelé, le Botafogo de Garrincha, champion du monde, ou le Flamengo de Zico. Aujourd'hui, quelqu'un qui entre dans une boutique d'articles de sport sait qu'il y trouvera le maillot jaune de la sélection, mais les autres sont ceux du Bayern, de l'AC Milan, de Barcelone, de Manchester United et même de Boca ou River. Pas un seul de nos propres clubs. Si un joueur comme Neymar reste parmi nous, il peut redonner un élan à nos compétitions, notre football et contribuer à les vendre dans le monde. »

Les avis sont partagés et argumentés. Mais le débat ne s'arrête pas au dilemme « pour ou contre l'Europe ». L'enfant de Mogi das Cruzes est aussi la cible de critiques. Pelé n'est pas le seul à le sermonner ; beaucoup pensent qu'après trois saisons à un niveau exceptionnel, Neymar est sur une pente descendante, qu'il ne brille plus, ni avec Santos ni, surtout, avec la Canarinha. Il est nerveux, s'emporte contre les arbitres qui ne le protègent pas suffisamment, échange des mots avec les défenseurs qui le traitent trop durement, et marque moins. À quoi est-ce dû ?

Certains jugent cette crise passagère, d'autres y voient le début de la fin. On entend mille interprétations. L'une d'elles prétend que Neymar a cessé d'être un footballeur pour devenir une pop star : émissions de télé, histoires d'amour à la une des revues people, fêtes... Il fait désormais partie du show-business.

En plus, ses treize sponsors, qui lui ont permis de rester à Santos, exigent sa présence à divers évènements, le sollicitent pour des publicités et des campagnes promotionnelles. Encore, si ce n'était que ça... À 21 ans, Neymar a le monde à ses pieds. La liste des clubs qui le sollicitent donne le tournis et s'allonge chaque jour : de Barcelone à Chelsea, du Real Madrid à Manchester City, tous sont prêts à faire des folies pour le convaincre. Comment pourrait-il se concentrer sur le football alors que se joue son avenir ?

À chacune de ses interviews, Neymar nie être distrait, comme il nie tout ce qui se raconte à propos de sa future destination. Il dit que, comme au collège, on ne peut pas toujours finir premier de la classe, qu'il y a des jours sans, des matches ratés. Mais personne ne le croit. Une occasion ratée suffit à démontrer qu'il n'a plus la tête au jeu ni à Santos, qu'il veut partir. À l'inverse, un but marqué et le Brésil devient soudain trop petit pour lui, il doit absolument partir. La pression est maximale, et l'interprétation du moindre indice épuiserait n'importe qui.

Neymar a perdu son coéquipier et ami Paulo Henrique Ganso, parti à São Paulo. Le jour de leurs retrouvailles à Vila Belmiro, le 3 février 2013, comme adversaires, est inoubliable. Aussi inoubliable que la réaction du numéro 11 de Santos lorsque le public du Peixe traite Ganso de « mercenaire », lui jette des pièces et tente même de l'agresser. En plus, Walter Montillo, l'Argentin recruté par Santos à Cruzeiro pour remplacer Paulo Henrique, n'a pas le rendement espéré par Ramalho.

En quelques mots : dans le Paulistão, le Peixe ne démarre pas. Il souffre mais avance petit à petit. En quart, il élimine Palmeiras aux tirs au but avant de sortir Mogi Mirim en demi-finale, toujours aux tirs au but. Pour la cinquième année consécutive, Santos atteint la finale du championnat d'État. Neymar a inscrit douze buts – un de moins que William (Ponte Preta), le Pichichi du tournoi – mais il est resté muet en quart comme en demi-finale. Il ne marquera pas non plus en finale.

Le 12 mai, au Pacaembu, la finale aller se termine sur le score de 2-1 en faveur des Corinthians. Au retour, sept jours plus tard, à Vila Belmiro, un 1-1 avec des buts de Cicero et Danilo met fin au rêve du triple champion Santos. Soirée amère pour les supporters de la Baixada Santista, contraints d'assister à la fête des Corinthians dans leur propre stade. Et c'est une journée horrible pour le numéro 11. Neymar laisse voir sa nervosité en échangeant sans arrêt des mots avec ses adversaires comme ses coéquipiers. Il perd quatorze ballons sur quarante et termine la rencontre sans avoir cadré le moindre tir.

Les journaux révèlent qu'il négocie son transfert à Barcelone depuis une semaine, et tout le monde pense que ce sera sa dernière apparition avec l'Alvinegro Praiano. Ceux qui suivent le feuilleton au plus près se disent convaincus que l'accord sera signé cette semaine même et comptent les matches restant à Santos. Deux : le 22 mai contre Joinville en Copa do Brasil, puis le 26 face à Flamengo pour la première journée du Brasileirão.

Le match de coupe à Vila Belmiro, sous un déluge mémorable, se solde par un 0-0 et Santos se qualifie pour le tour suivant grâce au résultat de l'aller. Neymar se montre volontaire mais ses efforts ne sont pas récompensés par un but. Il n'a plus marqué depuis sept semaines maintenant.

Le soir précédent, lors d'une cérémonie à la Fédération Pauliste, Neymar a été désigné meilleur joueur du Paulistão pour la quatrième année consécutive. Lorsqu'il quitte l'estrade avec le trophée dans les mains, les reporters de *Lance* n'hésitent pas à lui poser une fois de plus la fameuse question. Serein, il répond : « Je veux rester ici. Un nouveau championnat [le Brasilerão] commence et j'espère bien le gagner. »

Vendredi 24 mai. Neymar se rend au siège de NR Sports, l'entreprise qui gère ses contrats, avenue Ana-Costa à Santos. Il parle avec son père et Wagner Ribeiro, puis se rend à Vila Belmiro. Deux offres sont arrivées sur le bureau du président de Santos : la première émane du Real Madrid, la seconde de Barcelone. Lorsqu'ils quittent le stade à 1 heure du matin, une foule de supporters et des caméras de télévision attendent le père et le fils. Neymar père prend la parole : « Nous allons parler et décider en famille. Nous essayerons d'aider Santos du mieux possible. »

Puis vient le tour de Neymar de s'exprimer : « Il est temps de rentrer à la maison pour se reposer. Nous allons trancher calmement en choisissant la meilleure option. Je suis content et fier d'avoir suscité l'intérêt de deux grands clubs. »

Le lendemain matin, Juninho se présente au CT Rei Pelé et, avant l'entraînement, fait savoir à son entraîneur et à ses partenaires qu'il a pris sa décision. Il a choisi Barcelone. Plus tard, il pose une caméra sur son front et filme ce qui pourrait être son dernier entraînement à Santos.

Au terme de la séance, il écrit sur un mur du vestiaire : « Eu vou, mas… eu volto ! » (Je m'en vais, mais je reviendrai !) Un hélicoptère l'attend pour le conduire dans un complexe touristique sur la plage de Tabatinga, à Caraguatatuba, sur la côte de São Paulo. Il est le témoin de mariage de Paulo Henrique Ganso. L'ancien numéro 10 de Santos épouse Giovanna Costi. Neymar, costume gris, cravate bleue, pose avec les jeunes mariés pour la photo souvenir. Plus tard, après avoir tombé la chemise, il fait le show sur scène aux côtés du chanteur Diego Faria et ne se défile pas au moment de chanter avec lui *Elas Ficam Loucas*. Après la fête, Neymar s'envole pour Brasília où, le lendemain, au stade Mané-Garrincha, l'attend son tout dernier match sous le maillot de Santos. Mais avant, à 22 heures, le samedi 25 mai 2013, il adresse à ses fans un message d'adieu via Twitter, Facebook et Instagram. : « Je suis avec ma famille et mes amis, qui m'ont aidé à écrire ces lignes. Je ne peux attendre jusqu'à lundi. Ma famille et mes amis connaissent ma décision. Lundi, je signerai un contrat avec Barcelone. Je veux remercier le public de Santos pour toutes ces années incroyables. Mes sentiments à l'égard du club et de ses supporters ne changeront jamais. Ils sont éternels ! Seul un club comme Santos a pu m'offrir tout ce que j'ai vécu sur le terrain et en dehors. J'ai beaucoup de gratitude pour le public merveilleux du Peixe, qui m'a soutenu et encouragé jusque dans les moments difficiles. Tous les titres, les buts, les feintes, les célébrations, et les chansons que le public m'a offertes sont gravées à jamais dans mon cœur. J'ai fait en sorte de pouvoir jouer le match de demain à Brasília pour avoir une dernière chance de porter le maillot de Santos et d'entendre le public crier mon nom. Comme le dit notre hymne, c'est un honneur qui n'est pas à la portée de tous. Pour moi, c'est un moment extraordinaire, triste (pour l'adieu) et joyeux (pour le nouveau défi). Que Dieu bénisse mes choix. Je serai toujours aux côtés de Santos. Toiss. »

Dimanche 26 mai, 16 heures, dans le nouveau stade Mané-Garrincha de Brasília, construit pour la Coupe du monde 2014. C'est la première journée du Brasilerão et la dernière apparition de Neymar avec Santos. Neuf ans après son arrivée au sein du Peixe, cinq ans après ses débuts sous le maillot blanc, après 229 matches et 138 buts, six titres à son palmarès (3 Paulistãos, 1 Copa do Brasil, 1 Libertadores et 1 Recopa Sudamericana), Neymar da Silva Santos fait ses adieux au club qui l'a vu grandir.

Le stade n'a plus un siège vide : 63 051 spectateurs et une recette de 6 948 710 réaux, un record dans l'histoire du football brésilien. La diffusion sur Rede Globo bat sa meilleure audience de l'année. C'est un dimanche d'émotion et de larmes.

Dans les vestiaires, avant la rencontre, un Neymar en larmes, entre Rafael et Victor Andrade, au milieu d'une chaîne humaine que compose l'ensemble de l'équipe, dit : « Je tiens à vous remercier pour tous les moments que nous avons vécus ensemble, les entraînements, les victoires et les titres. Ce n'est pas facile de vous dire au revoir, mais j'accomplis un rêve. J'ai voulu jouer aujourd'hui pour avoir la chance de passer 90 minutes auprès de vous sur la pelouse une dernière fois, peu importe que l'on perde ou gagne. Je veux vous remercier un par un. Je vous suivrai de près, et je vous souhaite beaucoup de succès et de nombreux titres. Soyez sûrs que votre ami vous soutiendra toujours, où qu'il soit. »

L'hymne national retentit dans le stade et l'émotion submerge Neymar. Encore des larmes. Mais il est l'heure de jouer. 0-0. Ney n'a pas réussi à marquer pour son dernier match. Au bord du terrain, le maillot d'un joueur de Flamengo sur les épaules, le jeune homme reconnaît devant les micros qu'il a un nœud à la gorge. Il remercie à nouveau le public et, quand on lui demande ce qu'il ressent à la perspective de jouer bientôt avec Messi, il répond : « Jouer avec Messi, Iniesta et Xavi est un immense honneur. Et bien sûr avec Dani Alves, qui m'a mis la tête comme une citrouille pour que je le rejoigne à Barcelone. »

Ce même soir, dans l'émission *Domingão do Faustão*, il détaille les raisons qui l'ont poussé à choisir le club catalan : « Tous les enfants ont un rêve. Certains rêvent de devenir footballeur, d'autres dentistes, certains reporters. Le mien était d'être footballeur professionnel. J'ai réussi. Et aujourd'hui, Barcelone transforme en réalité le rêve d'un gosse derrière un visage d'homme, car je suis père de famille. Oui, c'est un rêve pour moi de rejoindre un club si beau et merveilleux. »

18

Une journée pas comme les autres

Joie, rêve, émotion, cœur, famille, aide, Dieu, Messi, Messi et encore Messi. Ce sont les mots que Neymar Junior répète le plus ce 3 juin 2013. En boucle depuis 18 h 40, heure à laquelle il prend le micro sur la pelouse du Camp Nou, et jusqu'à 19 h 45, quand il commence à répondre aux questions des 122 médias accrédités dans l'Auditorium 1899. Depuis le début de sa présentation comme joueur de Barcelone, il souligne, en catalan (quelques phrases) et en portugais, son bonheur et le fait d'avoir réalisé un rêve. Il remercie Dieu, explique que son choix n'a pas été motivé par l'argent mais par le cœur et sa volonté d'aider l'équipe, de faire en sorte que Messi reste pour longtemps le meilleur joueur du monde et qu'il remporte d'autres Ballons d'or.

Le garçon est bien élevé : on lui a bien fait comprendre qu'à Barcelone et au Camp Nou, pour s'attirer la sympathie du public et du club, mieux vaut arriver sur la pointe des pieds, sans faire trop de bruit, en rendant hommage aux divinités protectrices de l'équipe et de son leader indiscutable : Leo Messi. On lui a dit que sa vie sous le maillot blaugrana dépendrait largement de sa relation avec la Pulga, et que Eto'o, Ibrahimović et David Villa ont été contraints de partir, en dernier recours, en raison de luttes de pouvoir avec l'Argentin. Mieux vaut donc ne pas lui faire d'ombre. Neymar fait tellement preuve d'humilité qu'elle semble parfois exagérée, au point que cela met la puce à l'oreille des journalistes brésiliens, qui disent : « C'est bien de déclarer qu'il aidera Messi à être le meilleur joueur du monde et à gagner des Ballons d'or mais se rappelle-t-il qu'il y a le mondial au Brésil dans un an ? » Un instant, Neymar laisse de côté son hommage au dieu culé et répond d'un air décidé : « Aider Messi à être le meilleur du monde n'a rien à voir avec vouloir gagner le mondial. Comme tous mes coéquipiers, j'en rêve. »

Le jeune homme a débarqué à l'aéroport El Prat à 13 h 02, avec une heure et quarante-cinq minutes de retard. Il a pris un vol privé à l'aéroport Antônio Carlos Jobim de Rio Janeiro, après avoir disputé un match amical contre l'Angleterre avec la Canarinha. Il a eu lieu au nouveau Maracanã, rénové pour la Coupe du monde. Pour Neymar, la grande surprise a été de porter le numéro 10, tout un symbole en football, le même qu'a porté Pelé pendant des années. C'est Felipão qui lui a attribué, dans un geste qui démontre sa confiance dans le gamin. Ney est le leader de l'équipe et a joué une bonne première période : au bout de dix minutes, il a déjà tiré trois fois en direction de la cage de Joe Hart. Sans succès. Après la pause, il s'est éteint et, bien que le public continue de scander son nom, il n'a pas été décisif. La rencontre se termine sur un nul 2-2 et le tout nouveau numéro 10 de la Canarinha est resté muet une fois de plus. Il aura du temps pour récupérer. À présent, avec la bénédiction de la Confédération brésilienne de football, il fait un voyage éclair en Catalogne pour signer son contrat et être présenté à son nouveau public.

Dans le Gulfstream G550, propriété du chanteur Julio Iglesias, aficionado merengue qui l'a loué au Barça, prennent place Neymar père, Bruna Marquezine (sa fiancée), un groupe d'amis d'enfance (Gil Cebola, Gustavo, Gui Pitta et Joclécio, les *parças*, diminutif de *parceiros*, les amis) et quelques personnes de son entourage : Ismael, un colosse noir que Neymar surnomme Big Black, son garde du corps, et Eduardo Musa, le responsable de ses droits d'image.

Après douze heures de vol, l'avion atterrit sur la piste de l'aéroport de Barcelone. Le cortège est accueilli par Raül Sanllehí, l'homme du Barça dépêché à Santos pour finaliser le contrat. Un minibus et deux fourgonnettes noires conduisent Neymar et sa cour à l'hôtel Princesa Sofia, proche du Camp Nou. Là attendent Nadine, la mère de Neymar, et Rafaela, sa sœur, qui visitent des maisons à Barcelone depuis une semaine.

Pour la famille et les amis, le moment est venu de se détendre, mais pour Juninho, le tour de force ne fait que commencer. À 14 heures, souriant, il pose pour les appareils photo et les caméras devant l'écusson du Barça, son indispensable casquette blanche à l'envers sur la tête et un maillot blanc de Nike, son équipementier. Quinze minutes plus tard, Neymar pénètre dans le Palau Blaugrana, où il retrouve son compatriote Marcelinho Huertas, joueur du Barça Regal, l'équipe de basket du club. De là, il part pour l'hôpital de Barcelone, où l'attend la première partie de la visite médicale habituelle : radiographies, échographies, IRM.

À 15 h 29, il rejoint la Ciutat Esportiva de Sant Joan Despí pour la suite des examens. Tout est en ordre, Neymar reçoit son certificat médical.

À 16 h 15, il fait enfin une pause pour avaler un morceau avec ses amis et sa famille. Il quitte la Ciutat Esportiva pour le Camp Nou où, à 18 h 05, il signe le contrat qui le lie à Barcelone pendant cinq saisons. Salaire : 7 millions d'euros par an, plus 2 millions de primes d'objectifs (titres gagnés et matches joués), clause de départ : 190 millions. Sandro Rosell, le président du FC Barcelone, d'un côté, et Neymar Junior et Neymar père de l'autre, paraphent une à une les pages du document, devant les appareils photo et les caméras. Puis le président et le crack se serrent la main. Photos, puis d'autres photos avec le vice-président et le directeur sportif, avec les nouveaux maillots du Barça.

À 18 h 20, le jeune Brésilien se trouve déjà dans les vestiaires du Camp Nou pour sa présentation. Son casier se trouve entre ceux de deux compatriotes, Adriano et Dani Alves. Le grand moment approche.

Il est 18 h 37 lorsque Neymar Junior remonte le tunnel et grimpe les marches qui mènent à la pelouse.

Les portes du Camp Nou devaient s'ouvrir à 16 heures mais les 3 000 supporters qui patientaient à l'extérieur ont contraint le club à les laisser entrer quinze minutes plus tôt. Peu à peu, les tribunes du stade se remplissent de spectateurs, de banderoles et de couleurs. Bien que ce lundi soit ensoleillé et suffoquant, il y a des centaines d'enfants venus de la ville et des environs ; beaucoup sont brésiliens et sud-américains. Ils viennent avec des drapeaux, des maillots, des boissons et des sandwichs. Il y a aussi des touristes et des étrangers qui n'ont pas voulu manquer l'occasion et qui, en attendant le début de la présentation, ont fait un tour à la boutique du Barça, où les maillots de Neymar, sans numéro pour le moment, sont exposés à côté de ceux de Leo Messi, avec le numéro 10.

Sur l'écran géant, on peut lire : « Benvingut, Neymar Jr. ! » Dans la tribune, diverses banderoles : « Neymar da Silva, nous allons faire l'histoire », « 3 819 miles depuis New York pour te voir », « Florentino [Perez] : à Madrid, il n'y a ni la mer ni Neymar », « Neymar we love you ». Et des drapeaux : brésiliens, catalans, sud-américains.

Qui est ce Neymar que tous attendent d'apercevoir d'un instant à l'autre ? Sergi, 16 ans : « C'est un crack et il va le montrer au Barça. » David, 17 ans : « Il est bon mais attendons de voir comment ça se passe ici. » Natalia, 17 ans : « C'est le meilleur au monde. » Ivan, 11 ans : « Avec Messi, il va former un duo jamais vu, ils vont marquer cent buts par saison. » Carlos, 18 ans : « S'il s'entend avec Messi, il triomphera. » Camila, 16 ans : « C'est un gars fantastique et mignon. » Lamin, 15 ans : « Je prenais Santos à la PlayStation car il y jouait. »

Chacun y va de son commentaire à propos de la recrue. Pep Callau, le speaker officiel du Barça, commence à parcourir le stade et les gens s'amusent à parler à son micro ; quelques-uns chantent même l'hymne du club a cappella. Musique brésilienne et images sur l'écran géant pour faire passer l'attente ; tout est prêt pour l'accueil. 360 enfants de la FCB Escola, l'académie du club, sont assis sur la pelouse, des deux côtés de la passerelle bleue qui mène jusqu'au rond central, où a été dressé un arc de triomphe. La couleur orange des chasubles des photographes et caméramans tranche avec le vert de la pelouse.

Et Neymar fait son entrée. Il arrive sur le terrain avec un ballon à la main et salue à droite, à gauche. Les enfants agitent leurs drapeaux, l'hymne du club retentit, Rafaela et Bruna Marquezine prennent des photos depuis le banc de touche et laissent échapper quelques larmes tandis que la clameur des 56 000 spectateurs présents accueille le joueur.

Neymar ne bat pas le record de 60 000 personnes enregistré pour la présentation d'Ibrahimović au Camp Nou, le 27 juillet 2009, encore moins les 80 000 pour Cristiano Ronaldo, le 6 juillet 2009, à Santiago-Bernabéu, mais il dépasse largement les 25 000 qui vinrent assister aux premiers pas de Ronaldinho, le 23 juillet 2003.

Que ressent un jeune homme de 21 ans qui arrive dans un nouveau pays, une nouvelle ville, et qui se retrouve au milieu d'un stade rempli par 56 000 personnes venues spécialement pour le voir toucher le ballon et prononcer quatre mots ? « C'est sensationnel, merveilleux, j'ai du mal à réaliser. J'ai eu du mal à retenir mes larmes », confessera Neymar un peu plus tard. Sur la pelouse, il se montre à la hauteur de l'évènement, avec ce maillot blaugrana sans numéro, sa nouvelle coupe avec les cheveux teints en rouge mais sans crête voyante, qui le fait ressembler à un oisillon comparé à l'immensité du décor. Un garçon riche et célèbre qui, devant des milliers de personnes, fait ce qui lui plaît le plus : jouer au ballon. Il s'amuse sous l'arc de triomphe bleu : droite, gauche, tête, cuisse et jongles variés devant la foule qui ne cesse de crier.

Laura Aparicio, journaliste de Barça TV, est chargée de lui tendre le micro et de lui demander comment il se sent : « Bona tarda a tothom. Estic molt feliç de ser jugador del Barça i haver aconseguit el meu somni », dit-il en catalan. (Bonjour à tous. Je suis très heureux d'être un joueur du Barça et d'avoir réalisé mon rêve.) Le garçon s'est préparé, il a préparé quelques mots pour l'occasion, un détail qui enchante les fans présents. Il s'éloigne sur ces mots : « Moltes gràcies, que Déu us beneeixi. Visca el Barça ! » (Merci beaucoup, que Dieu vous bénisse. Vive le Barça !) La phrase idéale pour se mettre 56 000 personnes dans la poche. Il retourne dans le stade en lançant des ballons dans les tribunes, salue et manque de se retrouver par terre sous le poids des accolades et des poignées de main des enfants.

À 18 h 51, quatorze minutes après son entrée en scène, il se dirige à nouveau vers le tunnel des vestiaires.

Fin du spectacle, allez en paix. Peu à peu, le stade se vide, tout le monde rentre à la maison, content d'avoir vu gratuitement le nouveau phénomène. Pour Neymar, les rendez-vous ne sont pas terminés. Dans l'Auditorium 1899, tout près du terrain, les médias l'attendent pour sa conférence de presse. À ses côtés s'assoient Andoni Zubizarreta, directeur sportif, et Josep Maria Bartomeu, vice-président du club, le premier à prendre la parole, qui en profite pour clarifier les chiffres officiels du transfert : « Neymar nous a coûté 57 millions d'euros, plus que ce que nous avions convenu au départ [40 millions] ; cela est dû à la surenchère d'autres clubs qui a fait grimper le prix. Il faut aussi prendre en compte que le joueur est arrivé un an plus tôt que prévu. Le montant est réparti entre quatre parties : DIS, Teisa, N&N et Santos, sans versements à des agents ou intermédiaires, suivant notre habitude. »

Bartomeu s'arrête là. Respectant une clause de confidentialité, il n'explique pas la répartition de ces 57 millions, bien qu'en tout état de cause le montant situe Neymar au deuxième rang des plus gros transferts du club catalan, derrière Ibrahimović. Il précise simplement que 10 millions ont été réglés en avance et que le reste de l'argent versé aux quatre sociétés détentrices de ses droits fédératifs et économiques sera étalé sur trois années. Les questions relatives à l'aspect pécuniaire ne se font pas attendre mais la réponse est toujours la même. L'histoire ne s'arrête pas là, au contraire, le sujet fera couler beaucoup d'encre, en Espagne comme au Brésil.

Zubizarreta est chargé de lire le premier compte-rendu sur Neymar, rédigé par le secrétariat technique du club, le 31 janvier 2011, après le championnat sud-américain des moins de 20 ans : « [Neymar] est l'un des plus grands talents mondiaux dans sa tranche d'âge et, s'il continue d'évoluer comme aujourd'hui, il peut devenir l'une des références du foot mondial. » Zubizarreta est interrogé sur le numéro de maillot de Neymar : « Le 11 est pris par Thiago, répond-il. On verra. » Mais Thiago s'en ira au Bayern Munich et le nouveau venu prendra le numéro laissé vacant.

Vient le tour du jeune prodige, polo bleu avec l'écusson du Barça, le cou bien droit et des écouteurs qu'il enlève à chaque réponse. Le garçon s'accroche à ses mots-clés : *cœur* (« Madrid est un grand club mais j'ai écouté mon cœur et décidé de venir à Barcelone »), *Messi* (« Je suis l'un des hommes les plus chanceux au monde de pouvoir jouer aux côtés de Messi »), *rêve* (« Je remercie Barcelone de m'avoir aidé à réaliser un rêve d'enfant »), *bonheur* (« C'est le plus important. L'argent n'a jamais motivé nos décisions. Je crois que je ne vaux pas 57 millions »), *joie* (« Je jouerai mon football mais j'espère m'adapter le plus vite possible et donner de la joie aux spectateurs »). La rengaine se prolonge jusqu'à 20 h 37, point final à la conférence de presse.

Avant de dîner avec sa famille et Sandro Rosell, restent quelques interviews avec les médias catalans TV et TV3. Puis la longue journée touche à sa fin. Il est l'heure de rentrer dormir à l'hôtel. Le lendemain, à la première heure, le Gulfstream ramène Neymar à Brasília. De là, un hélicoptère le conduit à Goiânia, où la Canarinha est réunie. Il faut maintenant préparer la Coupe des confédérations.

19
Maracanã

L'écrivain anglais Alex Bellos, auteur de *Futebol : The Brazilian Way of Life*, affirme que les points de référence de la mémoire historique européenne du XXe siècle sont les guerres mondiales ; pour les Brésiliens, en revanche, il s'agit des Coupes du monde de football.

En juin 2013, la répétition générale du mondial au Brésil se transforme en « guerre » et, pour la première fois dans le pays du football et dans l'histoire du *beautiful game*, le football est remis en cause. Pas pour le jeu, ni pour les équipes ou la Seleção, mais pour la FIFA, le gouvernement brésilien et les travaux pharaoniques de la Coupe du monde 2014.

L'élément déclencheur des manifestations est l'augmentation des tarifs de transport public à São Paulo, un problème local qui, à première vue, n'aurait pas de quoi réveiller le « géant endormi ». Cependant, en quelques jours, les appels à manifester lancés sur les réseaux sociaux s'étendent à tout le pays. Des mouvements de protestation ont lieu dans 80 villes ; un million de personnes descendent dans la rue de Manaus à Rio de Janeiro, de São Paulo à Porto Alegre, du jamais-vu depuis des années. Les marches sont pacifiques mais émaillées de quelques affrontements violents, qui font des blessés et des victimes. La police réprime violemment les manifestations quoique, face aux caméras, certains policiers jettent les armes et se montrent solidaires des jeunes des rues.

Les manifestants crient : « Nous ne sommes pas ici pour quelques centimes », et de fait, même après que les deux grandes villes du pays ont annoncé à la hâte le retrait des augmentations du prix du ticket d'autobus, de métro et de tram, les protestations ne faiblissent pas. On parle de l'indignation de la population contre la corruption galopante, la situation préoccupante des collèges et des hôpitaux, les dépenses publiques devenues incontrôlables, contre le gouvernement, contre le mondial. C'est la révolte d'une nouvelle classe moyenne que les gouvernements de Lula da Silva et Dilma Rousseff ont contribué à créer, une partie de la société qui croit appartenir, a la volonté d'appartenir, au premier monde, mais qui perçoit les retards structuraux, les carences et les mille problèmes irrésolus du pays. Et qui revendique. Une révolte placée sous le signe de la modernité dont les jeunes de tout le pays sont les protagonistes.

Avant la manifestation, Carla Dauden, une réalisatrice de 23 ans, avait diffusé une vidéo pour expliquer son refus du mondial 2014 : « Il coûtera 30 000 millions de dollars, plus que les trois derniers mondiaux réunis. Dites-moi donc : un pays où l'analphabétisme peut atteindre 21 % et est de 10 % en moyenne, un pays qui occupe le 85e rang au classement de l'indice de développement humain, un pays où 13 millions de personnes souffrent chaque jour de la faim et où beaucoup, beaucoup de gens meurent en attente d'un traitement médical, ce pays a-t-il besoin de plus de stades ? »

Depuis son studio à São Paulo, Juca Kfouri s'exprime en termes équivalents : « La moyenne de spectateurs dans les stades brésiliens est de 15 000. Moins qu'en Major League Soccer ou qu'en deuxième division allemande ou anglaise. La plus grande partie de nos installations date de la dictature, quand on parlait d'intégration sociale par le foot. Eh bien, nous faisons la même chose en démocratie. Au lieu d'organiser une Coupe du monde à la mesure du Brésil, on a voulu imiter l'Afrique du Sud ou l'Allemagne. On a construit ou rénové des stades qui, comme on dit ici, sont des éléphants blancs. Comme à Manaus, à Brasília ou Cuiabá, des villes qui n'ont même pas d'équipe de football en première ou deuxième division. Absurde. Pourquoi dépenser autant d'argent dans des stades et pas un centime pour les hôpitaux ou les écoles ? Lorsque le Brésil a obtenu l'organisation, on a entendu peu de voix discordantes, mais la Coupe des confédérations a été la goutte d'eau qui a fait déborder le vase et les gens en ont désormais conscience et sont descendus dans la rue. »

Effectivement, les Brésiliens se sont rendu compte qu'on les faisait tourner en bourrique. Les politiciens leur avaient vendu le mondial comme une invitation à entrer dans le salon des riches, une occasion unique de montrer au monde un pays consolidé démocratiquement, une économie avec un indice de croissance enviable, le plus élevé d'Amérique du Sud, une voix digne d'être entendue dans le monde. Le mondial comme incitation à une croissance encore supérieure, un mondial générateur de bien-être. Cependant, inutile d'être un expert pour savoir que les bénéfices iront dans les poches de la FIFA et des suspects habituels, tandis que des gens sont expulsés de leurs maisons ou de leurs favelas pour laisser la place aux stades, aux terrains et aux autres infrastructures sportives des Jeux olympiques 2016.

La lumière est faite sur ce mensonge. On parle de budgets gonflés, comme dans le cas du Maracanã ou du Mané-Garrincha de Brasília, de pots-de-vin distribués à droite à gauche, d'infrastructures promises mais jamais bâties, et d'une sécurité tellement tape-à-l'œil que concrètement, cela s'est transformé en pacification de favelas et déplacement de groupes entiers à l'autre bout de la ville. Voilà ce qu'est vraiment le mondial. En témoignent les centaines de pancartes et d'affiches vues lors des manifestations à travers la ville et qui finissent devant les stades : « La Coupe, priorité du Brésil ? » « Je veux des écoles et des hôpitaux, pas de la FIFA », « FIFA go home ! » « La Coupe n'éduque pas », « Nous ne voulons pas une Coupe, nous voulons un métro », « La Coupe, non ! La santé et l'éducation, oui ! » « Quand ton fils tombe malade, emmène-le au stade », « Combien d'écoles peut-on faire entrer dans le stade Mané-Garrincha ? » « Le Japon, on t'échange notre football contre ton éducation », « Brésil, réveille-toi : un professeur vaut plus qu'un Neymar ! »

Après quelques jours de contestation, la classe politique brésilienne réagit comme personne ne pensait que c'était possible. On passe de la dure répression policière à la compréhension, et même au soutien à la jeunesse brésilienne. Les augmentations de tarif sont annulées, Rousseff annonce des investissements dans les transports publics, le Tribunal suprême fédéral prononce – du jamais-vu – une peine de prison contre un sénateur corrompu – qui finira en assignation à domicile – et les privilèges accordés au secteur pétrolier sont détournés en faveur des écoles et de l'éducation. Le Congrès n'interrompt même pas ses travaux le jour de match de la Seleção.

La FIFA, à l'inverse, s'accroche. Elle baisse son drapeau devant le Copacabana Palace Hotel de Rio, son quartier général, et supprime ses signes distinctifs sur les véhicules officiels. Joseph Blatter, offensé par les sifflets qui l'ont accueilli à Brasília pendant la cérémonie d'ouverture de la Coupe des confédérations, déclare : « Ici, le football est plus important que le mécontentement des gens. Les manifestants profitent du football et de la présence des médias pour amplifier leur mouvement. » Lui s'en lave les mains, ajoutant : « Le Brésil a réclamé le mondial, nous ne lui avons pas imposé. Les Brésiliens savaient qu'il faudrait construire des stades pour organiser une belle Coupe du monde donc, si le gouvernement a des problèmes avec la population, c'est son problème, pas le nôtre. »

L'image de Marco Polo Del Nero, vice-président de la fédération brésilienne et représentant de son pays auprès de la FIFA, fait pire encore : « 199 millions de personnes, dit-il, pensent à travailler, tandis que quelques autres viennent semer le trouble. » Une rumeur selon laquelle la FIFA envisagerait de déplacer les derniers matches du tournoi dans un autre pays si les troubles continuaient se propage même, quoique vite démentie. Sans parler de la préoccupation du gouvernement liée à la visite du pape François fin juillet. La tension est à son comble mais la sélection a le vent en poupe.

Kfouri explique : « Curieusement, lorsque le pays allait bien, la sélection allait mal et le public ne comprenait pas. Les manifestations montrent que le pays va mal mais la sélection désormais se porte bien et renforce son lien avec les Brésiliens. Les joueurs chantent l'hymne national avec la même intensité que les spectateurs et les manifestants à l'extérieur du stade. »

C'est vrai : la Canarinha et le mouvement sont connectés. À la différence de Pelé, qui laisse échapper un « oublions toute cette confusion et pensons à la sélection » qui l'obligera à rectifier sa déclaration sur-le-champ et, à la différence de Ronaldo, O Fenomeno, qui déclare que « les mondiaux se font avec des stades, pas des hôpitaux », avant de revenir sur ses propos, assurant qu'ils ont été mal interprétés, à la différence de ceux-ci, les porteurs du maillot jaune soutiennent les manifestants. Dani Alves, Fred, Hulk et David Luiz n'ont pas peur de se placer ouvertement de leur côté, comme les y a exhortés leur ancien coéquipier Romário, ou Rivaldo. Il en va de même pour Neymar, le numéro 10 de la sélection.

Le 15 juin, lors du premier match de la Coupe des confédérations à Brasilia, le Bijou marque un superbe premier but contre le Japon, au bout de trois minutes. Marcelo centre depuis la gauche, Fred contrôle de la poitrine et Ney trouve la cible d'un tir du droit flashé à 98 km/h d'après la télévision brésilienne. Démarrage idéal dans l'enceinte nommée en hommage à Mané Garrincha, le Dribbleur.

Le 19 juin 2013, avant le deuxième match, le nouvel attaquant de Barcelone écrit sur Facebook : « Triste pour tout ce qui se passe au Brésil. J'ai toujours espéré qu'il ne serait pas nécessaire de descendre dans la rue pour exiger de meilleures conditions de transport, de santé, d'éducation et de sécurité. Tout ce qui relève d'une OBLIGATION du gouvernement. Mes parents ont travaillé dur pour nous donner, à ma sœur et à moi, un minimum de qualité de vie… Aujourd'hui, grâce au succès dont vous me faites l'honneur, cela peut sembler démagogue mais ça ne l'est pas : levons les drapeaux en faveur des manifestations dans tout le Brésil. Je suis BRÉSILIEN et j'aime mon pays ! J'ai une famille et des amis au Brésil. Pour eux, je veux moi aussi un Brésil plus juste, plus sûr, plus sain et plus HONNÊTE ! Pour moi, la seule façon de représenter et défendre le Brésil est de jouer au football. Mais, à partir de ce match contre le Mexique, j'entrerai sur le terrain inspiré par la mobilisation populaire. Tam junto. »

Contre le Mexique, à Fortaleza, les manifestations et les troubles arrivent jusqu'aux portes du stade. À l'intérieur, le public soutient la sélection dès la première minute. Dans les tribunes, les affiches contestataires ne manquent pas, mais la communion entre le public et son équipe est totale. Les gens continuent de chanter l'hymne national, y compris lorsque la musique s'arrête. Neymar fait la différence. En fait, il fait presque tout. À la 9e minute, sur un centre de Dani Alves mal renvoyé par Rodriguez, il marque le premier but de volée. Et, à la 90e minute, il plante la moitié de la défense mexicaine et sert Jo sur un plateau pour le deuxième but. Le Mexique, bête noire du Brésil, qui l'a privé de l'or olympique en 2012, est éliminé. Pour la deuxième fois, Neymar est élu joueur du match.

Le dernier match du groupe A oppose la Seleção à l'Italie, le samedi 22 juin, à Salvador de Bahia. 5 000 personnes manifestent contre les coûts du mondial. Les pancartes scandent : « Descendons dans la rue pour un monde meilleur », « On ne lutte pas contre la sélection mais contre la corruption ». Les manifestants sont cantonnés loin du stade, surveillés par 1 500 policiers mais, pendant le match, ils parviennent à se rapprocher et sont chargés, visés par des gaz lacrymogènes et des tirs de flash-ball.

Quant au match, il faut se souvenir qu'en mars, à Genève, un amical Italie-Brésil s'était fini sur un score de 2-2, la Canarinha ayant remonté deux buts de retard.

Cette fois, lors des quarante-cinq premières minutes, l'Italie ne cadre pas un seul tir. Les Brésiliens tiennent la possession du ballon mais n'arrivent pas à concrétiser. Jusqu'à ce que le numéro 13, Dante, stoppeur réserviste, donne l'avantage à son équipe à la 47e minute : Neymar tire un coup franc, Fred dévie de la tête, Buffon repousse mais Dante marque à bout portant.

Changement de décor à la reprise. Les azzurri réagissent, jouent plus haut et égalisent par Giaccherini à la suite d'une délicieuse passe du talon de Mario Balotelli. Mais voilà Neymar. Il obtient un coup franc à l'entrée de la surface ; les Italiens protestent, le jeune joueur se serait laissé tomber, ou aurait provoqué le contact avec Maggio. En vain. Exécution parfaite, le ballon pénètre dans la lucarne opposée de Buffon. Un tir digne de Zico ou Didi, chapeau. Troisième but en trois matches pour Ney. De très loin, Balotelli tente d'imiter son ami brésilien, qu'il a chaleureusement salué avant le coup d'envoi. Il envoie un missile mais Júlio César renvoie. Le Brésil continue d'attaquer et Fred marque le 3-1. L'Italie ne lâche pas et réduit l'écart grâce à Chiellini, mais Maggio rate l'égalisation. Finalement, Fred marque à nouveau, 4-2, score final. Le duel entre Neymar et Balotelli tourne à l'avantage du Bijou.

Le Brésil vainc mais ne convainc pas. Les commentateurs européens n'ont pas l'air satisfaits. John Carlin, écrivain britannique et journaliste pour *El País*, l'exprime ainsi : « Pour nous qui gardons en mémoire des sélections brésiliennes de Pelé, Rivelino et Tostão, de Zico et Socrates, même celle de Romário, nous ne pouvons croire ce que nous voyons actuellement à la Coupe des confédérations, répétition (ou, plutôt, espérons que non) du mondial de l'année prochaine. C'est une équipe fainéante, défensive, sans joie. Pas de football samba. Utilitarisme pur. »

Une opinion largement partagée. Certains parlent même d'anti-football, d'autres relativisent leur amertume grâce à la présence de Neymar. Il y a aussi des critiques au Brésil, mais plus mesurées car leurs auteurs savent que cette Coupe des confédérations n'est qu'un test pour Scolari, un premier pas vers la formation de l'équipe qui disputera le mondial. Ceci étant, ses joueurs sont déjà en demi-finale contre l'Uruguay.

Revient en mémoire le souvenir de la catastrophe du Maracanã du 16 juillet 1950. Luis Suárez affirme avoir en tête le but au premier poteau de Ghiggia. Diego Forlán refuse les comparaisons : « C'est un beau souvenir mais aujourd'hui, il ne nous sert à rien. »

En effet, aussi bons soient-ils, les souvenirs ne sont d'aucune aide dans le présent. Il est vrai que le Brésil n'entre pas sur le terrain avec la même rage que lors des matches précédents mais, en tout cas, il déploie son jeu grâce à Júlio César et Neymar. Le gardien de la sélection repousse un penalty de Diego Forlán, son ancien coéquipier à l'Inter Milan. Et le pauvre Forlán ne s'en remet pas.

Neymar, cette fois, ne marque, mais il est à l'origine des deux buts brésiliens : longue ouverture de Paulinho, en fin de première période, pour Ney, entouré de défenseurs uruguayens, qui contrôle de la poitrine et a juste le temps de devancer la sortie de Muslera ; le gardien adverse repousse mais Fred surgit de l'arrière et trouve le moyen de pousser le ballon dans les filets.

À cinq minutes de la fin, nouvelle action de Neymar : il tire un corner de la gauche, Paulinho saute plus haut que Cáceres et trompe Muslera, qui a hésité entre sortir ou rester sur sa ligne. 2-1 pour le Brésil qui n'a plus qu'à attendre de connaître le nom de son adversaire en finale, au Maracanã.

Ça n'a pas été un grand match ; tendu, dominé après la pause par les charrúas qui, après l'égalisation de l'infatigable Cavani, ont manqué d'un rien la victoire.

Peu de jeu, beaucoup de tension et un dénouement à quatre minutes de la fin. La Seleção n'inspire ni la grâce ni la poésie, le beau jeu que tous espèrent. Elle cherche le résultat et l'obtient. Un détail pour le souvenir : les baisers de Neymar à Ignacio González. Le milieu uruguayen quitte le terrain et, en passant près du numéro 10 brésilien qui s'apprête à tirer un corner, l'insulte. Ney, sans rien dire, lui souffle un baiser. Une image diffusée en boucle par les télévisions.

À Fortaleza, tandis que la police réprime durement les manifestations à l'extérieur du stade, l'Espagne, comme à l'Euro 2008, élimine aux tirs au but l'Italie de Cesare Prandelli. Après 120 minutes sans but, le sort du match se joue depuis le point blanc dans la surface : 7-6 en faveur des champions du monde.

La Roja revient à Rio de Janeiro pour la finale que tout le monde espérait. Neymar confirme : « Je peux déjà le dire : c'est la finale dont nous rêvions. En ce moment, l'Espagne est la meilleure sélection au monde et la favorite de la finale, mais le Brésil aussi a de grands joueurs », fait-il valoir pendant la conférence de presse d'avant-match. Il ajoute que c'est un plaisir et un honneur de jouer contre ses futurs coéquipiers : « Ce sera émouvant. Je leur souhaite bonne chance, sauf pour ce match. »

On lui demande quel est le secret pour battre la Roja et lui répond : « Le plus important est de ne pas avoir peur. Nous devons avoir le courage de chercher le dribble et marquer. Le Maracanã sera notre 12e homme. » Quel joueur de la Roja craignez-vous le plus ? « Iker Casillas, que j'ai dans mon équipe sur PlayStation. C'est le meilleur gardien au monde et l'un des plus forts de tous les temps. Mais j'espère bien lui marquer un but. »

Aussitôt dit, aussitôt fait : 44e minute, Oscar et Neymar lancent une contre-attaque fulgurante dans la profondeur. À l'entrée de la surface, Oscar s'arrête avec le ballon, Neymar ralentit pour ne pas être mis hors-jeu et appelle le ballon. Il est servi à l'entrée des seize mètres et arme un boulet de canon du gauche qui se fiche sous la transversale de Casillas. Un but sensationnel que le numéro 10 fête dans les bras des supporters. Son quatrième du tournoi et un coup de massue qui met les champions du monde à genoux. 2-0.

Après une minute et trente-trois secondes de jeu, Fred avait déjà ouvert le score en profitant d'une erreur défensive de la Roja. C'est encore Fred qui marquera à la 87e minute le but du 3-0, score final. Le Maracanã est en liesse. L'Espagne, qui n'avait pas perdu un seul match officiel depuis la Coupe du monde en Afrique du Sud (contre la Suisse, 1-0), s'écroule. Le Brésil a donné le meilleur de lui-même sur le terrain et a démontré sur chaque action qu'il avait les dents bien aiguisées, à commencer par David Luiz qui a empêché un but de Pedro, et jusqu'à Neymar qui, en plus de marquer, a mis Piqué hors-service (carton rouge pour jeu dur), forçant Vicente del Bosque à remplacer un Arbeloa un peu plus à la traîne à chaque action.

Le gamin en or du football brésilien attaque et défend, et la FIFA lui décerne justement le titre de meilleur joueur du tournoi. Neymar est arrivé à la Coupe des confédérations épié par le monde entier à la suite de son transfert au Barça. Répondre à une telle attente n'avait rien d'aisé, devant son public et le monde entier, mais il a réussi, avec les honneurs.

La nuit du 30 juin 2013, il pose pour la photo de rêve au cœur du Maracanã. La médaille du vainqueur et trois trophées : la Coupe des confédérations, le Ballon d'or du meilleur joueur et le Soulier de bronze du troisième meilleur buteur.

20
Barcelone

Soirée de gala au Grand Connaught Rooms de Londres. Smokings, nœuds papillon, dîner raffiné, discours et toasts. C'est une fête d'anniversaire. Le football célèbre ses 150 ans. Dans ce même endroit, à Great Queen Street, dans le cœur de la capitale anglaise, se trouvait la Freemasons' Tavern où, le 26 octobre 1883, à l'initiative de sir Ebenezer Cobb Morley, fondateur et capitaine du Barnes Football Club, onze clubs et associations sportives se réunirent « avec l'objectif de promouvoir – comme le rapporta le lendemain le *Daily News* de Londres – l'adoption d'un code de règles communes et, de manière générale, de conférer au jeu un statut définitif ». Ici, au milieu de mille discussions, naquirent le football moderne et la première fédération de football d'envergure nationale : la Football Association.

L'homme chargé de rendre les honneurs pendant la fête du Grand Connaught – où toute la bonne société du ballon est représentée – est le prince William, président de la Football Association et supporter d'Aston Villa. Dans son discours, il souligne que « le football, à l'échelle globale, est une énorme force capable de faire le bien. Un grand nombre de personnes l'aiment, le respectent et s'amusent grâce à lui, ce qui n'est pas le cas de nombreuses activités dans la vie ». Pour finir, il porte un toast avec les invités pour 150 autres années de fédération et de football.

Quelques heures plus tôt, à 1 448 kilomètres de là, a eu lieu une autre fête du football : le Clásico Barcelone-Real Madrid. Le 225e et le premier pour Neymar Junior sous le maillot du Barça. « C'est un match où tous les joueurs attendent le moment d'entrer sur le terrain pour montrer leur meilleur football », explique Ney à Barça TV, puis il compulse l'album de ses souvenirs : le Clásico qui lui a laissé la plus forte impression est celui où Ronaldinho a marqué deux buts à Santiago-Bernabéu, au point d'être ovationné par les supporters madrilènes. C'était le 19 novembre 2005. Il ajoute qu'il a une solide expérience des Clásicos brésiliens. Son premier était une demi-finale contre Palmeiras remportée par Santos ; le second, la finale du Paulistão perdue face aux Corinthians. Sans parler du Superclásico contre São Paulo. « La rivalité dure toute la semaine, comme ici. On ne parle que du match, qui devient le sujet principal des journaux et du public, raconte le numéro 11 du Barça. Même les joueurs liés par l'amitié avec un adversaire se taquinent. C'est le bon côté du football. »

Il est conscient que le Clásico du 26 octobre 2013 revêt une importance cruciale pour lui. Il espère tenir un rôle majeur et gagner. Presque trois mois ont passé depuis l'arrivée de Neymar à Barcelone. Après la Coupe des confédérations, il s'est fait enlever les amygdales et redresser la cloison nasale. Puis il est parti en vacances : quinze jours entre amis. Bruna, sa fiancée, après avoir achevé la version brésilienne de *Danse avec les stars*, s'en est allée en Europe avec ses amies : Rome et Athènes. À elle les monuments et l'histoire antique ; à Juninho la plage, le soleil, le repos et la fête. Exactement ce qu'il lui fallait avant d'arriver à la Ciudad Condal.

Il pose le pied à Barcelone le matin du 28 juillet et rencontre ses nouveaux coéquipiers le lendemain. Visite médicale et premier entraînement à la Ciutat Esportiva avec Messi et compagnie. À la fin, il poste un message sur Twitter : « Meu sonho virou realidade. Obrigado senhor ! » (Mon rêve est devenu réalité. Merci monsieur !)

Le 30, on le retrouve déjà à bord d'un avion direction la Pologne pour aller disputer un amical contre Lechia Gdańsk. Au stade, les supporters polonais qui ont apporté une affiche déjà obsolète (où l'on voit Guardiola, Messi, Puyol, Cruyff et la légende : « Tots units fem força ») meurent d'envie de voir Messi et Neymar ensemble sur le terrain. Envie inassouvie : pendant la plus grande partie de la rencontre, les deux joueurs ne se croisent pas ; remplaçant, Ney entre en jeu à la 78e minute, à la place d'Alexis mais, à cet instant, Messi est déjà sorti. Le Brésilien débute sous le maillot blaugrana : douze minutes au total dans un match fini sur le score de 2-2. Ce n'est pas grand-chose mais le joueur se dit satisfait, déclarant : « Barcelone est encore meilleur que je le pensais. J'ai une merveilleuse sensation. Je suis heureux de pouvoir parler avec Messi et d'être près de Xavi et Iniesta. » Il assure qu'il travaille pour s'adapter le plus vite possible au jeu du Barça, « le meilleur au monde ». Sur le moment, il ne pense pas encore à ses premiers pas au Camp Nou.

Ce sera le 2 août, à l'occasion du Trophée Joan Gamper, un match particulier. Barcelone reçoit Santos. « Nouvelle saison, nouveaux rêves », dit le slogan de présentation du match. Rien n'est plus vrai. Le Barça a un nouvel entraîneur : l'Argentin Gerardo « El Tata » Martino, en provenance des Newell's Old Boys de Rosario, l'équipe de sa ville natale et celle des débuts de Leo Messi. El Tata Martino a été recruté à la hâte, après que Tito Vilanova a été contraint, par une rechute de son cancer de la glande parotide, d'abandonner son poste. Le Barça a une nouvelle étoile : Neymar qui, comme El Tata, débute à domicile au Trophée Gamper. Deux jours plus tôt, le Barça a dit adieu à Antoni Ramallets, le gardien aux cinq coupes, le chat du Maracanã, l'une des figures historiques du club, mort à l'âge de 89 ans.

Malgré la touffeur de l'après-midi d'août, les 81 000 aficionados installés dans les tribunes du Camp Nou sont désireux de rendre hommage au numéro 1 disparu, mais aussi de savoir ce que sera la saison sur le point de démarrer. Ils rentreront chez eux heureux et confiants dans un futur lumineux, au moins si l'on se base sur le Trophée Gamper. Barcelone donne une véritable leçon à Santos : 8-0. Leo Messi ouvre le bal et, à la demi-heure de jeu, la messe est dite. Neymar entre en début de seconde période, après avoir observé, curieux, un spectateur s'approcher de lui pour le serrer dans ses bras. Il faut quatre stadiers pour le maîtriser.

Ney porte le numéro 11 dans le dos et est ovationné par le stade. Il joue côté gauche, marqué par Arouca. Il partage l'affiche pendant quinze minutes avec Messi, laissant voir des détails intéressants et semble plus intéressé par la passe que par le but. De fait, il évite les fioritures et donne une passe parfaite sur le sixième but, signé Cesc Fàbregas. Après la frénésie de buts, il a une occasion de marquer mais tire au-dessus de la transversale de Vladimir.

« C'est un sentiment étrange. Je suis heureux de la victoire de mon équipe et mes nouveaux partenaires mais aussi peiné pour mes amis de Santos, que j'aime beaucoup. » Ainsi parle Neymar à l'issue de la rencontre.

Le lendemain, les journaux brésiliens mordent le Peixe à la jugulaire. « Honte ! Le Barça humilie Santos sans forcer et avec Neymar en jeu seulement en seconde période », rapporte *Lance*. Le néologisme « LioNey » est inventé pour évoquer le duo le plus attendu de la planète, contraction magique qui se diffuse peu à peu. Après le Gamper, le Peace Tour et un moment au Bloomfield Stadium en compagnie d'enfants israéliens et palestiniens, les blaugranas partent en tournée en Asie, en Thaïlande, puis en Malaisie. Santos, de son côté, rentre au Brésil la queue entre les jambes. C'est la crise, les menaces et les protestations des supporters. Pour couronner le tout, le Clásico du Brasilerão contre les Corinthians approche.

Au CT Rei Pelé – après l'entraînement et avant la conférence de presse où Edu Dracena, le capitaine et Odilio Rodrigues Filho, le vice-président, tentent de calmer la presse –, Victor

Andrade parle de Neymar sur la pelouse du Camp Nou. Victor a trois ans de moins que le numéro 11 du Barça, il est passé par les équipes de jeunes du Peixe et a beaucoup appris au contact de son ex-coéquipier : « Lorsque je suis arrivé en équipe première, il m'a aidé et donné de bons conseils sur la façon de me comporter sur le terrain. Il m'a dit de ne pas me sentir nerveux, m'a montré à quel moment dribbler et à quel moment faire la passe. Fais ceci, fais cela, reste en position, démarque-toi... J'ai suivi ses recommandations et, grâce à Dieu, tout s'est bien passé pour moi. »

L'astucieux de Santos explique : « À l'intérieur du terrain, Neymar est spectaculaire, rapide et habile, il improvise sans arrêt. Il fait ce à quoi personne ne s'attend. Il est certainement l'un des meilleurs joueurs que j'ai vus, et un super coéquipier. En dehors du terrain, c'est un type amusant, qui aime passer du temps avec ses amis et sa famille. Je dois dire qu'avec lui, je m'amusais beaucoup. »

Mais comment l'as-tu senti avec son maillot blaugrana ? « Ça m'a fait bizarre de le croiser en tant qu'adversaire puisqu'on jouait encore dans la même équipe il y a trois mois. Mais ça n'a pas été un problème ; lorsque l'arbitre donne le coup d'envoi, on n'y pense plus. » Il assure qu'ils n'ont pas parlé beaucoup football, mais plutôt nostalgie. « Il est difficile de vivre loin d'ici », reconnaît-il.

Ce n'est pas la nostalgie qui préoccupe Ricardo Rosa, le préparateur physique de Santos, mais le poids. Il a appris que le staff technique de Barcelone souhaitait que Neymar prenne trois kilos afin de s'adapter au football européen et s'en trouve scandalisé : « Ça pourrait être désastreux, il pourrait perdre ses qualités, comme c'est déjà arrivé à d'autres joueurs. Il est vrai que Neymar est mince et qu'il a l'air de ne pas avoir de muscles mais en réalité, il est très fort. Ses jambes lui permettent de courir, dribbler et éliminer l'adversaire. Contrairement aux autres attaquants, il est agile, puissant et possède une grande résistance. Il ne fatigue jamais. Il absorbe les coups et les impacts des défenseurs adverses. Bien sûr qu'il tombe, mais il ne se fait jamais mal. Ce serait dommage de le lester de kilos et de muscles supplémentaires. »

Le poids n'est pas le seul sujet polémique entre l'Espagne et le Brésil. L'anémie aussi. La presse espagnole raconte que le personnel de Barcelone lui a imposé un régime de suppléments vitaminés pour compenser une carence en fer. Luiz Felipe Scolari perd patience : « On dirait qu'ils [Barcelone] savent tout et que nous sommes le tiers-monde, que nous ne savons rien. Après une opération, il est normal de perdre du poids, mais il le reprendra vite. En ce qui concerne son alimentation, il mange comme un diable. À midi, à 15 heures, à 18 heures et à 21 heures. Pour moi, il se porte à merveille. Il va bien. Autrement, il ne jouerait pas comme il joue à Barcelone. »

Felipão n'a pas tort puisque, pendant la tournée asiatique, Neymar est titulaire. Le 7 août, en amical contre la sélection thaïlandaise au Rajamangala National Stadium de Bangkok, il marque son premier but en tant que culé. 11e minute : Messi, à l'entrée de la surface, passe à gauche à Cesc Fàbregas, qui croise le ballon en direction du gardien thaïlandais, et Neymar place le bout du pied pour pousser le ballon dans les filets. Pas de démonstration de joie à la brésilienne, une simple accolade avec ses partenaires. Rien à voir avec la célébration de son premier but en compétition.

Le 21 août, finale aller de la Supercoupe d'Espagne à Vicente-Calderón. Quatre jours plus tôt, Neymar a débuté en Liga face à Levante. Un début étrange puisque le score était déjà acquis à son entrée en jeu : 6-0 pour les blaugranas. Ney a remplacé Messi à la 63e minute. El Tata Martino lui a demandé de doser ses efforts et, dans tous les cas, on sait qu'il pratique beaucoup de rotations.

À Calderón, l'ancien blaugrana David Villa, désormais sous le maillot rojiblanco, réussit une volée magnifique : 1-0 pour les colchoneros. Les choses se compliquent encore lorsque Messi, à la pause, est obligé de sortir, touché. Cela semble facile pour l'Atlético. Les Catalans restent dans les clous grâce à Alexis et Mascherano, mais c'est Neymar qui crée un changement. Il remplace Pedro à la 59e minute et égalise à peine sept minutes plus tard : Xavi transmet à Dani Alves sur la droite, le Brésilien centre au deuxième poteau ; Juanfran ne sent pas Neymar arriver dans son dos. Le numéro 11 anticipe et de la tête glisse le ballon entre le poteau et le gardien. Courtois est en retard. C'est le premier but officiel marqué par Ney. Il étreint Alves et les autres, se dirige vers le banc où se trouve El Tata et ses autres coéquipiers. Ce but sera synonyme de premier trophée pour le Barça. Au retour au Camp Nou, le 0-0 suffira aux culés.

Huit matches plus tard, le 24 septembre, il inscrit son premier but en championnat, face à la Real Sociedad. Pas un but extraordinaire, au contraire, il le doit moins à son talent qu'aux erreurs défensives adverses. Le gardien Claudio Bravo et le défenseur central Liassine Cadamuro lui servent sur un plateau un centre inoffensif d'Alexis. « Le ballon a franchi la ligne en pleurant », dit en riant Neymar, qui a dédié son but à son fils, Davi Lucca. Avant la rencontre, il l'avait présenté au public du Camp Nou, aux côtés de Leo Messi qui a fait de même avec Thiago, son premier enfant.

Détail curieux : deux Brésiliens qui portèrent le maillot blaugrana – Romário en 1993 et Rivaldo en 1997 – inscrivent leur premier but face à la Real Sociedad. Simple coïncidence, sans doute, mais il n'est pas inintéressant de constater que Neymar marche dans les pas d'autres Brésiliens qui, en leur temps, firent le bonheur du public du Camp Nou et marquèrent chacun l'histoire du FC Barcelone. Tout commença avec Evaristo de Macedo, qui arriva du Clube de Regatas Flamengo et, entre 1958 et 1961, marqua 178 buts en 226 matches, puis se poursuivit avec Romário da Souza Faria, plus connu sous le nom de Romário, transfuge du PSV Eindhoven qui fit partie de la *Dream Team* de 1994 jusqu'à la moitié de la saison 1994-1995. Personne n'a oublié les trois buts du Baixinho dans le Clásico contre le Real Madrid. Après lui, ce sera le tour de Giovanni, la star de Santos, de Ronaldo Luis Nazário de Lima

(O Fenomeno), de Sonny Anderson, de Rivaldo, puis finalement de Ronaldinho, le sourire du football.

Neymar est l'héritier d'une longue tradition ; petit à petit, il fait sa place et s'adapte au jeu du Barça. Si l'on compare avec Santos, il marque peu mais, contre la Real, signe sa cinquième passe décisive en championnat, au bénéfice de Messi. Le 18 septembre, il débute en Ligue des champions contre l'Ajax, disputant, à seulement 21 ans, son 300e match professionnel.

Mais c'est le 1er octobre, contre le Celtic Glasgow, que Neymar va prouver sa maturité. En l'absence de Messi, le numéro 11 du Barça reprend le flambeau dans un stade historique, celui où le révérend Andrew Kerins fonda, en 1888, le club au trèfle à quatre feuilles, dans le but de collecter des fonds pour les œuvres caritatives. Neymar déploie un jeu vertical, incisif, décidé, courageux. Il ouvre le terrain, joue court, dribble sans exagérer et apporte autant en attaque qu'en défense. Sans oublier que, par sa faute, Lustig est averti et Brown expulsé pour un coup dans le dos. Deux grosses parades de Fraser Forster le privent de la satisfaction de marquer dans le « Paradis » (le surnom donné au lieu par les supporters écossais) mais c'est lui qui enclenchera la contre-attaque aboutissant au but de Cesc Fàbregas.

Son match vaut au gamin les compliments de Tata Martino et de tout le vestiaire blaugrana, mais aussi les critiques de Neil Lennon. L'entraîneur du Celtic l'accuse de jouer la comédie : « Le football est un jeu physique, assène-t-il, et Neymar n'en tient pas compte en exagérant le moindre contact. »

Revenons sur l'histoire du cai-cai ou du plongeur, comme vous préférez. Une polémique à laquelle prendront part José Mourinho et Tata Martino. L'un, contre le « conteur » ; l'autre constatant que les arbitres semblent refuser de siffler les fautes commises sur Neymar.

Polémique mise à part, le bilan de Juninho à la veille du Clásico est plus que positif. Il a disputé trois matches de Ligue des champions – dont celui de San Siro contre Milan, face à son ami Robinho –, deux de Supercoupe et neuf de Liga, il a marqué trois buts, le dernier contre Valladolid. Mais il a surtout montré, contre vents et marées, que son adaptation au football européen n'a posé aucun problème. Il a même été capable de remplacer un Messi absent ou peu inspiré. Il a conquis le vestiaire comme le public en moins de temps qu'attendu. En gros, quelle que soit la façon de voir les choses, sa nouvelle vie à Barcelone est couronnée de succès.

Neymar vit dans la partie élevée de la ville, la zone noble de Ciudad Condal, dans une maison de trois étages à proximité de l'avenue Pearson, louée à un imprésario catalan. Loin, donc, de Castelldefels où habitaient Ronaldinho, Ronaldo et où habite toujours Messi. Neymar père vit avec lui et le suit de près. Nadine et sa sœur sont restées à Santos, mais elles voyagent à Barcelone une fois par mois, de même que les Toiss, ses plus proches amis. Bruna, sa fiancée, n'a pas quitté le Brésil en raison de ses engagements à la télévision.

Neymar sort peu et surtout dans des restaurants japonais, comme Ikibana, Nomo et Shunka. Álvaro Costa, fils de Pepe, le responsable du département Atención al Futbolista (soutien au footballeur), l'accompagne souvent, tout comme Dani Alves quelquefois, devenu avec Adriano son meilleur ami à l'intérieur du vestiaire. C'est Dani qui s'est chargé de lui trouver l'adresse d'un coiffeur à la hauteur à Esplugues de Llobregat. Lorsqu'il n'est pas à l'entraînement, en match ou au vert, Neymar passe beaucoup de temps chez lui. Musique brésilienne, vidéos, repas à domicile et PlayStation. FIFA, Grand Theft Auto et Call of Duty sont ses jeux préférés. À la télé, il ne rate aucun match de Santos mais il préfère l'éteindre lorsque sont diffusés la Liga ou la Ligue des champions.

C'est enfin l'heure du Clásico, le 26 octobre 2013. Le match des millionnaires et des stars sur la pelouse. Messi et Cristiano Ronaldo, comme d'habitude, mais aussi Gareth Bale, le Gallois recruté entre 91 et 101 millions d'euros, d'un interlocuteur à l'autre, et Neymar, le Brésilien payé 57. C'est un Clásico orphelin de certains protagonistes, comme José Mourinho, qui dans les dernières années l'a transformé en psychodrame, sans Tito

Vilanova non plus, qui dut supporter un doigt du Portugais dans son œil, sans Pep Guardiola, le philosophe du ballon, qui a émigré en Allemagne. La liste des débutants dans ce grand rendez-vous du football espagnol est longue : Ney et Bale, Carlo Ancelotti et Zinédine Zidane (qui a vécu beaucoup de Clásicos mais jamais depuis le banc, où il est désormais entraîneur adjoint) et, pour finir, Gerardo Martino. Avant cette dixième journée, Barcelone est en tête du classement de la Liga, Madrid suit à trois points. « Tout le monde présente Barcelone comme favori, ça nous va bien », convient Ancelotti. « C'est sur le terrain, pendant 90 minutes qu'il faut être à la hauteur de ce statut », prévient Martino.

À 20 heures, tandis que les invités à l'anniversaire commencent à dîner à Londres, le Clásico a déjà donné son verdict à Barcelone, le Camp Nou s'est levé pour applaudir la sortie de Neymar Junior da Silva Santos, buteur et passeur. Comme Romário, Eto'o, Villa, Ibrahimović, Neymar est le personnage central de la victoire blaugrana dès son premier Clásico : Iniesta, au bord des seize mètres, laisse le ballon à Ney côté gauche ; le numéro 11, d'un coup digne du billard, passe le ballon entre les jambes de Carvajal, son vis-à-vis, et de Varane, qui dévie légèrement le ballon, assez pour désorienter Diego López. Le Barça prend l'avantage grâce au premier but dans un Clásico du novice. C'est encore Ney qui lance la contre-attaque au bout de laquelle Alexis, l'Enfant merveille, marque d'un foudroyant ballon piqué qui sonne la fin du combat entre le Barça et le Real Madrid.

Comme toujours, après un Clásico, la polémique ne manque pas : sur l'arbitrage d'Undiano (qui n'a pas sifflé de penalty pour une faute de Mascherano sur Cristiano Ronaldo), sur la composition d'équipe timorée d'Ancelotti (qui, d'après les journaux sportifs madrilènes, a tout simplement offert la première période à ses hôtes). Avec ça, les photographies et les dépêches de la presse mondiale ne laissent aucun doute : Neymar a été la star de la soirée. L'enfant de Mogi das Cruzes est bien placé dans les gros titres et les photos. La plus belle est celle de

La Vanguardia, où l'on voit Neymar exulter de dos, avec le numéro 11 bien en vue sur fond de tribunes, et fêter son but les bras ouverts, comme le *Christ rédempteur* de Rio de Janeiro. C'est *L'Équipe* qui trouvera le titre le plus à propos : « Neymar, prince du Camp Nou. »

21
Le diable

Quarante et quelques années, culé jusqu'à la moelle, indépendantiste, pharmacien dans un village situé à une petite demi-heure de Barcelone, Jordi Cases est bien plus qu'un socio abonné au troisième anneau du Camp Nou. Il est celui qui a provoqué l'une des plus graves crises institutionnelles de l'histoire du club.

Pour le meilleur et pour le pire, son nom restera intimement associé à celui de Neymar Jr., Cases ou le triomphe de David contre Goliath : s'il voulait, il pourrait hurler jusqu'à l'extinction de voix le célèbre « yes we can », que l'on entend ces dernières années dans les stades de foot espagnols, mais aussi lors des manifestations contre la crise économique, un slogan réservé aux causes perdues, ou presque. À lui seul, il a contraint le président blaugrana Sandro Rosell à démissionner et le club à fournir des explications aux socios et à la justice. Tout pour pouvoir connaître le montant exact payé par le Barça pour le joueur brésilien.

Ses détracteurs le décrivent comme un pantin des opposants à la direction actuelle, certains vont jusqu'à désigner le Real Madrid comme responsable de cette trahison, mais personne n'a jamais rien prouvé. Pour beaucoup, Cases est une sorte de justicier solitaire, un témoin impertinent sorti de l'anonymat pour occuper la une des journaux et les écrans de télévision. À Can Barça, beaucoup en parlent comme du « diable ».

Le 5 décembre 2013, une plainte pour prise illégale d'intérêts supposée au moment du recrutement de Neymar est déposée devant l'Audiencia Nacional (Haut Tribunal). Cases est persuadé qu'une partie de la vérité a été cachée aux socios et qu'en réalité, le transfert a coûté presque le double du montant annoncé de 57 millions, payé d'après la version officielle, à quatre sociétés détentrices des droits du joueur : le fonds d'investissement DIS, Teisa, N&N – propriété de ses parents – et Santos. Avant de solliciter la justice, il envoie au club un fax dans lequel il réclame tous les détails de l'opération mais, en l'absence de réponse, il engage un avocat.

La nouvelle n'est pas connue avant plusieurs jours et prend le jeune homme de Mogi par surprise, d'autant plus qu'il traverse une période agréable. Messi blessé, c'est lui qui a pris les rênes de l'équipe. Même ses coéquipiers sont surpris par son adaptation fulgurante au style de jeu du Barça. Bien sûr, il lui reste des détails à assimiler mais il apporte de la fraîcheur et personne ne doute que son apport soit une franche réussite. Au cours des semaines suivantes, cependant, il va souffrir d'une pression médiatique que peu de footballeurs ont eu à affronter, encore moins à seulement 21 ans. Jusqu'à son premier hat-trick sous le maillot blaugrana, contre le Celtic Glasgow en Ligue des champions, le 11 décembre – trois buts en seulement quatorze minutes – il va traîner la peine liée à la polémique autour de son contrat.

À coup sûr, depuis le jour de sa présentation, beaucoup de voix ont exprimé leurs doutes sur la possibilité que son transfert ait coûté si « peu ». Même le président du Real Madrid, Florentino Pérez, déclare sur le moment qu'il avait renoncé à cette opération estimée par le club merengue à 150 millions d'euros. Mais le Barça s'arc-boute sur sa position et met en avant une clause de confidentialité pour ne pas en communiquer les détails.

Les évènements s'accélèrent après les fêtes de Noël. Le 16 janvier, le Barça dispute son match retour de Copa del Rey contre Getafe. C'est seulement la troisième fois depuis le début de la saison que Neymar et Messi jouent ensemble. L'équipe catalane gagne 2-0 (6-0 au total) mais le Brésilien se blesse. Il souffre d'une entorse à la cheville droite et sera éloigné des terrains pendant un mois. Leo revenu après deux mois d'arrêt, Junior disparaît. Quoique toujours en tête de la Liga, Barcelone ne pouvait pas imaginer pire scénario… mais oui, il empire encore.

À peine six jours plus tard, le juge Pablo Ruz déclare recevable la plainte contre Rosell. Cette fois, il y a officiellement un « cas Neymar ». D'après le magistrat, « des éléments suffisants » se dégagent des documents présentés par Cases pour ouvrir une enquête, car « ils pourraient mettre en lumière une simulation de contrat prétendument effectuée entre les signataires, qui mettrait en évidence qu'il n'y a pas de rapport entre la cause et la finalité réelle des engagements et obligations économiques desdits documents et l'aspect formel des contrats ». En résumé, le magistrat suspecte l'existence de contrats parallèles signés pour financer le transfert de manière cachée, alors qu'officiellement ils avaient un autre but. De plus, Ruz demande à la FIFA l'accès à ses archives liées au transfert de Neymar, et au joueur de fournir le contrat avec la société N&N, à qui il a cédé ses futurs droits économiques. Il adresse aussi une commission rogatoire au Brésil pour rapatrier les contrats de travail et de mutation du joueur, et sollicite auprès de Barcelone les contrats justifiant le versement de 7,9 millions d'euros en échange des droits de trois espoirs de Santos, ainsi que les contrats étayant le règlement de 9 millions d'euros pour l'organisation de deux matches face à Santos.

Le lendemain, 23 janvier 2014, Sandro Rosell démissionne de la présidence du FC Barcelone : « Cette direction est une équipe. Et cette équipe porte un projet qui a donné de beaux fruits. Je refuse que des attaques injustifiées affectent la gestion de l'équipe et l'image du club. Voilà pourquoi je pense que mon passage à la tête du club est terminé », explique-t-il aux médias. Pendant son allocution, il défend aussi, une fois de plus, sa gestion : « Ces derniers jours, une accusation de prise illégale d'intérêts, injuste et imprudente, a débouché sur une plainte déposée contre moi devant le tribunal. Dès le début, j'ai dit que le transfert de Neymar Junior avait été correct et que la réussite de l'opération avait généré désespoir et envie chez certains de nos concurrents. Le droit des socios d'être informés doit être compatible avec la défense du club et la confidentialité de certains faits. Cette confidentialité est essentielle dans le monde du football car, dans le cas contraire, elle peut être préjudiciable au club. »

Mais la décision du juge Ruz n'est pas la cause principale de sa démission. Rosell annonce que sa famille et lui-même « ont enduré en silence des menaces et des attaques » depuis un certain temps et que conserver la présidence signifierait « mettre en danger » les siens. Triste sortie pour le président le mieux élu de l'histoire du Barça, l'adieu d'un culé depuis la naissance. Son père fut directeur général du Barça sous la présidence d'Agustí Montal, lui-même a assisté à son premier match au Camp Nou à l'âge de 9 ans. En tant que vice-président de Joan Laporta (président entre 2003 et 2010), il a convaincu Ronaldinho d'endosser le maillot blaugrana avant de vivre ses années les plus glorieuses en arrivant lui-même à la présidence, des années tout de même touchées par la polémique.

Son vice-président lui succède : Josep Maria Bartomeu. Vingt-quatre heures plus tard, Barcelone reconnaît pour la première fois que le coût total de l'opération Neymar atteint 86,2 millions, salaire non compris : 57,1 pour le transfert proprement dit ; le reste consacré à d'autres questions… ce sont précisément ces « autres questions », correspondant à différents services rendus par le père, comme la supervision d'espoirs brésiliens, qui sèment le doute, le juge suspectant un complément dissimulé pour l'achat du joueur. Pourquoi éclaircir cette zone d'ombre maintenant ? Simplement car, d'après le club, Neymar père a donné son accord à la suspension de la confidentialité. Malgré ces données, le Barça campe sur ses positions et continue de soutenir qu'il n'a jamais caché la vérité. Des mots qui ne conviennent ni à Santos ni à DIS, qui se sentent leurrés et croient, à la lueur de ces nouveaux chiffres, qu'ils auraient dû percevoir davantage.

Et pendant ce temps, l'enfant de Mogi garde le silence. Entouré par les siens, Ney est totalement concentré sur la récupération la plus rapide possible de sa blessure. Il tient à rester en dehors de la polémique extra-sportive mais, le 2 février, il explose et publie sur les réseaux sociaux un message prenant la défense de son père : « Je me suis tu jusque-là ! Mais je ne peux plus me retenir étant donné la montagne d'idioties que j'entends dans la bouche de ceux qui évoquent mon transfert [...] Excuse-moi de te désobéir pour la première fois, Papa, mais je vais parler ! Je veux te remercier pour la façon dont tu t'es occupé de ma carrière, pour avoir créé des entreprises autour de moi et pour ta façon de prendre soin de notre famille. Si j'ai joué dans notre équipe de cœur [Santos] et que j'évolue aujourd'hui dans le club de nos rêves [Barcelone], c'est à toi que je le dois. Je sais que beaucoup de gens racontent des tas de bêtises à notre sujet, allant jusqu'à douter de mon caractère... Je me suis aussi rendu compte du nombre de faux amis qui tournent autour de nous... Papa, lorsque Thiago Silva a dit qu'il mourrait sur le terrain pour moi, j'ai pensé la même chose pour lui... Mais moi, non seulement je mourrais pour toi, mais je donnerais la vie de mon fils unique pour toi ! C'est pourquoi je te demande, rentre en Espagne, tu me manques ! D'ici quelques jours, je reviendrai sur les terrains et j'ai besoin de toi à mes côtés... le temps apportera la preuve que tu n'as rien fait de mal... que tu n'as rien fait d'autre qu'être le meilleur des pères ! Je t'aime ! »

Ney rejoue le 15 février. Barcelone écrase le Rayo 6-0 au Camp Nou. Neymar inscrit le sixième but, à quatre minutes de la fin, à l'issue d'une action spectaculaire. Ce but mérite une célébration à la hauteur donc le joueur se met à danser face au public. Son ami Dani Alves l'accompagne dans sa chorégraphie, inspirée de la chanson du Carnaval 2014. Une célébration qui le replace dans l'œil du cyclone. Certains commentateurs y voient un manque de respect envers l'adversaire, déjà humilié au tableau d'affichage, mais il se justifie par la façon dont les Brésiliens voient la vie : « On s'amuse. Que ce soit en jouant, en vivant, quoi que nous fassions. Nous sommes ainsi, nous voulons faire en sorte que ces moments restent gravés. Notre devise : audace et bonheur », écrit-il sur Instagram.

Mais le bonheur est de courte durée. Moins d'une semaine plus tard tombe une autre mauvaise nouvelle des tribunaux. Le juge inculpe Barcelone pour fraude fiscale présumée à l'occasion du transfert de Neymar. Le fisc espagnol parvient à évaluer à plus de 9 millions d'euros la somme due par le club aux finances publiques. Le Barça continue de clamer son innocence mais décide finalement de payer quatre jours plus tard, de sa propre initiative, 13,5 millions aux impôts. Du jour au lendemain, la valeur de Neymar a augmenté, le montant de son transfert tutoyant désormais les 100 millions d'euros. Au Barça, on tente de faire passer ce geste pour de la bonne volonté « à la lumière d'une possible différence d'interprétation des obligations fiscales liées au recrutement » du joueur brésilien. Mais il n'est pas certain que ce geste suffise à réduire de plus de 60 % l'amende qui sera prononcée s'il est reconnu coupable. Barcelone a décidé de payer, au cas où…

Le Barça traverse clairement une *annus horribilis*. Le 23 février, il cède la première place du championnat après une défaite accablante à Anoeta face à la Real Sociedad (3-1). Neymar passe complètement à côté du match, comme s'il avait la tête ailleurs. La presse et les supporters ne cachent pas leur déception à propos du duo Ney-Messi. Ils ont très peu joué ensemble à cause des pépins physiques mais les rares fois où c'est arrivé, on n'a pas senti d'alchimie. Il manque quelque chose au Barça de Tata Martino. L'entraîneur blaugrana, déjà très critiqué, sait bien que Ney est soumis à une forte pression : « Je ne le vois pas préoccupé au quotidien mais il doit intérioriser », confie-t-il aux médias. Ses coéquipiers disent le trouver calme et ambitieux. « Le plus important, c'est que tout cela n'affecte pas son travail », résume Xavi Hernández. Iniesta, de son côté, reconnaît que parler de tout ce qui n'est pas du football peut nuire à l'équipe et espère « que cela dure le moins longtemps possible »

Le 5 mars, Neymar Junior ouvre une parenthèse. Il s'envole pour Johannesburg avec la Seleção et redevient enfin lui-même. Comme si dernièrement, le numéro 10 lui portait plus chance que le 11. Il inscrit trois des cinq buts marqués par le Brésil contre l'Afrique du Sud. Comme si ça ne suffisait pas, il est sur la photo du jour quand un enfant pénètre sur la pelouse mais que les stadiers tentent de l'évacuer. Le joueur voit l'enfant courir vers lui, le prend dans ses bras et l'emmène au milieu des autres joueurs. Ils le choient, l'embrassent, se prennent en photo avec lui... Du Ney à l'état pur, ce qui le rend si différent. Malheureusement, le retour à Barcelone le ramène brutalement à la réalité. Contre Manchester City, le 13 mars, il est à nouveau décevant. Barcelone gagne 2-1 mais le jeune homme entend quelques sifflets saluer sa prestation, pas grand-chose mais tout de même les premiers que lui réserve le Camp Nou.

Les semaines suivantes n'auront rien de simple pour l'équipe blaugrana. Ce Barça n'a plus grand-chose à voir avec l'équipe qui a raflé tous les trophées lors des saisons précédentes, en pratiquant un jeu divin. On commence à s'interroger sur le projet, même sur son admirable centre de formation, La Masia, qui se retrouve au centre d'une enquête. La FIFA accuse le club d'enfreindre l'article 19 relatif à l'engagement des mineurs et prononce une interdiction de recrutement d'un an. Barcelone obtient de surseoir à son exécution jusqu'à ce que la sanction définitive soit prononcée, mais le club se retrouve traqué de toutes parts.

Sur le terrain, l'équipe en voit de toutes les couleurs : c'est d'abord l'Atlético Madrid qui l'élimine en quart de finale de la Ligue des champions (2-1 au total) avant que le Real Madrid lui inflige un revers en finale de la Copa del Rey à Mestalla (1-2). Dans ce dernier match, Neymar rechute, cette fois pour une contusion au pied gauche ; tandis que dans la rencontre européenne, il accapare l'attention grâce à son but à l'aller, le seul de Barcelone, et pour avoir montré ses sous-vêtements. Hasard ? Tout dépend qui juge. Les observateurs les plus méfiants lui reprochent de la publicité déguisée car, à chaque fois qu'il relevait son maillot ou que son short glissait légèrement, on voyait apparaître la marque de caleçon qui le sponsorise depuis 2010. Pour le jeune homme, rien de réfléchi, aucune stratégie commerciale. Ce n'est évidemment pas la première fois qu'il est accusé d'être le roi du marketing et d'utiliser des astuces pour faire la promotion de certains produits, voire pour sa propre promotion. Cela se reproduit quelques jours plus tard, avec la campagne « Todos somos macacos » (Nous sommes tous des singes). Au début, cela ressemble à un phénomène viral spontané. Un imbécile lance une banane sur Dani Alves pendant le match contre Villarreal et, au lieu de s'énerver, le joueur décide calmement d'en avaler une bouchée. Quelques minutes après, Ney, qui regarde le match à la télévision, poste sur les réseaux une photo de son fils et lui avec une banane et la légende : « Non au racisme. » La répercussion est immédiate et même le Premier ministre italien, Matteo Renzi, l'imite. Les médias brésiliens découvrent après quelques heures que tout a été imaginé par les spécialistes du marketing qui entourent le numéro 11 du Barça. Le « football spectacle » n'a plus rien de spontané.

Trois semaines plus tard, remis de ses pépins physiques, Neymar est convoqué pour le match le plus crucial de la saison : la dernière journée de Liga contre l'Atlético Madrid avec le titre de champion en jeu. Le Barça est contraint de gagner mais ne parvient pas à faire mieux que 1-1. Le Brésilien joue seulement la dernière demi-heure, en remplacement de Pedro, et l'équipe blaugrana achève sa première saison blanche depuis longtemps. Sportivement, NJ11 a vécu une année médiocre. Il a disputé 53 matches, marqué 14 buts et donné 8 passes décisives. Il est vrai que Tata l'a fait jouer plusieurs fois côté droit alors qu'il est plus à l'aise à gauche (toujours en gardant à l'esprit que la pointe de l'attaque est la chasse gardée de Messi), mais aussi que la *saudade* – la nostalgie de son pays – et la longue polémique sur son transfert ont joué contre lui, même si le joueur n'a jamais fait la tête en public. C'est un sportif d'élite, mais les critiques restent les critiques et le Brésilien en a reçu beaucoup.

L'une des plus dures est venue fin mars de la bouche de Johan Cruyff, ancien joueur et entraîneur blaugrana, et l'un des principaux opposants à Rosell. Le Néerlandais, mort en mars 2016, disait alors : « Barcelone s'est créé un problème : il a recruté un joueur de 21 ans qui gagne plus d'argent que les autres, qui a déjà tout gagné. À son âge, tout le monde doit encore apprendre, car aucun joueur de cet âge n'est un dieu. Ça n'existe pas. »

22
Mineirazo

« **A**ujourd'hui, je pourrais être dans une chaise roulante. » Neymar se présente devant les médias six jours après la blessure qui l'a écarté du mondial, « son » mondial. Il souffre d'une fracture de la troisième vertèbre et, comme il le révèle, si le Colombien Juan Camilo Zúñiga l'avait cogné « deux centimètres plus au milieu », il ne pourrait pas marcher.

À plusieurs reprises, il doit interrompre ses explications, ses yeux s'embuent et il prend une profonde inspiration pour se donner la force de reprendre. Il s'excuse auprès des journalistes à chaque fois que sa voix se brise : « C'est difficile de parler maintenant d'une action qui s'est déroulée à un moment aussi important de ma carrière », dit-il, en essayant de ne pas craquer. Il baisse la tête et porte sa main au visage pour essayer de retenir ses larmes. Silence. Ney porte un maillot de la Seleção signé par tous ses coéquipiers et une casquette de baseball portant ses initiales : NJR. Sa douleur est partagée par toute une nation qui aspirait à brandir à domicile sa sixième Coupe du monde, après celles remportées en Suède (1958), au Chili (1962), au Mexique (1970), aux États-Unis (1994) et au Japon et en Corée du Sud (2002). Les Brésiliens n'avaient qu'une option : gagner. C'est le récit d'un échec, un traumatisme collectif aussi difficile à guérir que la catastrophe du Maracanã… le mot interdit par Luiz Felipe Scolari pendant toute la compétition.

Fin mai 2014, Granja Comary

La sélection brésilienne est réunie dans ce havre de paix situé dans les alentours de la ville de Teresópolis, à quelque 80 kilomètres de Rio de Janeiro. Plusieurs millions d'euros ont été investis dans le centre d'entraînement de la Canarinha, transformé en un luxueux centre dédié à la haute performance. Les installations sont un vrai bunker. Le sélectionneur veut éviter les regards indiscrets et encore plus que les joueurs ressentent le climat lié aux manifestations contre l'organisation du mondial à travers le pays. Seuls les journalistes accrédités et les voisins qui vivent dans cette zone résidentielle aisée peuvent suivre les entraînements. Scolari a bien essayé de faire ériger un mur pour que même eux ne puissent apercevoir ses joueurs, en vain. Il veut protéger son équipe au maximum car il sait, évidemment, qu'aucune autre sélection participant à la Coupe du monde sera soumise à une si forte pression.

Le technicien accorde presque autant d'importance aux séances de travail qu'à l'entraînement mental. Il compte sur l'aide des préparateurs physiques, des kinés et de Regina Brandão, psychologue spécialiste du stress des sportifs. Ils collaborent depuis le mondial 2002 et, d'après la presse, c'est elle qui a recommandé à Felipão de ne pas retenir les vétérans Kaka et Ronaldinho. Mais à présent, la tâche est sans doute beaucoup plus compliquée. La première chose à faire est d'établir un profil psychologique des vingt-trois sélectionnés pour guider Scolari. Le technicien a une obsession : faire oublier le fantasme du « Maracanazo » (la catastrophe du Maracanã). En dépit des années écoulées, la blessure est restée ouverte. Le sélectionneur ne veut même pas entendre le mot maudit, il est allé jusqu'à l'interdire à l'intérieur de Granja Comary, mais ce n'est pas aussi simple. Tout le monde en parle, même l'ancien président Lula da Silva.

Ça n'empêche pas Neymar de se dire tranquille dans toutes ses interviews : « Je vais participer à un mondial, dans mon pays qui plus est. Je ne pourrais pas être plus heureux. » L'enfant de Mogi surprend tous les observateurs par son leadership, surtout après une saison aussi irrégulière à Barcelone. Sans l'obligation d'être au service de Messi et dans un système de jeu qui lui donne plus de liberté de mouvement, Ney est dans son élément. Mentalement, il ne pourrait pas se sentir mieux et se montre sûr de la victoire : « J'ai vu Ronaldo et Romário soulever le trophée et je veux les imiter », déclare-t-il peu avant les deux matches amicaux de la Canarinha, qui précèdent le début de la compétition, le 3 juin face au Panama, à Goiânia, puis le 6 contre la Serbie, à São Paulo. Le premier se termine sur une large victoire 4-0. Ney ouvre le score à la 27e minute et se montre décisif sur le quatrième but. Mais lors du match suivant, l'équipe de Scolari déçoit. Elle ne s'impose que sur un but de Fred et son jeu lui vaut quelques sifflets. Le numéro 10 peine à créer le danger. Sa chance tourne une semaine plus tard, lors du match d'ouverture de la Coupe du monde.

Jeudi 12 juin 2014, Arena Corinthians de São Paulo

Deuxième opposition entre le Brésil et la Croatie en Coupe du monde ; la première, en 2006 en Allemagne, était aussi un premier match de poule. Un but de Cafu avait fait pencher la balance du côté de la Canarinha. Aujourd'hui, les quintuples champions du monde reviennent conscients de leur supériorité. L'équipe de Niko Kovač s'est qualifiée en barrages mais s'appuie sur trois joueurs de grande qualité, habitués des grands rendez-vous : Luka Modrić, Ivan Rakitić et Mario Mandžukić. Dès le début du match, les Balkaniques s'approchent de la surface de Júlio César avec un tir d'Olić qui frôle le poteau. À la 11e minute, le stade se tait. Marcelo vient de marquer contre son camp ; avantage aux Croates. Aucun joueur brésilien ne s'était jamais retrouvé dans cette situation en Coupe du monde. Ça a été de la malchance, le ballon a rebondi en pleine course sur son pied droit. Le défenseur madrilène est abattu.

Mais le Brésil se reprend et cherche l'égalisation. À la 22e minute, Pletikosa détourne un tir d'Oscar, l'une des rares interventions appropriées du gardien croate. Peu après, Neymar reçoit le premier avertissement du tournoi pour un coup de coude sur Modrić mais, presque immédiatement, il marque le but du 1-1 d'un tir du gauche depuis l'extérieur de la surface. Ney montre le ciel, Marcelo souffle de soulagement. À la reprise, le Brésil baisse doucement. Son jeu ne convainc pas.

Rien n'augure du changement de rythme à venir. 68e minute, Yūichi Nishimura siffle un penalty pour une faute sur Fred que l'arbitre japonais est le seul à voir. Du gauche, Ney donne l'avantage à son équipe. Le but ranime la partie mais aucune équipe ne retrouve la cible… jusqu'au temps additionnel, Oscar creusant un écart définitif : 3-1. C'est la première victoire des hôtes mais une victoire sans brio ni génie, sans charisme mais pas sans controverse. Un seul joueur semble au niveau attendu de la part de l'unique équipe ayant participé à toutes les phases finales de Coupe du monde : Neymar Junior. Le numéro 10 est l'homme du match. Il se dit simplement « heureux ».

Mardi 17 juin 2014, stade Castelão de Fortaleza

Les pires craintes se confirment : le Brésil n'est que l'ombre de lui-même. Face au Mexique, pour la deuxième journée du groupe A, il ne peut faire mieux que 0-0. Il n'y a aucune trace de l'équipe victorieuse de la Coupe des confédérations, à peine un an plus tôt ; la qualification pour les quarts de finale est dans l'air. Les Mexicains montrent de l'envie et surtout, le gardien

« Memo » Ochoa va réaliser l'un des meilleurs matches de sa carrière. Avec quelques réflexes prodigieux, il contrarie les trois situations dangereuses que se procure le Brésil : un tir de Paulinho à la 43e minute, un autre de Neymar à la 68e, puis un tir du capitaine, Thiago Silva, sur une passe du numéro 10, à la 86e. C'est tout, peu d'émotions pour les 60 000 spectateurs qui garnissent les tribunes et les millions de téléspectateurs à travers le monde. Pendant de longues minutes, les Mexicains sont supérieurs à leurs adversaires, confisquent la possession du ballon, mais ils n'arrivent pas à concrétiser leur domination. Les Brésiliens manquent d'idées et d'imagination.

Après le coup de sifflet final, Scolari défend son plan : « 0-0 n'est jamais un bon résultat mais il est fidèle à ce qu'a été le match : très disputé. La Seleção est en pleine évolution, elle a le même système depuis vingt matches. L'équipe va bien. Les gens doivent comprendre que nous affrontons des adversaires de qualité. Être en tête du groupe ne fait pas de ce nul un bon résultat, car une équipe aurait déjà validé notre qualification, mais nous devons respecter l'adversaire, très bon. » L'enfant de Mogi reçoit des félicitations, même si on l'a déjà vu bien meilleur.

Lundi 23 juin 2014, stade national Mané-Garrincha, Brasília

« Ça a été, de loin, notre meilleur match, pas seulement au tableau d'affichage mais surtout pour ce qu'on a montré. Notre pressing a été fondamental. Notre large victoire est méritée. Nous sommes sur la bonne voie et nous progressons chaque jour. » Neymar exulte. Son équipe vient de se qualifier pour les huitièmes de finale, en battant le Cameroun 4-1 dans le dernier match de poule. Le jeune footballeur rentre la tête haute, conscient que le match aurait été bien différent sans son talent ni sa soif de réussite.

Mais, en dépit des mots enthousiastes du numéro 10, le score est un peu mensonger car sa star mise à part, le Brésil reste une sélection minée par les problèmes. Les hôtes sont totalement dépendants de l'attaquant de Barcelone. C'est lui qui ouvre le score à la 17e minute. Marcelo et Luiz Gustavo lancent la contre-attaque et Ney, toujours lui, place le ballon au fond des filets. Avec un but d'avance, le Brésil se déconcentre. On attendait à ce qu'il essaie de marquer une avalanche de buts, au lieu de ça, il laisse le Cameroun égaliser. À gauche, Allan Nyom prend le meilleur sur Dani Alves, centre vers Joël Matip qui remet les deux équipes à égalité. On joue la 26e minute. L'abattement tombe sur les tribunes brésiliennes. Mais le gamin de Mogi das Cruzes surgit à nouveau et redonne l'avantage aux siens. À 22 ans, il devient le septième meilleur buteur de l'histoire du Brésil. Dès le début de la seconde période, Fred inscrit de la tête le troisième but du match. La Canarinha finit première de son groupe.

Samedi 28 juin 2014, stade Mineirão de Belo Horizonte

Le Brésil pleure d'abord d'angoisse, puis de joie. Le huitième de finale face au Chili propose des images parmi les plus inattendues de la compétition. Les deux buts du match, un de chaque côté, sont marqués rapidement. À la 17e minute, David Luiz ouvre le score sur corner. À la 32e, Eduardo Vargas profite d'une erreur de Hulk sur une touche, trouve Alexis Sánchez, partenaire de Ney au Barça, qui trompe Júlio César d'un tir croisé. À partir de là, le Chili montre son meilleur visage tandis que le Brésil coince. Visiblement nerveux, les joueurs du pays organisateur tiennent jusqu'à la prolongation. Pendant les trente minutes suivantes, la sélection chilienne est dominée mais entrevoit la victoire lorsque Mauricio Pinilla expédie un tir sur la transversale.

La qualification se jouera aux tirs au but. C'est à cet instant que les trente-trois caméras disséminées captent une scène alarmante : Júlio César est en larmes. Et Thiago Silva, le capitaine, renonce à tenter sa chance des onze mètres, allant dans un coin du terrain pour prier. Le Brésil est paralysé par la peur. Même Neymar s'agenouille avant de tenter sa chance. « Trois pas m'ont paru trois kilomètres. Mais le plus difficile a été de m'approcher du ballon pour tirer », reconnaît-il plus tard.

Finalement, la chance se range du côté des Brésiliens (3-2) et, comme s'ils vivaient une catharsis collective, presque tous se mettent à pleurer. Le 10, épuisé, perclus de crampes, saute au cou de Scolari. Silva pleure à chaudes larmes. Même David Luiz s'enfouit le visage dans la pelouse. Émotion, tension, stress... la pression consume les joueurs brésiliens et le sélectionneur réclame à nouveau l'aide de sa psychologue avant de retrouver son prochain adversaire : la Colombie.

Vendredi 4 juillet 2014, stade Castelão de Fortaleza

Neymar se rappellera sûrement cette journée comme l'une des plus amères de son existence. Alors que tout allait bien, que son équipe avait la qualification pour les demi-finales en poche, le défenseur colombien Juan Camilo Zúñiga lui enfonce son genou dans le dos. Neymar s'effondre sur la pelouse, face contre terre et hurle de douleur, tandis qu'il se touche le dos avec la main. Marcelo le rejoint en courant et l'attaquant blaugrana lui souffle qu'il ne sent plus ses jambes. À cet instant, toute la Canarinha craint le pire. Les brancardiers l'évacuent rapidement tandis qu'il se tord de douleur. Quelques heures plus tard, les médecins confirment la fracture de la troisième vertèbre, une blessure extrêmement rare en football, qui l'éloignera des terrains entre trois et six semaines.

Pour Neymar, le mondial est terminé. La rencontre contre la Colombie restera sa dernière du tournoi. Incroyable si l'on pense que le Brésil vient de jouer son meilleur match. Après les doutes, toutes les erreurs, le Brésil donne le meilleur de lui-même contre une équipe colombienne repoussée dans les cordes pendant près de 90 minutes. Même Thiago Silva obtient le pardon du public après avoir refusé de tenter un tir au but contre le Chili. C'est d'ailleurs le capitaine qui ouvre le score, à la 6e minute, d'un tir qui rebondit sur sa cheville au deuxième poteau. Le second est l'œuvre de David Luiz : un fabuleux coup franc à trente mètres.

C'est la 68e minute et le match semble déjà joué ; mais moins de dix minutes plus tard, Júlio César déséquilibre Bacca dans la surface, l'arbitre siffle un penalty transformé par James Rodríguez. La Colombie reprend espoir mais le score n'évolue plus : 2-1 à l'issue d'un match doux-amer pour les Brésiliens. Dans les quelques jours les séparant de la demi-finale, Scolari a une mission quasi impossible : convaincre son équipe qu'elle peut gagner sans Neymar.

Mardi 8 juillet 2014, stade Mineirão de Belo Horizonte

« Massacrés »... le titre de *Folha de S. Paulo* résume parfaitement les 90 minutes les plus infernales de l'histoire du football brésilien. Personne ne doutait que le match contre l'Allemagne allait être très compliqué, allant jusqu'à faire de la Mannschaft la favorite, surtout en l'absence de Neymar. Mais ce que personne, absolument personne, n'avait imaginé, c'était un autre « Maracanazo », encore plus douloureux et humiliant que le précédent.

Le carton allemand démarre dès la 11e minute, grâce à un but sur corner de Thomas Müller, laissé seul au deuxième poteau par une défense brésilienne totalement désorganisée... et le match commence à peine. Les Brésiliens n'ont pas le temps de réagir que Miroslav Klose double la mise, devenant par la même occasion le meilleur buteur de l'histoire des Coupes du monde. Deux minutes passent avant le 0-3, soixante secondes de plus pour le 0-4, tous les deux signés Toni Kroos. On atteint tout juste la demi-heure de jeu lorsque Sami Khedira ajoute le cinquième. En moins de trente minutes, l'Allemagne détruit sans pitié son adversaire. Le Brésil, qui totalise le plus grand nombre d'étoiles de champion du monde sur son maillot, est puni.

La seconde période perd en intensité mais n'en est pas moins cruelle pour la Canarinha. André Schürrle, à peine entré en jeu, marque le but du 0-6 avant de s'offrir un doublé à la 79e. C'est l'instant où Neymar éteint la télévision. Il regarde le match chez lui, au milieu de sa famille et de ses amis. D'après le site UOL Esporte, incrédule devant les évènements à Belo Horizonte, il s'emporte : « Ça suffit, je ne veux plus voir cette merde ! Allons jouer au poker. » Ney ne voit donc pas Oscar sauver l'honneur du Brésil dans les dernières secondes.

Samedi 12 juillet 2014, stade national Mané-Garrincha de Brasília

L'enfant de Mogi réapparaît sur un terrain. Il est blessé mais tient à soutenir ses coéquipiers après ce qu'on a appelé le « Mineirazo ». Il reçoit l'ovation du public présent et, après avoir observé l'échauffement pendant quelques instants, il s'assoit sur le banc.

Le Brésil est encore en état de choc. Pour un pays à ce point nourri de football, impossible de digérer la déroute infligée par l'Allemagne. Des désordres et des pillages ont été constatés dans des villes comme Rio de Janeiro. Dans la rue, dans les médias et sur les réseaux sociaux, les joueurs et l'entraîneur sont la cible de critiques et d'insultes. Seul Neymar est épargné. L'attaquant revient assumer son rôle de leader et réclame à son pays de ne pas tourner le dos à la Canarinha : « Nous devons aborder ce match comme si c'était la finale et finir la Coupe du monde sur une note positive, en gagnant. Ça n'effacera rien, la douleur sera toujours là, mais c'est important », exhorte-t-il pendant la conférence de presse organisée à Granja Comary à la veille du choc pour la troisième place contre les Pays-Bas.

Cette petite finale ne sert à rien et personne n'a envie de la jouer. Ney assure qu'il n'a « pas honte » d'appartenir à une sélection qui vient de subir une défaite 7-1, mais il ignore encore que la Canarinha va endurer un autre calvaire : les Pays-Bas marchent sur les joueurs de Scolari. Même lui est incapable de supporter et plusieurs fois, pendant la rencontre, il se cache le visage dans son maillot. Dès la 1re minute, l'arbitre sanctionne Thiago Silva d'un penalty pour une faute sur Robben. Van Persie ouvre le score. Difficile de rattraper un départ aussi calamiteux, surtout de la part d'une sélection donnée pour morte. Blind marque à la 15e minute, Wijnaldum à la 91e (0-3, score final) ; le public siffle chaque fois qu'un de ses joueurs touche le ballon, puis en l'absence des joueurs brésiliens pendant que les Néerlandais reçoivent leur médaille. En conférence de presse, Neymar interrompt Luiz Felipe Scolari pour l'étreindre. Quelques jours plus tard, l'alchimiste de la victoire en Corée du Sud et au Japon en 2002 quitte son poste. Il faut tout reprendre à zéro.

23
100 % culé

Comme quand il était petit. Le même bandeau sur le front et les mêmes mots : « 100 % Jésus. » Le premier, c'est sa mère qui lui a noué, pour que Dieu le protège. Il le portait à chaque match. Cette fois, il a attendu que l'arbitre donne le coup de sifflet final. C'est donc avec son bandeau qu'il monte chercher la Ligue des champions que le Barça vient de remporter à Berlin aux dépens de la Juventus. Sa façon à lui de montrer sa gratitude après le match le plus important de sa vie.

« Aujourd'hui, c'est sans aucun doute le meilleur moment de ma carrière. Ce jour va rester gravé », parvient-il à articuler après une heure de fête à la sortie du terrain. Neymar est très ému, l'euphorie est à son comble et il a fondu en larmes, accroupi sur la pelouse, priant, le visage fermé, presque à l'endroit où il a marqué le dernier but du match. « J'ai vu que mes amis étaient là. J'ai pleuré car j'ai repensé à tout ce qui s'est passé, à mes rêves avec mon fils, à l'effort, l'effort de famille… » justifie-t-il. Le Brésilien montre un visage humble, ému, mais sans oublier une pointe de défi : « Je crois qu'il n'y a plus rien à dire, plus rien à dire sur moi. »

Ligue des champions, Liga et Copa del Rey. Barcelone finit la saison 2014-2015 sur un deuxième triplé en cinq ans. Aucune équipe n'y était parvenue. Comme aucun joueur n'avait réussi ceci : gagner une Coupe d'Europe et une Libertadores en marquant dans les deux finales. Le 6 juin 2015, le Brésilien est l'un des piliers de la victoire blaugrana. Il prend part au premier but, en marque un refusé pour une main involontaire mais finit par inscrire celui du 1-3 dans les derniers instants de la rencontre. Il conclut une action très rapide qui surprend le gardien de la Juve, Gianluigi Buffon, hors de la surface. Leo Messi est trouvé au milieu du terrain et passe au numéro 11 qui emmène le ballon jusqu'à l'entrée des seize mètres. Là, il réussit un une-deux avec Pedro et son tir du droit finit au fond des filets.

« Ça a été une grande saison, avec une progression très intéressante en termes de statistiques et de rendement, qui confirment qu'il est devenu l'un des meilleurs », dit de lui l'entraîneur culé, Luis Enrique, lors de la conférence de presse qui suit le triomphe dans la capitale allemande. Pour sa deuxième année à Barcelone, Neymar a joué 50 matches, 4 152 minutes au total, et il a marqué 38 buts, dont 10 en Ligue des champions. Soit autant que Leo Messi et Cristiano Ronaldo. Les trois se partagent la première place du classement des buteurs de la plus grande des compétitions des clubs. Ney est déjà à la hauteur des meilleurs. Le footballeur de Mogi das Cruzes a rempli ses devoirs, le club peut être soulagé.

Cela a sans doute été une saison très différente de sa première au Barça. Le 11 août 2014, le Brésilien s'entraîne déjà avec ses coéquipiers après avoir laissé derrière lui l'un des pires moments de sa carrière, à la suite de l'action brutale du Colombien Carlos Zúñiga, qui a mis fin à sa Coupe du monde, et il entame la nouvelle saison avec une énergie retrouvée, et aussi en célibataire. Ney et Bruna Marquezine ont rompu. Leur relation a connu dès le début des hauts et des bas et cette fois, elle semble finie pour de bon. La raison ? Elle voulait semble-t-il se marier, un engagement trop important pour lui. « Non. Nous ne sommes plus ensemble. J'ai beaucoup de tendresse pour lui, c'est un garçon que j'aime beaucoup », assure l'actrice dans l'émission *Fantástico*, sur la chaîne brésilienne Globo.

L'exposition médiatique du garçon est énorme. Il a 52 millions de followers sur Facebook, plus de 23 sur Instagram, près de 19 sur Twitter. Sa vie et son image sont plus vendeuses que ses succès sportifs, un constat préoccupant à Can Barça, où l'on veut, ou plutôt où l'on a besoin, que le Brésilien soit concentré pour donner le meilleur de lui-même sur le terrain, afin d'améliorer les médiocres résultats de la saison précédente. Autrement dit, il est urgent d'amortir l'investissement économique et surtout de faire oublier avec des buts le surcoût correspondant aux irrégularités présumées dans son contrat. Son grand ami Dani Alves est l'un des rares à penser que ce sera l'année de Ney : « Il a eu besoin de temps pour s'adapter, c'est cette année que l'on va vraiment voir ses qualités, car il s'entend de mieux en mieux avec Leo et les joueurs derrière eux. »

Ce sera effectivement la clé : sa connexion avec Messi. Un lien renforcé visible dès le deuxième match de Liga contre Villarreal, le 31 août. Ney débute sur le banc et n'entre qu'après la pause. Après deux erreurs initiales, il adresse une passe magique à Lionel, qui place le ballon entre les jambes du gardien avant que Sandro le pousse au fond des filets pour le 0-1. Mais Neymar est aussi le protagoniste d'une scène inquiétante. Pendant son échauffement, au lieu de se concentrer totalement sur sa prochaine entrée en jeu, le môme se disperse en signant des autographes aux spectateurs. Trop gentil, trop marketing ou irresponsable ?

Mais si la presse espagnole épie chaque geste du crack, le sélectionneur du Brésil, lui, n'a aucun doute le concernant. De fait, en septembre, Dunga le nomme capitaine à la place de Thiago Silva, écarté temporairement sur blessure : « C'est une référence, un joueur de qualité malgré son jeune âge. Il a de l'expérience et sait garder son sang-froid », argumente le technicien. Quelques jours plus tard, les mots de Dunga prennent tout leur sens sur la pelouse du Camp Nou. Ney, encore remplaçant, fait taire les critiques avec un doublé en cinq minutes face à l'Athletic Bilbao, les seuls buts du match, sur des passes de Leo.

Le Brésilien n'avait plus marqué en championnat d'Espagne depuis le 26 mars précédent.

Le duo avec Messi fonctionne. Troisième victoire en trois journées pour les blaugranas, aucun but encaissé. Du jamais-vu depuis 1985. « Je suis ravi d'avoir marqué deux fois », sourit Neymar, tout en reconnaissant qu'il n'est pas encore « à 100 % mais espère l'être bientôt ». Il assure être désormais plus habitué au rythme de la Ciudad Condal (« L'adaptation était très importante ; à présent, je suis plus heureux et j'espère être meilleur ») et n'hésite pas à évoquer Lionel : « C'est un privilège de jouer avec lui, un crack, le meilleur au monde. » Ils se connaissent « beaucoup mieux » et Ney se dit convaincu que leur relation n'en est qu'à ses débuts.

Mais, lors des semaines suivantes, il devient clair que la relation entre le vestiaire blaugrana et l'entraîneur s'est dégradée. La raison ? Les aléas des compositions d'équipe. À chaque match, le nouvel entraîneur, Luis Enrique, tente des combinaisons différentes, car il veut que chaque joueur, sans exception, gagne sa place. Une stratégie qui ne fait que décupler la faim de buts de Ney. Le dimanche 21 septembre, à 21 h 23 exactement, le Brésilien montre la voie dans l'avalanche de buts à domicile contre Levante (5-0). Sur une nouvelle passe décisive de Leo. Mais il ne termine pas la rencontre : « Sa cheville a doublé de volume récemment à la suite d'une entorse donc nous l'avons remplacé », explique Luis Enrique. Rien de grave, il revient en pleine forme quelques jours plus tard.

De fait, le 27 septembre, il réussit son premier triplé en Liga. La victime s'appelle Grenade. Son théâtre, le Camp Nou (6-0, score final). Le premier but du match arrive à la 26e minute. Neymar profite d'une passe ratée d'un milieu adverse pour marquer le 1-0. Peu avant la pause, le Brésilien refait mouche. Leo trouve Munir El Haddadi, le gardien andalou repousse mais Ney, en pleine course, ne rate pas l'occasion. Le dernier but est le fruit de l'association Messi-Neymar : passe décisive de l'Argentin, remerciements du Brésilien qui serre le numéro 10 en le soulevant du sol. Les journalistes commencent à parler du « couple heureux ». À eux deux, ils ont marqué onze des dix-sept buts marqués par le Barça lors des six premières journées de Liga (six pour Ney, cinq pour Messi).

« Neymar est un vrai crack. Je ne juge pas les attaquants au nombre de buts qu'ils marquent mais à leur prédisposition au travail, leur capacité d'adaptation, leur désir de bosser au jour le jour, et de ce point de vue, Neymar est redoutable », dit Andoni Zubizarreta, le directeur sportif du club.

Mais le bonheur est fragile. Le 30 septembre, les culés tombent en Ligue des champions, 3-2 contre le Paris Saint-Germain dans le groupe F. Ney inscrit le second but barcelonais mais il est discret, comme l'ensemble de l'équipe. Le lendemain, son père comparait devant le tribunal pour expliquer les irrégularités présumées du club à l'occasion du transfert. La manœuvre aurait eu un but précis : mentir à Messi pour qu'il continue de se croire le mieux payé du vestiaire.

Pendant deux heures, Neymar da Silva Santos tente de convaincre le magistrat que tout a été fait dans le respect de la loi, que les entreprises qui ont reçu une partie de l'argent existent bien et sont légales, pas une façade pour éviter de déclarer la somme totale comme salaire et ainsi détourner une partie des revenus au fisc. Il ajoute une déclaration surprenante : les Neymar ont privilégié Barcelone alors que Madrid offrait beaucoup plus, concrètement 150 millions d'euros. La raison ? Le projet présenté par Can Barça était plus intéressant pour l'avenir du joueur. Pour ce dernier, tout ce processus est un mauvais coup qui le poursuit depuis son arrivée à Ciudad Condal et le poursuivra encore toute la saison.

Et malgré tout, il n'arrête pas de sourire et de partager sur les réseaux sociaux les bons côtés de sa vie, à l'image de la vidéo où on le voit chanter – assez mal, certes – dans une voiture. Ou cette autre où il fait le copilote pour le champion de rallye 2013 et 2014 Sébastien Ogier, une expérience qui le rend nerveux à certains moments, mais qui s'achève comme toujours dans un éclat de rire.

Sur la pelouse, la plus grande partie du mois d'octobre est à marquer d'une pierre blanche. Le 14, il réalise l'un de ses meilleurs matches internationaux en marquant quatre buts au Japon. À seulement 22 ans, il totalise déjà 40 buts en 44 sélections. Lui-même a du mal à y croire : « Je ne connais pas mes limites. Ça me donne la chair de poule. C'est une grosse émotion, un bonheur immense. Je n'y aurais pas songé, même dans mes rêves les plus fous. Je suis heureux et je remercie Dieu. »

Avec le Barça aussi, il gagne et marque dans tous les grands matches... jusqu'au 25 octobre, date du premier Clásico face au Real Madrid, à Santiago-Bernabéu. Pour la première fois, l'attaque barcelonaise réunit Neymar, Messi et Luis Suárez, qui débute avec sa nouvelle équipe après la longue suspension reçue pour avoir mordu Giorgio Chiellini lors du mondial au Brésil. Cependant, les trois as sont broyés par l'efficacité madrilène. Les merengues remportent le premier duel de la saison 3-1. Le but de Neymar, qui sauve à peine l'honneur, avait été le premier de la rencontre et augurait alors d'une victoire facile. Finalement pas. Lucho lui adresse une longue ouverture, le Brésilien contrôle le ballon à l'entrée de la surface, feinte deux défenseurs et marque. On joue depuis seulement quatre minutes. Mais Barcelone ne fera pas beaucoup plus. Le lendemain, la performance du gamin est jugée la meilleure de son équipe. Moyenne plus.

Entre les matches, la presse s'intéresse aussi à sa vie privée. Beaucoup de monde parle de lui et de la relation qu'il aurait avec Soraja Sara Vučelić, exubérant mannequin de seize ans son aînée, ancienne concurrente de *Big Brother* en Serbie, connue comme « la Kardashian des Balkans ». Ils se sont visiblement connus à Ibiza et le joueur lui a envoyé un jet privé pour lui rendre visite à Ciudad Condal. Vrai ou pas, la jeune femme finit par faire la une du magazine people *Interviú*, sortant de l'eau topless... Mais Soraja n'est pas la seule liaison attribuée à Neymar. On parle aussi d'un flirt à Barcelone avec une jeune avocate catalane qu'il aurait commencé à draguer sur Twitter. Et comme il ne pouvait pas en aller autrement, une troisième entre en scène : Patricia Jordane, top model brésilien qui va évoquer leur relation dans les colonnes de *Playboy*. Le footballeur ne confirme pas, ne dément pas, son entourage en revanche est catégorique : « Elle ment. Neymar est célibataire. »

Neymar démarre par un accroc, une défaite 0-1 contre le Celta Vigo et la perte de la première place au profit du Real Madrid. Deuxième défaite consécutive en championnat après le choc perdu à Bernabéu. Sans convaincre, l'équipe remporte tous ses matches suivants du mois bien qu'à la 11e journée, à Almería, se déroule une scène inhabituelle : le Brésilien passe la première période sur le banc. De là, il voit son équipe souffrir et encaisser un but. Après la pause, Luis Enrique change de stratégie et le lance. Une demi-heure plus tard, c'est lui qui égalise. Après un début pénible, le match – « notre pire prestation », affirme le technicien – se termine sur le score de 1-2. La journée suivante, contre Séville, le Brésilien participe à la fête avec un nouveau but. Une fête pour le résultat, 5-1, et parce que son coéquipier Messi devient le meilleur buteur de l'histoire de la Liga. Comme la semaine d'avant, Neymar fait la différence dans un moment crucial. Les visiteurs viennent d'égaliser mais, deux minutes plus tard, il redonne l'avantage aux siens, une réaction au moment adéquat qui ouvre la voie à la large victoire finale.

Le 6 décembre, le Barça tombe le Paris Saint-Germain, termine en tête du groupe F et se qualifie pour les huitièmes de finale de la Ligue des champions. C'est la première fois que le trident Ney, Messi et Luis Suárez marque dans le même match. 3-1. Mais on ne reverra plus le Brésilien sur un terrain avant le 20 du même mois, d'abord en raison d'une gêne à la cheville gauche, ensuite parce que l'entraîneur choisit de le reposer. Il revient pour le match face à Cordoue, comme remplaçant. Depuis la touche, il écoute la bronca du public en première période. Le résultat de l'équipe est éloquent, 5-0, mais quelque chose cloche avec le Barça de Luis Enrique.

Même dans ces circonstances, l'année se finit bien pour Ney. *L'Équipe* l'inclut dans son équipe idéale, ajoutant qu'il a « souvent sauvé son équipe de la médiocrité ». Dans une interview à

Globo Esporte, le Brésilien reconnaît qu'il est « très heureux » mais n'a pas encore atteint ses objectifs : « Je grandis chaque jour, chaque saison. Je crois que c'est une bonne expérience. J'ai été heureux à Santos mais j'avais besoin de respirer un autre air, de relever de plus grands défis et j'espère que je continuerai d'être heureux. » Bien sûr, il ressent la pression quand on parle de lui mais ce n'est pas ce qui le motive à se dépasser : « Le seul qui me donne envie de faire mieux, c'est mon père. Son influence sur moi est bien plus grande que n'importe quelle autre, mais je reste tranquille, libre de faire mon travail. »

Ney part en vacances avec le sentiment du devoir accompli. Mais à son retour, une crise éclate à l'intérieur du vestiaire. Le Brésilien démarre le mois de janvier comme remplaçant, tout comme Messi et Dani Alves. Une punition pour être rentré en retard, même s'il avait obtenu l'accord du club. Luis Enrique calme le jeu, assurant que ce n'est pas une leçon : « J'ai pris cette décision pour éviter le moindre risque, car ces joueurs ont eu moins d'entraînements et ont fait un long voyage. » Sans ses cracks, le match à Anoeta contre la Real Sociedad se transforme en catastrophe. Le Brésilien entre à la 58e minute mais le résultat est déjà là. Les blaugranas, en chasse derrière le Real Madrid, s'inclinent sur un but contre leur camp. Neymar Junior ne cadre pas une fois. Ce n'est pas une lourde défaite mais l'image laissée sur le terrain est lamentable. Les joueurs n'ont pas le moral. Peu après, la presse révèle qu'à la suite de ce mauvais pas, quelques joueurs ont créé un groupe WhatsApp pour tenter de changer le comportement de l'équipe. Le premier message posté est incisif : « Si nous continuons ainsi, il est clair qu'on ne gagnera rien cette année. » Partant de là, les choses s'améliorent petit à petit.

Quatre jours plus tard, le 8 janvier, toutes les stars culées sont titularisées en huitième de finale de la Copa del Rey face à Elche, une nouvelle fessée (5-0) contre, certes, la lanterne rouge du championnat, et Ney marque les premier et dernier buts. Alors que la saison ne se termine que dans plusieurs mois, l'enfant de Mogi das Cruzes vient de dépasser son total de la saison précédente : déjà 16 buts, un de plus.

Il augmente son total au fil des matches. Prochain rendez-vous, à domicile, contre l'Atlético Madrid. C'est la 18e journée. 3-1. Après une minute de silence en hommage aux victimes de l'attentat contre *Charlie Hebdo* où tous les spectateurs, présidents des deux clubs inclus, tiennent des pancartes où l'on peut lire « Je suis Charlie », Neymar ouvre le score à la 12e minute. Messi se défait de trois défenseurs dans la surface, passe à ras de terre, Luis Suárez n'arrive pas à frapper mais le Brésilien surgit au deuxième poteau. Arrive ensuite une action polémique, un coup de l'Uruguayen José Giménez sur Neymar. Le coup est tellement puissant que le Brésilien a la cheville ensanglantée. Mais l'arbitre ne siffle pas la faute. Ney, cette saison, a provoqué 69 fautes en 1 563 minutes de jeu, soit une toutes les 22 minutes. Il est de loin le Barcelonais le plus chahuté : « Mon père me dit toujours que j'aime le ballon plus que le football. Petit, je passais tout mon temps à dribbler les meubles à la maison. Le football, surtout le football brésilien, est une tentative d'être heureux. Et les gris-gris font partie de notre culture. J'ai appris à me défendre contre les défenseurs qui essaient de m'attraper », explique-t-il au magazine *Forbes*, qui vient de l'inclure parmi les trente personnalités de moins de 30 ans les plus influentes du sport.

Au-delà des buts, du beau jeu et d'une polémique, le match laisse une image plus forte : Neymar, Messi et Lucho euphoriques, s'étreignant et s'embrassant pour fêter le troisième but de la partie, inscrit par l'Argentin. Un moment qui reflète la connivence entre les trois, leur excellente entente : « Il est rare qu'un Argentin, un Uruguayen et un Brésilien s'entendent aussi bien, mais c'est ainsi », résume Neymar. « Nous avons une belle relation et, quand des footballeurs s'entendent bien en dehors du terrain, ils combinent d'autant mieux sur le terrain », ajoute Messi. On raconte que les barbecues ont joué un rôle important dans la naissance de cette amitié. Son compatriote Javier Mascherano explique qu'ils se sont souvent réunis, ont passé du temps ensemble et en famille, à déguster des grillades, comme aiment le faire les Argentins, Brésiliens et Uruguayens. On dit aussi qu'un jour, Leo a demandé à Ney de cesser de le respecter autant, d'être lui-même et de marquer plus de buts. Aussitôt dit, aussitôt fait.

Le triomphe face à l'Atlético a calmé le jeu dans le vestiaire blaugrana. De fait, Neymar n'hésite pas à assurer, en se référant à la critique sur les rotations de Luis Enrique, que la mauvaise passe « est passée » et que désormais, les joueurs sont « à nouveau ensemble » : « Je suis très content. Nous devons mouiller le maillot sur le terrain. Ça a été un très bon match. Nous l'avons réussi tous ensemble », assure-t-il. Mais, dès la journée suivante, le sourire sur son visage est effacé en un instant. À la 70e minute du match contre le Deportivo La Corogne, au Riazor. Barcelone gagne alors 0-3 (0-4, score final) et l'entraîneur décide de remplacer Neymar par Pedro. Ney ne cache pas son agacement en rejoignant le banc, il ne regarde même pas le coach. Il s'assoit, enlève ses gants et les jette par terre. Cette saison, Neymar a disputé 16 matches de championnat sur 19, mais seulement sept en intégralité. Il a débuté quatre fois sur le banc et a été remplacé à cinq reprises. Neymar n'aime pas sortir en cours de jeu et l'a encore montré de la pire des manières : « Je n'aime pas sortir, je veux tout le temps jouer, être sur le terrain », a-t-il souvent répété. Mais cette fois ne sera pas la dernière...

Fin janvier, la presse et les aficionados ont succombé aux coups de génie du joueur. Pour *Marca*, le Brésilien est « la sensation de ce Barça ». Et il le sait : « Je me sens important », reconnaît-il à l'occasion d'une campagne publicitaire. Il ajoute : « Je suis plus à l'aise dans cette deuxième saison. Je joue, je marque, ma confiance augmente, mes coéquipiers m'aident. Je traverse la meilleure période depuis mon arrivée à Barcelone. » Il apporte une nouvelle démonstration le 28 janvier. Le Brésilien est le bourreau de l'Atlético Madrid et envoie son équipe en demi-finale de la Copa del Rey (2-3 score final, 2-4 cumulé). Ney désespère les défenseurs rojiblancos, les tribunes le conspuent. C'est un choc à haut voltage qui se termine avec Arda Turan jetant un protège-tibia sur l'arbitre assistant. Le jeune homme est aussi au centre d'une bagarre avec plusieurs joueurs adverses, sur le chemin des vestiaires, à la mi-temps, provoquée par des gestes sur la pelouse.

« Il a une étrange façon de jouer quand il gagne. Personne n'apprécie mais il reste sur le terrain. Il se permet des gestes quand son équipe est devant mais voilà ce qui arrive », lui reproche plus tard le capitaine de l'Atlético, Gabi. Son entraîneur le défend : « Si tu enlèves le football ou la samba à un Brésilien, ce n'est plus un Brésilien. Il ne conçoit pas le football comme nous. » « Neymar est un type très humble, simple, qui aime jouer au foot de cette façon. Ceux qui le connaissent le savent. Ses gestes n'ont pas pour but de manquer de respect à qui que ce soit. Il ne donne pas de coups, n'insulte personne », justifie son coéquipier Jordi Alba. Au contraire, Neymar est lui-même victime d'un très vilain geste. Juanfran lève devant lui sept doigts symbolisant l'humiliation de la Coupe du monde, le 7-1 de l'Allemagne contre le Brésil.

La saison avance et le trio offensif continue de faire mal. Le 4 mars, les culés se qualifient pour la finale de la Copa del Rey sans laisser aucune chance à Villarreal (6-2 au total). Le 8, après une victoire 6-1 contre le Rayo Vallecano – sans Ney, suspendu –, ils reprennent la tête du classement au Real Madrid. Puis, une semaine plus tard, ils se qualifient pour les quarts de finale de la Ligue des champions aux dépens de Manchester City (3-1). Mais le foot européen n'est pas toute sa vie. Le gamin se paie le luxe de passer à la version américaine et accepte de relever le défi de Starclub Challenge : battre le record de lancer de la NFL, 64 yards. Il ne s'en sort pas mal du tout. Avec le ballon de football américain, il atteint les 50 yards et, avec son ballon rond habituel, il tape à 60. Le record n'est pas passé loin.

Nous sommes déjà en avril, l'équipe blaugrana enchaîne les victoires, excepté un nul contre Séville (2-2, en Andalousie), où l'on revoit le pire de Neymar. Il a signé le deuxième but barcelonais d'un superbe coup franc, s'enlevant une épine du pied :

il n'avait plus marqué depuis un mois et demi. Mais, à quinze minutes de la fin de la rencontre, avec un but d'avance pour les culés, l'entraîneur décide de le remplacer. Il obéit mais de très mauvaise grâce, fait des simagrées avec les mains, protestant, sous le regard de ses coéquipiers assis sur le banc, jetant ses crampons par terre... obligeant les assistants à les ramasser. Une colère d'enfant gâté. Trois jours plus tôt, au Camp Nou face à Almería, il avait déjà manifesté sa mauvaise humeur de n'avoir pas joué : « Ces bêtises ne m'intéressent pas. Je me concentre sur le football. On en fait beaucoup sur ces choses-là mais ça ne sert à rien », répond Luis Enrique sans sourciller, avant d'ajouter : « Je comprends que les joueurs veuillent jouer tout le temps. Mais eux doivent comprendre que je suis l'entraîneur et que c'est moi qui prends les décisions. »

Le mois s'achève sur la qualification pour les demi-finales de la Ligue des champions aux dépens du Paris Saint-Germain, en grande partie grâce à la performance de Neymar, auteur d'un but à l'aller et d'un doublé au retour (5-1 au total) : « Je suis très heureux de la saison et d'aider mes coéquipiers. On doit continuer comme ça pour atteindre notre objectif, à savoir disputer la finale de la Ligue des champions. » C'est chose faite à l'issue de la double confrontation face au Bayern Munich de l'ancien entraîneur blaugrana Pep Guardiola (3-0 à Barcelone, 3-2 au retour, trois buts au total pour Neymar).

Le 17 mai, Barcelone remporte son premier trophée de la saison. Lors de l'avant-dernière journée, il conquiert le championnat sur la pelouse de l'Atlético Madrid grâce à un but en solitaire de Messi. Le Brésilien se procure plusieurs occasions mais ses tentatives sont détournées. En revanche, il ne rate pas la cible en finale de la Copa del Rey, deux semaines plus tard. Le 30 mai au Camp Nou, face à l'Athletic Bilbao, un match qui a commencé par l'hymne national sifflé par les supporters des deux équipes, puis dominé par le Barça du début à la fin. Une finale qui offre un parallélisme étonnant avec celle de la Ligue des champions, tant pour le score (1-3) que pour le but refusé à Neymar, en l'occurrence pour un hors-jeu inexistant.

Mais comme à Berlin, le footballeur de Mogi das Cruzes se reprend et marque un deuxième but dans ce match qui porte son empreinte. Il arrive à la 36e minute, après des touches de balle successives de Rakitić, Messi et Suárez, qui se soldent par une frappe de Neymar dans le but vide.

Le Brésilien se retrouve aussi au cœur d'une polémique. Le match joué, il tente un coup du sombrero qui provoque l'indignation des Basques. Une faute interrompt l'action, Neymar s'effondre et plusieurs adversaires l'entourent pour lui reprocher son comportement et, aussi, lui glisser une taloche. Pour eux, son acrobatie est une façon de se payer leur tête en plus de la défaite. S'ensuit une mêlée sur le terrain. Après la rencontre et la remise aux Barcelonais de leur 26e Copa del Rey, Luis Enrique partage son mal-être : « Dans le football espagnol, c'est mal vu. Je dirais la même chose, ou peut-être pire, si c'était un joueur de l'Athletic qui l'avait fait. C'est peut-être normal au Brésil mais il faut saisir le contexte, il n'a pas cherché à humilier son adversaire. À l'avenir, on essayera de contrôler ça. »

Mise à une part une polémique isolée ici ou là, Ney boucle une saison luxueuse au sein du meilleur Barça de l'histoire. Son alliance avec Messi et Suárez, la fameuse MSN, a donné 122 buts. Le crack a définitivement laissé la *saudade* derrière lui.

En revanche, le « cas Neymar » est toujours présent. Dans les mois suivants, le joueur devra témoigner devant la justice de son pays suite à la plainte déposée par le groupe DIS, propriétaire de 40 % de ses droits et qui réclame plus d'argent que ce qu'il a perçu pour son transfert étant donné que Barcelone a finalement payé plus que le montant annoncé. Santos, son ancienne équipe, a aussi déposé un recours auprès de la FIFA, contre le club catalan, Neymar et son père. Et le président culé, Josep Maria Bartomeu, son prédécesseur Sandro Rosell et le club seront dans le box des accusés en Espagne pour fraude fiscale présumée. Un problème judiciaire qui restera bien présent tout au long de la troisième saison du Brésilien à la Ciudad Condal.

24

La confirmation

À l'image apparaissent, de gauche à droite, Cristiano Ronaldo, Leo Messi, Antonella Roccuzzo, la fiancée de l'Argentin, et lui. Deux ans et demi après son arrivée à Barcelone, il est assis parmi les grands, leur parle d'égal à égal. Il sait qu'il ne gagnera pas le Ballon d'or cette fois, mais sa présence est un premier avertissement. Au gala de remise du trophée, le 11 janvier 2016 à Zurich, tout le monde est d'accord : l'avenir appartient au Brésilien. Et Ney accepte l'augure avec le naturel qui le caractérise, sans perdre le sourire dans son costume flamboyant. Si les années précédentes, Messi apportait la touche de couleur, c'est lui cette fois qui porte la tenue la plus voyante : costume bleu foncé, gilet en velours noir, chemise blanche, nœud papillon orné de petits dessins... et chapeau : « Je n'ai jamais joué pour devenir le meilleur du monde ou remporter le Ballon d'or. J'ai joué pour m'améliorer, atteindre mes propres objectifs. Être le meilleur du monde n'est que la conséquence de ce travail. Si l'on en parle aujourd'hui, c'est parce que je travaille comme il faut », explique le numéro 11 blaugrana.

En Suisse, Ney profite de l'annonce des trois finalistes (le trident tout entier – Messi, Luis Suárez et lui – mériterait d'être finaliste du Ballon d'or) pour saluer non seulement le génie de

Leo, mais aussi celui de son rival madrilène CR7 : « J'ignore si je suis au même niveau que Messi ou Cristiano, que j'admire énormément. Petit, je les ai vus jouer et c'est formidable pour moi d'être ici à leurs côtés. Chacun écrit sa propre histoire et se fixe ses objectifs. Leo comme Cristiano ont écrit des pages d'histoire. Je vois Leo chaque jour, j'admire le joueur et l'homme. Il est très serein et c'est un ami. Cristiano Ronaldo, je le suis à la télévision. Mais eux viennent ici depuis huit et neuf ans et j'espère un jour les imiter, chercher à battre leurs records. »

Les votes montrent que l'objectif n'est plus si lointain mais qu'il reste du chemin à parcourir : son coéquipier du Barça recueille 41 % des suffrages, 27 % pour le merengue et 7 % pour Neymar. Mais ce n'est qu'une première prise de contact, le gamin ne cache pas son ambition : « Je reviendrai. »

Qui aurait dit qu'il vivrait, six mois plus tard, un moment de bonheur absolu ? En juin, ça semblait impossible. Sa seule préoccupation était alors d'éviter une autre catastrophe avec la Seleção, un autre Mineirazo après le traumatisme infligé par l'Allemagne au mondial. Il faut restaurer la confiance, l'estime de soi et surtout la connexion avec le but. Pour y parvenir, Carlos Caetano Bledorn Verri, dit Dunga, compte sur Neymar. Le sélectionneur de la Canarinha a placé tous ses espoirs dans un jeu défensif d'un côté et la magie du jeune footballeur blaugrana de l'autre, pour soulever la Copa América 2015 ou, au moins, partir la tête haute.

Le 14 juin, l'équipe entre sur la pelouse de La Serena, au nord du Chili. Premier adversaire : le Pérou, équipe modeste mais seulement en apparence car le match confirme que le Brésil ne fait plus peur, même s'il parvient à s'imposer in extremis. Les commentateurs n'ont aucun doute : Ney joue un niveau au-dessus de ses coéquipiers. Le premier but de son équipe sort de ses pieds, à la 5e minute, un but de la tête indispensable pour réveiller les siens, qui avaient subi l'ouverture du score dès les premiers instants du face-à-face, par Christian Cueva. Sans tactique plus élaborée que passer tous les ballons au numéro 11 du Barça. Tout dépend de lui. Il ne déçoit pas :

il marque, tente 19 dribbles (soit davantage que pendant tout le tournoi en 2011), cadre six frappes, se permet un double coup du sombrero et donne une passe décisive à Douglas Costa dans le temps additionnel.

Une victoire à l'agonie, mais Ney fait encore rêver. À 23 ans, il devient le plus jeune joueur à atteindre un total de 44 buts sous le maillot brésilien et n'est plus devancé que par quatre joueurs au classement historique des buteurs : Pelé, Ronaldo, Zico et Romário. Le môme est le grand espoir de son pays, un super génie du ballon, un type sympa et charismatique mais qui, quelquefois, se laisse emporter par son tempérament. On peut alors voir le pire de Neymar. Par exemple, le 18 juin, lors du match suivant face à la Colombie, qui se termine sur une défaite brésilienne (0-1) et l'adieu anticipé de la star. Pas sur blessure, comme à la Coupe du monde, mais pour un dégoupillage injustifié. Au coup de sifflet final, Ney sait qu'il sera suspendu pour le match suivant contre le Venezuela, pour une accumulation de cartons jaunes. Et tout à coup, il cogne dans un ballon qui frappe le dos du Colombien Pablo Armero… malchance ou vilain coup ? Dans la mêlée qui s'ensuit, l'arbitre lui montre le carton rouge : « On a utilisé le règlement contre moi. Voilà ce qui arrive quand on désigne un mauvais arbitre », s'emporte-t-il contre le Chilien Enrique Osses, avant d'en remettre une couche : « Il y a eu confusion générale mais il n'était pas indispensable d'expulser tout le monde. J'ai été poussé. » Sur la vidéo, on voit effectivement qu'il est tapé par Carlos Bacca, qui reçoit également un carton rouge et sort avec le maillot déchiré, mais seulement après que Neymar a donné un coup de tête à Jeison Murillo. Même le Madrilène James Rodriguez intervient : « Tu ne peux pas toujours gagner, calme-toi », lui souffle l'une des stars de l'équipe colombienne.

L'altercation met un point final à ce match amer pour les Brésiliens, pas à la colère du numéro 11 blaugrana. Dans le tunnel des vestiaires, il fait face à l'arbitre, réitère ses insultes, d'après son rapport ultérieur : « Tu veux devenir célèbre en te payant Neymar, fils de pute. » La décision du comité de discipline de la Conmebol ne se fait pas attendre : quatre matches de suspension. « C'était un acte prémédité, il a attendu l'arbitre dans le tunnel et l'a insulté. La sanction aurait pu être plus sévère. Ce n'est pas cher payé », affirme Alberto Lozada, membre argentin du comité.

Le 20 juin 2015, Neymar quitte le Chili par la petite porte. Même dans son pays, personne ne cherche à le défendre : « Il a agi de manière très agressive, c'est inacceptable », tranche Ronaldo Nazário de Lima. Dunga est du même avis : « Nous avons besoin d'hommes capables de prendre des décisions, même s'ils se trompent, pas d'enfants. » Ses partenaires suivront Ney en direction de la sortie la semaine suivante, éliminés en quart de finale par le Paraguay, aux tirs au but.

De retour en Espagne, la nouvelle saison ne commence pas mieux. Il rate les deux Supercoupes (d'Europe et d'Espagne) et le début du championnat à cause des oreillons. Il revient le 29 août au Camp Nou, face à Malaga. Un but de Vermaelen donne la victoire aux hôtes dans un match où Ney ne quitte pas le banc. Luis Enrique préfère l'économiser tant qu'il n'a pas totalement récupéré. Il marque son premier but de la saison 2015-2016 le 13 septembre, contre l'Atlético Madrid, à Calderón. Les rivaux ouvrent le score par Fernando Torres à la 50e minute. Mais leur joie est brève. Ney égalise quatre minutes plus tard. Il est l'un des blaugranas les plus investis pour obtenir la remontée au score. Qui arrive à quinze minutes de la fin grâce à Messi : « Je suis content de la victoire et surtout du but. On a vite égalisé dans un moment important. Ça fait du bien de remporter ce match », explique le Brésilien joyeux. Il ajoute quelques mots à propos de Lionel : « Lorsque le meilleur est avec nous sur le terrain, on joue mieux. » Le hasard ou la malchance vont cependant se jouer de cette phrase. Le 26 septembre, Leo se blesse contre Las Palmas. Le Camp Nou reste sans voix et tous les regards se posent sur Neymar : à partir de maintenant, l'attaque, la bonne fortune et le leadership vont dépendre de lui. Le Brésilien sera-t-il à la hauteur de l'un des meilleurs joueurs de l'histoire ? Sera-t-il capable de faire aussi bien que Messi ?

La journée de championnat suivante fait grandir les doutes. Séville bat le Barça 2-1 à domicile. Neymar est irrégulier même s'il est le meilleur de son équipe, et au moins, il marque sur penalty, ce qui lui enlève une épine du pied. Cet exercice ne lui réussit pas depuis son arrivée à la Ciudad Condal : il a raté trois des cinq penaltys qu'il a tirés. Mais en dépit du résultat, à Sánchez-Pizjuán, Neymar assume la responsabilité qui lui incombe désormais, une tendance qui se confirme dans les jours suivants. Au cours des six semaines suivantes, Barcelone enchaîne les victoires en Liga et en Ligue des champions avec Neymar pour guide : « Il est en feu et lorsqu'il entre dans la surface en vitesse, ou il obtient un penalty ou il marque », constate l'entraîneur culé après le match contre le Rayo Vallecano, le samedi 17 octobre.

La rencontre s'achève sur le score de 5-2 pour le Barça, les quatre premiers buts portent le sceau de Ney Junior, un total qu'il avait déjà atteint en quatre occasions : avec Santos contre l'Atlético Paranaense et l'União Barberense, avec les moins de 20 ans brésiliens face au Paraguay, et en amical contre le Japon : « J'ai réussi l'un de mes meilleurs matches depuis que je suis ici, en tout cas il entre dans mon top 10, mais il est impossible de marquer sans l'aide et le travail des coéquipiers. Ça n'a pas été facile », affirme-t-il devant les médias, en tenant le ballon du match signé par tous ses partenaires. La célébration de l'un de ses buts, sur le rythme de *Watch Me* du rappeur Silentó, a aussi apporté la preuve que c'était un jour à part. Même son grand ami Dani Alves fait comme s'il lui nettoyait les crampons dans une forme de révérence, tandis que la presse commence à le comparer à un autre grand joueur brésilien qui a laissé une empreinte à Barcelone : Ronaldinho. Le coach du club, qui a joué avec lui avant d'entraîner Neymar, admet le bien-fondé de la comparaison : « Quand je jouais avec Ronnie, on interrompait notre échauffement pour l'admirer. Il se passe la même chose avec Ney. »

Le Brésilien traverse effectivement une période faste. Le 25 octobre contre Eibar, il réussit un triplé (3-1), le 30, il se paie Getafe en deux actions, un but pour lui, un autre pour Luis Suárez, et le 7 novembre, il ajoute un but d'anthologie aux dépens de Villarreal (3-0). Le Brésilien réceptionne un centre de l'Uruguayen et inflige un coup du sombrero à Jaume Costa. Lorsque le ballon retombe au sol, il se retourne sur lui-même et tire. Un but pour l'histoire. Le Camp Nou est debout. « C'est une action que j'avais en tête. Je suis ravi », explique-t-il après coup. Le Brésilien est le meilleur buteur du championnat à ce moment. Tout est prêt pour l'un des grands rendez-vous de la saison : Real Madrid-Barça.

Les résultats suivent mais tout n'est pas parfait pour autant. Neymar fait aussi parler en dehors du terrain et pas toujours en bien. Ses ennuis avec la justice ne sont pas finis. Un jour, on apprend qu'une partie de ses biens a été gelée, pour une valeur de 42 millions d'euros, en raison d'une fraude fiscale présumée, un autre, c'est une photo publiée sur Instagram au volant d'une voiture neuve pour remplacer sa Porsche Panamera saisie par un huissier. Si le premier véhicule atteignait une valeur de 80 000 euros, le second, une impressionnante Ferrari 458 Spider rouge, coûte le triple. C'est l'existence indifférente d'un jeune qui se raconte quotidiennement sur les réseaux sociaux et gagne plus d'argent pour faire la promotion de produits que pour jouer au football. L'attention médiatique est focalisée sur lui, chaque geste ou chaque nouvelle coupe de cheveux est disséqué. Il est à la une en permanence et, lorsque ce n'est pas pour de bonnes nouvelles, ça le fatigue. Son père sonne l'alarme : la famille est heureuse dans la capitale catalane mais les attaques répétées pourraient l'inciter à changer de pays : « Je ne veux pas parler de persécution mais nous ne resterons pas en Espagne si les conditions de travail ne sont pas confortables. Cela fait deux ans et demi que nous devons répondre aux mêmes attaques, nous défendre de ces accusations. Nous allons envisager une prolongation de contrat avec le Barça mais Neymar, mes entreprises et notre famille ont besoin de sérénité », avertit Neymar père dans l'émission *Què t'hijugues !* sur Radio Barcelona. Des paroles qui effraient à Can Barça. Le Brésilien va-t-il recevoir des offres de Manchester, comme le prétend la rumeur ?

Les menaces voilées de Neymar père planent toujours lorsque le gamin entre sur la pelouse de Santiago-Bernabéu, le samedi 21 novembre. C'est le premier Clásico de la saison. Leo Messi a reçu le feu vert des médecins mais il ne débute pas. Il entre en deuxième période. La MSN est enfin réunie. Et elle ne déçoit pas. Les Catalans étrillent leur éternel rival 0-4. Ney marque le deuxième à la 39e minute à l'issue d'une superbe action. Il a eu du mal à entrer dans la partie mais, une fois chaud, il crée le déséquilibre auquel finissent par succomber les défenseurs adverses. À quatre minutes de la fin, lassé de courir après le ballon, Isco, le milieu madrilène, donne un coup au Brésilien. Carton rouge. Encore plus déplorable que la faute : l'attitude d'une partie des supporters merengues, qui applaudissent le joueur tandis qu'il quitte le terrain. Le reste du monde préfère garder les bons côtés du Clásico, à l'image des membres du groupe britannique One Direction, totalement fans de Ney, comme ils le racontent lors d'une tournée promotionnelle au Mexique. L'un d'eux, Niall Horan, se rend parfois à Barcelone pour le voir jouer ; d'ailleurs, il connaît personnellement plusieurs joueurs blaugranas. Pour lui, aucun doute : « Neymar et Messi sont les meilleurs, difficile d'en trouver un troisième comme eux. »

À peine trois jours après le Clásico, en Ligue des champions contre l'AS Rome, le résultat est encore plus fou : 6-1. S'il contribue au premier but de Suárez, le jeune homme ne marque pas cette fois. Et le 28 novembre, c'est une nouvelle claque infligée à la Real Sociedad, avec un doublé de Ney (4-0, score final). Les trois attaquants culés marquent. D'après Luis Enrique, « s'ils ne marquent pas tous les trois, la fête n'est pas complète ». Puis il ajoute : « Nous traversons indiscutablement un grand moment, mais un mois compliqué s'annonce avec le mondial des clubs au Japon. »

Ney foule le sol nippon avec une blessure musculaire à l'adducteur contractée quelques jours plus tôt à l'entraînement. Rien de grave cependant car, s'il rate le premier match du Mundialito, en quart de finale contre les Chinois de Guangzhou, il revient à temps pour la finale face à River Plate. Pour lui, ce n'est pas un tournoi comme les autres, en raison de sa résonance en Amérique du Sud mais aussi car il veut refermer la douloureuse parenthèse ouverte en 2011 par l'écrasante défaite de Santos, son équipe de l'époque, contre le Barça de Guardiola. Cette fois, la pièce tombe du bon côté. Le 20 décembre, le onze culé dispose des Argentins 3-0. Neymar Jr. ne marque pas mais il donne une passe décisive à Messi, le point final à une année presque parfaite où l'équipe a remporté six trophées : Liga, Ligue des champions, Copa del Rey, Supercoupe d'Europe et mondial des clubs.

Après les vacances de Noël et la remise du Ballon d'or a lieu l'un des matches les plus chauds de la saison, le 17 janvier. Neymar retrouve les joueurs de l'Athletic Bilbao après la polémique de la finale de la Copa del Rey l'année précédente, où un geste avait été reçu comme une gifle dans les rangs basques. Personne ne cache que c'est un match sous haute tension mais, à Can Barça, tout le monde serre les rangs autour de Ney : « Qu'il continue à s'amuser en jouant au foot. Il n'essaie pas d'humilier qui que ce soit. C'est un Brésilien, il n'y a rien de péjoratif dans son jeu », affirme Luis Enrique.

À 20 h 30, les deux équipes pénètrent sur la pelouse du Camp Nou et rapidement, le vent se met à souffler dans le dos des locaux. Les Basques sont réduits à dix après l'expulsion de leur gardien, Gorka Iraizoz, qui a provoqué un penalty pour une faute sur Suárez. Leo Messi ne rate pas l'occasion, montrant la voie du succès et d'une gifle mémorable. 6-0. Un résultat écrasant dans lequel Ney tient un premier rôle : il marque le deuxième but à la demi-heure de jeu, est impliqué sur le premier des trois inscrits par Suárez et en offre un à Ivan Rakitić sur l'un de ces coups de génie qui n'appartiennent qu'à lui. Le Brésilien s'avance côté gauche, se défait d'un défenseur. Il entre dans la surface, regarde la cage et soudain surprend ses poursuivants en déviant le ballon jusqu'à la ligne de but, d'où il repasse le ballon vers l'arrière, le Croate n'ayant plus qu'à pousser le ballon au fond des filets. Et le plus fort, c'est que tout cela semble parfaitement naturel, effectué sans effort.

Les deux équipes se retrouvent trois jours plus tard à Bilbao. Cette fois, en quart de finale aller de la Copa del Rey. Et nouvelle victoire blaugrana, 1-2. « Le but qu'ils ont marqué à la fin risque de nous compliquer la vie mais nous avons fait un grand match ; ils sont dangereux », réagit un peu plus tard l'entraîneur du même auteur du second but. Mais cette fois, ce n'est pas une belle action de jeu qui reste dans les mémoires, mais un geste peu fair-play d'Aritz Aduriz aux dépens de Ney. Le Brésilien est étendu au sol lorsque l'attaquant de l'Athletic, sans raison, l'effleure avec ses crampons. Curieux incident qui, heureusement, ne va pas plus loin : « Je me suis excusé de l'avoir un peu touché. Je n'avais pas l'intention de lui faire mal, ni quoi que ce soit. Ce sont des faits de jeu. On parle d'un vrai crack mondial qu'il faut féliciter pour sa façon de jouer », désamorce le rojiblanco, avant de nuancer son propos : « J'aimerais parfois qu'il ait une autre attitude. »

Luis Enrique a sa propre opinion sur la raison pour laquelle le Brésilien se retrouve si souvent au cœur des polémiques : « Les joueurs spectaculaires comme lui, très bons dans le un-contre-un et qui mettent de la fantaisie dans le jeu, provoquent des réactions de toutes parts, comme ça lui est sûrement déjà arrivé au Brésil. » Un constat corroboré par l'un de ceux qui le connaissent le mieux comme footballeur, son ancien coach à Santos, Muricy Ramalho : « Au Brésil, ses adversaires ne le ménageaient pas ; là-bas, les arbitres sont plus permissifs. Il a l'air chétif mais en réalité, il est très fort. Et quand un défenseur s'approche pour l'attraper, il sait se défendre, il fait face car il est courageux. Ce n'est pas de la provocation, simplement sa façon de jouer », justifie le technicien. L'entraîneur blaugrana conclut : « C'est sa manière de comprendre le football, il ne veut humilier personne. Il joue ainsi et chacun tente de le stopper comme il peut, à l'arbitre de juger. »

La qualification pour les demi-finales de la Copa del Rey se joue la semaine suivante au Camp Nou. Les blaugranas l'emportent 3-1. Ney marque le troisième mais il reçoit un nouveau coup lorsque Mikel San José tente en vain d'éviter que le ballon franchisse la ligne. Il parvient à finir le match mais, quelques jours plus tard, il poste sur Twitter une photo de son pied bandé au point de subir une séance d'électrostimulation. Sous la photo, il écrit : « Début de la guérison… allez. »

Ce qui est aussi sur le point de débuter, c'est son marathon judiciaire en Espagne concernant le transfert controversé en juin 2013. Le 3 février, il se rend au tribunal pour répondre de la plainte pour escroquerie et corruption. Comme son partenaire Messi, englué dans des affres ressemblantes, Ney se retranche derrière son père et agent. Précisément, c'est le chef de famille qui répond aux questions des journalistes venus couvrir l'audience : « Mon fils a beaucoup à faire et nous ne méritons pas tout ça », dit-il en insistant bien sur les désagréments que représentent les questions des juges. Une irritation qu'il a déjà manifestée quelques jours plus tôt, lors d'une interview accordée à *Fantástico*, l'une des émissions dominicales les plus populaires de la télévision brésilienne : « Avant de mentir ou d'affirmer que nous trichons, qu'on nous montre des preuves », dit le joueur devant les caméras, tandis que Neymar da Silva Santos père laisse entendre clairement qu'ils veulent « dire stop » au harcèlement de la justice, au Brésil, où ils sont accusés de fraude fiscale, comme en Espagne.

Mais, à la surprise de tous, Ney continue sa vie comme si de rien n'était. Deux jours plus tard, le joueur fête son 24e anniversaire lors d'une fête qui se prolonge jusqu'au petit matin. C'est vendredi et le Barça ne s'entraîne pas avant 17 heures le lendemain, mais la presse est là. Le père se retrouve nez à nez avec des caméras de télévision postées à l'entrée du lieu de la fête. Les critiques redoublent, obligeant Luis Enrique à intervenir : « Je veux dire à nos supporters de rester calmes, que nos joueurs sont investis à 100 % sur le travail et prêts à défendre ce maillot jusqu'à la dernière seconde. Nos supporters savent, comme nous, que tout cela fait partie du cirque médiatique et ne doit pas nous disperser. »

Depuis son arrivée à Barcelone, Neymar a une réputation de fêtard qui préoccupe le club, marqué par l'expérience précédente de Ronaldinho. On ressort une fois encore la comparaison entre les deux Brésiliens début mars. Neymar profite de sa suspension pour accumulation de cartons jaunes pour rentrer au Brésil pendant quelques jours et assister au 20e anniversaire de sa sœur. Curieusement, le timing avait été exactement le même un an plus tôt : déjà suspendu, il s'était rendu au Brésil pour être aux côtés de Rafaela en ce jour particulier. Cette fois, des journalistes n'hésitent pas à relever l'étrange coïncidence ou à rappeler qu'il avait justement commis l'erreur de toucher le ballon de la main dans les derniers instants du match face au Rayo Vallecano, quelques jours avant l'anniversaire de sa sœur. L'action sanctionnée d'un carton jaune ouvre la voie à un aller-retour vers São Paulo.

Et lui, loin des critiques et sans dissimuler quoi que ce soit, va jusqu'à partager les photos de l'évènement célébré dans une boîte de nuit de la ville, auquel assistent plus de deux cents personnes, membres de la famille, amis, chanteurs, anciens candidats de la version brésilienne de *Big Brother* et beaucoup d'autres visages connus. Après la fête, une visite caritative et un nouveau tatouage à la jambe gauche pour réclamer la protection de Dieu, Ney revient à la Ciudad Condal à temps pour prendre part à l'écrasante victoire du Barça contre Getafe, qui se termine sur le score de 6-0, avec deux buts du Brésilien.

Au moment où tout semble aller pour le mieux, c'est la douche froide. Le fisc de Rio de Janeiro le condamne à une amende de 45 millions d'euros pour fraude fiscale au moment de la signature de son contrat avec Barcelone, d'après les révélations du média brésilien *Folha de S. Paulo*. Et, le 2 avril, Madrid s'impose 1-2 dans le second Clásico de la saison, au Camp Nou. À première vue, cette défaite ne semble pas significative mais elle interrompt une série de 39 rencontres sans défaite pour les blaugranas et, surtout, elle relance le suspense en championnat. Pour noircir encore le tableau, une semaine plus tard, les Football Leaks révèlent les détails du contrat entre Ney et le club culé, restés secrets jusque-là. Cinq millions d'euros brut par saison, mais ce chiffre est trompeur car il ne cesse de grossir grâce aux nombreux bonus listés dans l'accord et qui garantissent finalement au joueur de toucher plus de 45 millions d'euros pendant ses cinq années de contrat.

À la fin du mois, et bien que l'entraîneur ne cesse de répéter que ses joueurs sont habitués à la pression, le Barça a cédé du terrain en championnat et a été éliminé en quart de finale de la Ligue des champions par l'Atlético Madrid. La mauvaise série de l'équipe correspond à celle de Neymar, dont le rendement a baissé depuis le mois de janvier. Quelques sifflets l'accompagnent au Camp Nou. Barcelone reste en tête mais merengues et colchoneros les suivent de très près, espérant profiter du moindre faux pas... qui n'arrive pas. Sans abandonner un seul point de plus, les blaugranas remportent leur deuxième titre successif de l'ère Luis Enrique, le 14 mai, sur la pelouse de Grenade (0-3). Luis Suárez marque un triplé et toute l'équipe se regroupe pour fêter le titre ; parmi eux, évidemment, le Brésilien. La fête prend à Los Cármenes, tandis que des supporters de l'équipe locale envahissent le terrain. L'un d'eux évacue sa frustration en tapant sur le jeune homme : « Je ne l'ai pas vu arriver mais j'ai reçu un coup de poing à la bouche. Rien de grave, grâce à Dieu. Ce n'est qu'un coup, tout le reste va bien », explique-t-il plus tard. Passé quelques heures, une vidéo se répand sur les réseaux sociaux où on le voit fêter la victoire en chantant aux côtés de son père... mais ils vont nourrir la polémique en terminant par « suce-moi », sans que l'on sache à qui ils s'adressent. Au Real Madrid, peut-être ?

Cette même nuit, de retour à Barcelone, le club organise une fête dans l'un des meilleurs hôtels de la ville mais curieusement, Neymar ne s'y montre pas. Il préfère célébrer le titre de son côté, avec son premier cercle, auquel appartient son compatriote Dani Alves. Mais il est bien présent le lendemain dans le véhicule qui parcourt la ville pour partager le titre avec les supporters. On l'y voit enthousiaste, incapable d'arrêter de sourire, faisant des blagues et profitant à fond du moment… dévorant aussi un hamburger qu'il a réclamé à des fans. Une semaine plus tard, la fête recommence après la victoire du Barça en finale de la Copa del Rey face à Séville (2-0). Encore une saison marquante. Et ce n'est pas fini…

3 juin 2016 : coup d'envoi de la Copa América Centenario aux États-Unis. Le gamin n'y participe pas par décision du club blaugrana : « Le FC Barcelone remercie la Confédération brésilienne de football et son président, Marco Polo Del Nero, d'avoir accepté la proposition du club afin que Neymar ne dispute que les Jeux olympiques au Brésil en 2016, du 3 au 21 août. Ainsi, Neymar Jr. est libre de ne pas participer à la Copa América », explique un communiqué du Barça.

Débarrassé de la pression liée au tournoi continental, Ney peut se concentrer sur le tournoi olympique dans son pays. Un effort qui sera récompensé. Le 20 août, la Canarinha et sa star arrivent à vaincre la malédiction en dominant l'Allemagne en finale. Les Brésiliens prennent l'avantage à la 27e minute sur un coup franc du jeune homme. Le vent pousse les Brésiliens pendant la demi-heure suivante, moment où la Mannschaft parvient à égaliser et à faire craindre une nouvelle tragédie grecque. Pendant la prolongation, le score n'évolue pas. Tirs au but. Cinquième tireur, l'Allemand Nils Petersen échoue. Dans la foulée, Neymar se dirige vers les onze mètres. Il sait que tout repose sur ses épaules. S'il marque, l'or est à eux. Et il ne déçoit pas. Le Maracanã est au septième ciel, le crack ne peut contenir son émotion. Il est champion olympique ; grâce à lui, la Canarinha vient de refermer l'une des parenthèses les plus tristes de son histoire.

25
99 % de foi

8 mars 2017. Il est un peu plus de 22 h 30 à Barcelone. Neymar tire le coup franc. La défense du Paris Saint-Germain repousse mais le ballon lui revient dans les pieds. La cage est loin, près de quarante mètres. Il dribble un adversaire sur la droite, avance légèrement et pique le ballon, qui passe au-dessus d'une muraille défensive de sept joueurs et arrive près des six mètres. Sergi Roberto, libre de marquage, tend la jambe pour toucher le ballon du bout du pied et le pousser au fond des filets.

Le FC Barcelone vient de marquer l'histoire. Jusque-là, aucune équipe n'avait réussi ce qu'ils viennent de réaliser ce soir, une remontée sans précédent en Ligue des champions, après une défaite 4-0 à l'aller, une victoire sur le score de 6-1 au retour, synonyme de qualification pour les quarts de finale de la compétition.

Comment est-ce possible ? Pour comprendre, il faut peut-être revenir au 15 février. Ce jour-là, moins de vingt-quatre heures après la terrible défaite au Parc des Princes, à Paris, Neymar Jr. écrit sur les réseaux sociaux : « Même s'il n'y a qu'1 % de probabilité, j'aurai 99 % de foi. » Un message positif qui tranche avec sa déclaration télévisée de la veille, au coup de sifflet final :

« C'est très dur, presque impossible. Mais on ne peut pas abandonner. » L'enfant avait sombré dans l'une des pires nuits de l'équipe blaugrana, où les hommes de Luis Enrique ont failli dans tous les domaines contre un Paris Saint-Germain clairement supérieur. Deux buts de Di María, un de Draxler et un de Cavani ont été la punition pour un Barça inopérant, où seuls ter Stegen et Neymar ont résisté au désastre. À son sujet, Juan Irigoyen écrivait dans sa chronique pour *El País* : « Neymar était le seul à tenter de redonner un peu le moral, mais il était trop seul. Ni Suárez, ni Messi, encore moins les milieux de terrain, n'ont aidé le Brésilien. »

Les trois semaines qui séparent une première manche d'une seconde sont interminables, si bien que les culés réussissent à entretenir leurs chances en championnat grâce à quatre victoires consécutives. Pendant ce temps, l'attention se déplace hors du terrain. Luis Enrique annonce le 1er mars qu'il ne sera plus l'entraîneur la saison prochaine, ce qui lance les spéculations sur l'identité de son successeur ; en même temps, la presse insiste sur le fait que Messi, dont le contrat expire en 2018, n'a toujours pas prolongé. Sur ce point, Neymar est tranquille, lui qui a signé son nouveau contrat en octobre et est désormais lié au club jusqu'au 30 juin 2021. Les chiffres, étourdissants : un salaire de 25 millions d'euros par an, un de moins seulement que l'Argentin, et une clause de départ qui augmentera progressivement jusqu'à 250 millions d'euros en 2020. Le jour de la signature, il déclare à Barça TV : « Je suis très heureux de mon nouveau contrat, car je suis ici chez moi. Je cherchais la meilleure solution pour ma famille et moi, et ici, nous avons tout ce qu'il nous faut. Le Barça sera toujours à part pour moi, dans mon cœur. »

Si bien qu'à la veille du match retour contre le Paris Saint-Germain au Camp Nou, Ney est parfaitement concentré. Et confiant, au point d'insister dans son dernier message sur Instagram sur les « 99 % de foi ».

Le début de match propose le scénario rêvé des supporters barcelonais : Luis Suárez parvient à marquer de la tête à la

3e minute. Puis un but contre son camp de Kurzawa permet à Barcelone d'avoir fait la moitié du chemin juste avant la pause : 2-0 et 45 minutes à jouer.

À la reprise, l'infatigable Neymar prend le match à son compte. À la 50e minute, il est mis à terre par Meunier à l'intérieur de la surface, après une combinaison sur la gauche avec Iniesta. Le ballon roule, franchit la ligne, le jeu s'arrête et tout le stade se pose la même question : penalty ? L'arbitre Deniz Aytekin doute, consulte son assistant. Puis il tranche. Messi transforme le penalty et le miracle se rapproche encore : 3-0.

Cavani se charge de rafraîchir les ardeurs barcelonaises à la 62e minute, 3-1, mais la tempête blaugrana souffle sur l'équipe d'Unai Emery dans un dernier quart d'heure magique. Ney se démultiplie, il est partout. Après avoir beaucoup insisté, il inscrit un coup franc à la 88e minute, un but sublime, puis deux minutes plus tard, il se charge de transformer le penalty sifflé pour une faute sur Suárez. C'est d'ordinaire Messi qui s'en charge mais tout le monde a vu qui était le grand bonhomme du match. 5-1, la qualification ne tient plus qu'à un fil.

Au bout du temps additionnel, Neymar ressort de sa boîte à la 95e minute pour donner la passe décisive à Sergi Roberto. C'est l'extase : « Ma première pensée a été de tirer mais j'ai aperçu deux joueurs, Messi et Piqué, se déplacer. Je n'avais pas vu Sergi Roberto. J'ai donc centré pour l'un des deux, Messi ou Piqué », reconnaît-il quelques semaines plus tard, dans une interview à Canal Esporte Interativo. Qu'importe, le résultat est le même : le 1 % se transforme en 100 % sous les regards exorbités du monde du foot.

« In Orchestrating Barcelone Rally, Neymar Proves Ready for the Baton », titre le *New York Times* le soir même. « Neymar se dresse pour rendre l'impossible possible pour Barcelone », ajoute *The Guardian*. « Le couronnement de Neymar », commente *El País*, tous les titres de presse saluent la performance du Pauliste, également salué par ses adversaires et les anciens joueurs. « Putt en un dans la meilleure performance que j'aie jamais vue », dit Steven Gerrard à BT Sport.

Mars est définitivement son mois lorsque, le 28, il marque un autre but pour les livres de records, de l'autre côté de l'Atlantique cette fois. On joue la 64e minute de Brésil-Paraguay à l'Arena Corinthians de São Paulo et Neymar reçoit le ballon de Marcelo dans son propre camp, collé à la ligne de touche côté gauche. Il ralentit un instant, fait mine de démarrer vers le centre du terrain, mais soudain fait ce que personne n'attend, un dribble extérieur qui élimine son adversaire avant de courir le long de la ligne. Un second joueur paraguayen vient s'interposer mais Neymar le surprend également. Il pousse le ballon loin devant lui, puis dépasse son adversaire à la course. Tandis que ses partenaires se ruent dans la surface, Neymar galope sur l'aile avec le ballon collé aux pieds. Après une course de près de soixante mètres, il approche de la surface où trois adversaires l'attendent. Va-t-il centrer ? Passer le ballon à un coéquipier en retrait ? Non, il donne un coup sec avec le cou-de-pied qui effleure le genou de Cristian Riveros, le défenseur paraguayen, et un instant plus tard, le ballon retombe au fond des filets sans que le gardien puisse esquisser un geste. But de Neymar, but du Brésil. 52 en 77 sélections avec la Canarinha pour celui qui vient de fêter ses 25 ans. À cet âge, un seul joueur avait atteint la même marque : O Rei Pelé.

Le but, dans un match âpre où le numéro 10 a subi quatre fautes dans les premières minutes, qualifie le Brésil pour la Coupe du monde. Un mondial, ou plus exactement trois, c'est ce qui manque à l'enfant de Mogi das Cruzes pour devenir l'égal de la légende brésilienne. Pelé a touché le graal en 1958, 1962 et 1970 alors que pour sa première participation, Neymar a dû se contenter d'une quatrième place. La victoire contre le Paraguay confirme qu'en Russie, à l'été 2018, il aura une nouvelle opportunité de se rapprocher d'O Rei.

De retour à Barcelone, le 2 avril, Ney marque le quatrième but de son équipe face à Grenade au stade Los Cármenes (1-4). Le but marqué dans le temps additionnel est sans importance pour le résultat final mais important pour le Brésilien. Car c'est le centième qu'il inscrit en match officiel sous le maillot blaugrana, en 178 apparitions. Messi a eu besoin de 188 matches pour atteindre ce total. Neymar n'en reste pas moins loin des 100 buts en 103 matches de la grande légende Ladislao Kubala.

Ses grandes performances contre le PSG puis en sélection, plus le fait de totaliser 11 buts et 10 passes décisives à ce stade de l'année, sont à l'origine du titre de *AS*, le lendemain : « 2017 : tremplin définitif de Neymar vers le Ballon d'or. » Peu après, ce sera au tour de Romário, une véritable légende au Brésil, d'affirmer dans l'émission *Boa Noite* de Fox Sports : « L'heure de Neymar est arrivée, il a fait de grands matches avec le Barça et le Brésil. Il doit maintenant gagner une Coupe du monde, il a le potentiel pour. »

Cependant, l'enfant de Mogi das Cruzes traverse une période creuse après s'être hissé à la hauteur de Pelé. Il ne marquera plus jusqu'au 6 mai, contre Villarreal. Malheureusement, au moment où il retrouve le chemin des filets, son équipe est déjà éliminée de l'une des trois dernières compétitions dans lesquelles il visait la victoire en début de saison : la Ligue des champions.

Les joueurs de Luis Enrique affrontent la Juventus en quart de finale aller, le 11 avril, animés par des sentiments ambivalents. Un revers en championnat contre Malaga a brisé la dynamique de victoire qui a suivi la remontada face au PSG mais, en même temps, le souvenir de ce retour épique remplit d'espoir les aficionados catalans. Malgré cela, à Turin, l'équipe répète les mêmes erreurs qu'à Paris et Mathieu, dépassé par les attaquants bianconeri, cristallise les critiques, ainsi que la MSN, inefficace. Barcelone est incapable de cadrer plus de quatre frappes et Neymar entre à peine dans les seize mètres adverses, tout comme Messi et Luis Suárez.

L'équipe se met en tête de réaliser une seconde remontada historique et, vu les circonstances de la confrontation précédente, personne ne prend le risque d'évoquer une élimination avant le coup d'envoi. Mais il y a un facteur à ne pas négliger du côté italien : l'équipe italienne, avec Gianluigi Buffon dans la cage, n'a encaissé que deux buts lors de ses huit matches dans la compétition, mais les blaugranas ont besoin de marquer au moins trois fois. Finalement, la solidité défensive de la Juventus prévaut du début à la fin du match au Camp Nou. Côté gauche, Neymar tente d'ébranler son ami Dani Alves mais ses centres ne profitent pas à ses camarades de la MSN. Après 90 minutes angoissantes, le tableau d'affichage n'a pas évolué. C'est la Juve qui se qualifie pour le tour suivant tandis que le rêve barcelonais de conquérir une sixième Ligue des champions, vingt-cinq ans après la première, s'envole. Le gamin, lui, finit le match en larmes sur l'épaule d'Alves, qui publie quelques heures plus tard sur les réseaux sociaux une photo de leur accolade accompagnée d'un commentaire tendre : « Je t'aime, mon frère. »

Comme le calendrier ne concède aucun repos, quatre jours plus tard a lieu une autre épreuve de feu, le Clásico à Santiago-Bernabéu. La Liga à pile ou face sous les yeux de 80 000 aficionados merengues. Madrid, aussi irrégulier que Barcelone tout au long de la saison, a tout de même trois points d'avance et un match de plus à jouer. Une victoire de la Maison blanche, à cinq journées de la fin, mettrait un terme presque définitif à l'espoir blaugrana. Un résultat nul lui serait aussi favorable. Seule une victoire ferait remonter au sommet la cote des culés.

Une fois encore, le choc tient toutes ses promesses. Barcelone s'impose 2-3 dans une fin de match interdite aux cardiaques, avec Messi dans le rôle principal. C'est lui qui égalise pour le Barça (1-1), puis qui marque le but de la victoire 2-3, à la 92e minute. Neymar ? Il ne joue pas. Il a été sanctionné après s'être moqué de l'arbitre du match contre Malaga, trois semaines plus tôt, ce qui l'empêche d'intégrer le onze blaugrana. Ce n'est pas la première fois de la saison que le comportement du joueur fait les gros titres. Lors du match contre Leganes, le 17 septembre, alors que le résultat était acquis, Michael Laudrup, en consultant, se permet de critiquer le Brésilien en direct : « À 0-4, tu ne dois pas provoquer l'adversaire », lui reproche le Danois, ancienne star du Barça mais aussi du Real Madrid. Le débat sur le côté provocateur de Neymar durera toute la saison, ravivé à chaque chute dans une surface de réparation. Il est vrai que l'attaquant barcelonais finira la saison avec le plus grand nombre de fautes provoquées (126) mais aussi comme le blaugrana ayant reçu le plus de cartons jaunes : huit.

Encore que toute l'attention médiatique qui lui retombe dessus n'est pas liée à ce qu'il fait sur les terrains. En 2017, il est aussi sur grand écran puisqu'il fait une courte apparition dans le film *xXx : Reactivated*, le troisième épisode de cette série, avec Vin Diesel en tête d'affiche. Bien qu'on voie le Brésilien à peine une minute, sa scène (assis avec Samuel L. Jackson dans un restaurant oriental) devient l'un des principaux centres d'intérêt du film. Ce n'est pas pour rien que le réalisateur D. J. Caruso dit pendant la promotion : « Pour moi, Neymar est Triple X, l'un des plus grands footballeurs, beau et avec un côté rebelle qui colle parfaitement au personnage de xXx. »

Retour au jeu après le match à Bernabéu, son équipe démolit Osasuna (7-1) et, avec Neymar dans le onze de départ, Barcelone reste invaincu jusqu'à la dernière journée, celle qui désignera le champion.

Le match contre Eibar procure aux blaugranas toutes les émotions imaginables. De son côté, le Real Madrid parvient à ouvrir le score dès les premières minutes contre Malaga, du coup le Barça se laisse aller. Deux buts surprenants d'Inui donnent un résultat tout aussi inattendu au Camp Nou : 0-2 à la 60e minute, silence et déception parmi les aficionados culés, visages fermés chez les joueurs. Comme si c'était à nouveau le match contre le PSG, Neymar surgit enfin, cette fois aux côtés de Messi, pour une autre remontada. Une chevauchée de l'Argentin, parti du milieu du terrain jusqu'à l'entrée de la surface, permet au numéro 11 d'adresser un tir croisé sans opposition. Le ballon rebondit sur le poteau, Junca ne peut dégager et Barcelone réduit le score. 62e minute. Ney montre le ciel avec les bras, remerciant pour l'aide divine, puis court vers le rond central sans plus de cérémonie. À la 66e minute, nouvelle action de Messi qui met le Brésilien en position de marquer, mais le ballon file à quelques centimètres du poteau. C'est finalement Suárez qui égalise de la tête à la 72e minute, avant que

Messi ne donne l'avantage au Barça à la 76e depuis le point de penalty, à la suite d'un coup de sifflet sévère de l'arbitre pour une charge sur Neymar. L'Argentin en ajoutera un autre dans le temps additionnel, 4-2 score final. Une remontada inutile à l'écoute des nouvelles en provenance de la Costa del Sol, qui confirment la victoire du Real Madrid, qui n'avait besoin que d'un point. La Liga 2016-2017 appartient déjà à l'histoire, et cette histoire s'écrit en blanc.

Désormais, la Copa del Rey est la dernière chance du Barça et du gamin de remporter un titre cette saison. En août, les blaugranas ont bien soulevé la Supercoupe à l'issue d'une double confrontation contre Séville. Mais Ney bénéficiait d'une permission spéciale pour disputer les Jeux olympiques et n'a pas participé à ces deux rencontres.

Face au Deportivo Alavés, le 27 mai, les joueurs de Luis Enrique sont favoris mais la confiance n'est pas élevée. L'adversaire, au palmarès vierge, est une équipe solide et aguerrie qui, sous la conduite de Mauricio Pellegrini, a terminé dans la première moitié du classement de la Liga. Sans parler de leur victoire surprise au Camp Nou en septembre, un 1-2 historique.

Barcelone se présente sans Luis Suárez, suspendu après deux cartons jaunes reçus en demi-finale contre l'Atlético Madrid, mais son pouvoir offensif reste impressionnant. Dès la 5e minute, Jordi Alba est à deux doigts d'ouvrir le score de la tête. À la 11e, les culés perdent Mascherano, mal retombé sur un saut. Alavés domine et se procure sa meilleure occasion, un tir sur le poteau d'Ibai Gómez.

La réponse barcelonaise ne se fait pas attendre : Neymar et Messi combinent à la 30e minute. L'Argentin reçoit le ballon dans le sens du but de Pacheco et s'avance jusqu'à la surface. Il passe alors au Brésilien, qui lui rend doucement après deux touches, plaçant ainsi Leo dans un fauteuil, et qui bat le gardien basque d'un tir à mi-hauteur du cou-de-pied. Une nouvelle passe décisive pour Ney, sa 21e de la saison et le meilleur total de sa carrière.

Deux minutes plus tard, Theo Hernandez égalise d'un splendide coup franc. À 1-1, Alavés reprend espoir. À la 44e minute, Leo se faufile entre les milieux adverses, puis ouvre côté droit vers Sergi Roberto, seul, qui délivre une passe impeccable à Neymar, qui marque dans le but vide.

Le gamin s'empare ainsi d'un record inattendu, il est le premier joueur en plus d'un demi-siècle à marquer dans trois finales de Copa consécutives. Le précédent avait été rien de moins que Ferenc Puskás, entre 1960 et 1962. Et encore, le Hongrois perdit deux des trois finales, à l'inverse du Brésilien. Aux deux trophées précédents s'ajoute celui-ci, entériné par un but de Paco Alcácer dans les arrêts de jeu de la première période. 3-1, le score n'évoluera pas au cours des quarante-cinq minutes suivantes. Barcelone remporte sa 29e Copa del Rey, record absolu.

En l'absence d'autre trophée, Neymar termine la saison avec la satisfaction d'apparaître dans différents classements.

Ney est le meilleur dribbleur des grands championnats européens. Ses plus de 160 dribbles en Liga le placent en tête d'une liste de joueurs où l'on trouve notamment Eden Hazard, de Chelsea.

Il est inclus également dans le World Fame 100, le classement d'ESPN qui recense les sportifs les plus célèbres du monde et le place au sixième rang, derrière ses rivaux (Ronaldo, 1er et Messi, 3e), ainsi que LeBron James, Roger Federer et Phil Mickelson. Il a perdu deux places par rapport à l'année précédente mais les chiffres cités dans l'article sont phénoménaux : 68,2 millions de followers sur Instagram, 58,6 sur Facebook et 27,3 sur Twitter. Des chiffres qui, assurément, ne feront qu'augmenter.

26

O Rei à Paris

C'est le mois de juin, juin 1960, lorsque O Rei débarque à Paris. Deux ans plus tôt, il a ému le monde entier et fait pleurer la France. À 17 ans, en Suède, Edson Arantes do Nascimento est devenu le plus jeune champion du monde et le deuxième meilleur buteur du tournoi derrière Just Fontaine. Les Bleus, bon… le 24 juin 1958, en demi-finale, le roi naissant s'est chargé lui-même de perforer la cage de Claude Abbes à trois reprises. Score final : 5-2 pour la Canarinha.

Deux ans plus tard, le Racing Paris convie Santos au très prestigieux Tournoi de Paris. Invités d'honneur, en plus des Brésiliens, le CSKA Sofia et le Stade de Reims. Pelé, accompagné par les quatre autres membres du *Quinteto* de Vila Belmiro (Pepe, Coutinho, Dorval et Mengálvio), fait tout. Le 8 juin, au Parc des Princes, il élimine cinq défenseurs rémois avant de battre Dominique Colonna d'un tir croisé. En finale contre les Bulgares, à la sortie d'un une-deux délicieux avec Coutinho, c'est lui qui ouvre le bal. Le Peixe remporte le tournoi, puis passe à l'étape suivante de sa tournée européenne.

Il reviendra pendant trois ans. Avant une longue pause. Pelé apprécie la capitale française car, admet-il, c'est la presse hexagonale qui, après le mondial en Suède, l'a élevé au rang de roi, mais aussi parce qu'il trouve la ville belle, l'une de ses préférées au monde. À tel point qu'en 1966, il y revient avec son épouse Rosemeri dos Reis Cholbi, quelques semaines après leur mariage. Mais avec les Globetrotters de Santos, Edson Arantes do Nascimento n'y revient pas avant le printemps 1971. Soit une année après la troisième Coupe du monde remportée par le Brésil à Mexico, face à l'Italie de Riva et Rivera. Une année après la crucifixion de Tarcisio Burgnich, le défenseur azzurro chargé de Pelé.

On parle de cette visite de Pelé dès le début de l'année 1971 et quand, le 30 mars, il pose le pied à l'aéroport d'Orly, un essaim de photographes et de caméramans l'attendent. O Rei descend les Champs-Élysées dans une voiture décapotable, en brandissant la Coupe Jules-Rimet. Tout au long du chemin, une foule enthousiaste acclame le champion. L'Hôtel de Ville est sa dernière étape parisienne, là où le numéro 10 de la Canarinha est décoré de la médaille Vermeil. Ensuite, il se rend au stade Yves-du-Manoir de Colombes où le Peixe affronte une sélection de joueurs de l'OM et de Saint-Étienne. Il s'agit du grand retour de Pelé à Colombes, huit ans après le France-Brésil (2-3) du 28 avril 1963. Cette fois, ce ne sont pas deux équipes nationales qui s'affrontent et il n'y a aucun trophée en jeu dans ce match amical organisé dans un but caritatif par *Télé 7 Jours*, qui s'apprête à fêter son dixième anniversaire. 30 000 spectateurs, toutes les vedettes du show-business français, la diffusion en direct à la télévision et Brigitte Bardot en bottes rouges, short blanc et haut bleu venue donner le coup d'envoi. Tous les ingrédients d'une soirée inoubliable sont réunis. Dommage que le spectacle laisse à désirer sur le terrain : un triste 0-0. Mais il doit y avoir un vainqueur donc on se prépare pour une séance de tirs au but. Pelé souhaite tirer les cinq mais on ne lui permet pas et l'équipe française s'impose finalement 3-1.

Toccata et fugue pour O Rei qui, moins de trois mois plus tard, se retrouve à nouveau en une de *L'Équipe* : « Pelé à Paris pour 9 millions ? C'est possible ! » Nous sommes le 22 juin 1971 et le quotidien sportif français sort cette bombe. L'information est reprise par la presse brésilienne, étourdie et incrédule. Impossible de croire que le numéro 10 de la Canarinha quitte son club et son pays pour l'équivalent d'un million de dollars. Mais l'histoire est vraie, les négociations entre le PSG et Santos sont avérées. Guy Crescent, président du Paris Saint-Germain, confirme. L'homme, soutenu par un groupe d'investisseurs et avec l'appui de la Fédération, a décidé de créer un club capable de rivaliser avec les meilleures équipes françaises grâce à la fusion entre le Paris FC et le Stade Saint-Germain, qui donne naissance au Paris Saint-Germain, et n'en reste pas là. À présent que son équipe, un mélange d'amateurs et de professionnels très expérimentés comme Jean Djorkaeff (capitaine de l'équipe nationale et père de Youri), a obtenu la montée en première division, Crescent veut frapper un grand coup ; c'est l'heure du feu d'artifice. Et qui mieux que Pelé pour faire parler du PSG dans le monde entier et faire briller un club en pleine croissance ?

Le 5 juillet 1971, Guy Crescent s'envole pour le Brésil pour tenter de convaincre Pelé, qui a décliné à la télévision une première offre parisienne. Santos, confronté à de sérieux problèmes d'argent, n'est pas en position de refuser le million de dollars venu de France ; tout dépend donc de Pelé qui, visiblement, se fait désirer. Le président rentre en France avec un accord mais, au final, les négociations capotent. Pelé change d'avis, avance des raisons familiales ou, comme il l'expliquera à la fin de l'année lors de sa visite à Paris avec son épouse, il choisit d'honorer son contrat avec Santos. La vérité ? Difficile, comme souvent, de faire la part du vrai et du faux, qu'il s'agisse d'une série d'engagements publicitaires à respecter, ou de la crainte des dirigeants du Peixe face à la réaction des supporters, voire des pressions exercées par le gouvernement brésilien, pour expliquer que Pelé ne portera jamais le maillot parisien.

La vérité, c'est que les supporters parisiens auront patienté cinq longues années pour admirer O Rei au Parc des Princes. Le 14 avril 1976, Pelé porte le maillot blanc numéro 10 du Cosmos de New York. Pour 6 millions de dollars sur trois ans, un contrat digne d'un acteur plus que d'un footballeur, O Rei a rejoint *Big Apple*. Une opération qui a requis la médiation de Henry Kissinger, le secrétaire d'État américain, sans quoi le gouvernement brésilien n'aurait pas laissé filer son trésor national. Il a aussi fallu que Pelé, retraité, accepte de revenir sur les terrains pour résoudre ses problèmes d'argent. Mais voilà, O Rei est bien là pour affronter le Paris Saint-Germain dans un match amical remporté 3-1 par l'équipe de la capitale. Cinq ans pour voir Pelé, 36 ans déjà, sous un maillot américain, tel un Buffalo Bill fatigué des débuts du XXe siècle.

À l'été 2017, l'attente d'O Rei 2.0 est beaucoup plus courte et cette fois, l'intéressé revêt le bon maillot. Oui, les supporters du PSG n'ont eu à attendre que vingt jours pour admirer Neymar Junior tout sourire dans son nouveau maillot rouge et bleu, serrant des mains, tapant dans le ballon et saluant la foule réunie au Parc des Princes. À peine trois semaines depuis que *AS* et *Sport*, les quotidiens madrilène et barcelonais, ont évoqué les premiers contacts entre la star brésilienne et le PSG. On lit alors que Neymar père va rencontrer dans les prochains jours le président du PSG, Nasser Al-Khelaïfi. Ce n'est pas tout : « Neymar se sent mal à Barcelone, d'après *Sport*, une partie de son premier cercle insiste sur le fait que l'heure de quitter Barcelone est arrivée. Ses proches lui demandent de sortir de l'ombre de Messi pour tenter de grandir loin du Camp Nou et chercher sa propre gloire. » Conjectures ? Spéculations d'un journaliste ou rumeurs du mercato, ce sont les mêmes chants de sirène qu'avaient entendus les supporters parisiens un an plus tôt, avant qu'ils éclatent comme des bulles de savon. Mais cette fois, on se rend vite compte que c'est différent.

À 15 h 09, le 18 juillet, le site brésilien Esporte Interativo écrit : « Neymar accepte l'offre du PSG. » Cinq mots au-dessus d'un photomontage de Ney portant le maillot parisien. Le numéro 11 de Barcelone, disent les Brésiliens, aurait signé un contrat de cinq saisons pour 30 millions net par saison, plus des bonus. Et le club de la capitale française serait prêt à verser le montant de sa clause libératoire, 222 millions d'euros.

L'annonce officielle aurait lieu d'ici quelques semaines. Le démenti arrive d'Espagne sans tarder : « À 200 %, Neymar ne partira pas », affirme Jordi Mestre, vice-président blaugrana. Le PSG dément également. Ney, lui, ne commente rien. Il profite d'un jour libre à Formentera avec son père et ses amis.

Le 19 juillet, Barcelone s'envole pour sa tournée d'avant-saison aux États-Unis. Ney est là. Dans une interview à Goal.com, le Brésilien se dit « heureux » au Barça : « À présent, nous devons travailler pour que la saison prochaine soit encore plus réussie sur les plan individuel et collectif. » Le 20 juillet, Josep Bartomeu, président de Barcelone, assure à Associated Press : « Neymar n'est pas sur le marché. » Le même jour, dans les colonnes de *L'Équipe*, Unai Emery se confie : « Neymar ? Le club et les supporters seraient enchantés qu'il vienne. Le PSG doit compter sur un joueur parmi les cinq ou sept meilleurs du monde, en plus des éléments déjà présents. C'est un objectif difficile. Il peut venir... ou pas. »

L'enfant de Mogi das Cruzes ne dit rien. Mais il envoie des messages sibyllins, comme cette photo postée sur Instagram où on le voit à l'entraînement, étendu pensivement sur l'herbe, la main gauche appuyée sous son menton. Sans un mot.

Il s'exprime seulement sur le terrain. Là, le samedi 22 juillet, il impressionne le public du stade MetLife de New York. Contre la Juventus, pour le compte de l'International Champions Cup, premier match de l'ère Ernesto Valverde (qui a succédé à Luis Enrique), le numéro 11 dispute 45 minutes... et marque les deux buts de la victoire. Le second est un petit bijou. Slalom dans la surface pour esquiver, successivement, Lichtsteiner, Benatia, Barzagli, Khedira et Asamoah, puis du droit, placement du ballon dans le dos de Buffon. Il célèbre son but en levant le poing en l'air, rien de plus. Aucun message pour les supporters, ni dans un sens ni dans l'autre. C'est la désillusion du côté des commentateurs et des chroniqueurs, qui espéraient un signe. C'est Gerard Piqué qui va se charger d'exciter tout le monde, en publiant un message limpide, qui ne souffre aucune interprétation. Sur les coups de 22 h 55, le 23 juillet, le défenseur catalan poste sur Twitter une photo de Neymar et lui accompagnée des mots : « Se queda » (Il reste). Une douche froide pour les aficionados parisiens, une joie pour les Barcelonais et beaucoup de doutes pour ceux qui avaient annoncé l'existence d'un accord.

Les rumeurs courent : les poids lourds du vestiaire blaugrana (Leo Messi et Luis Suárez) ont fait pression sur le Brésilien et sont parvenus à le convaincre. Le jeune homme n'a jamais voulu partir et que tout vient de son père, décidé à empocher quelques millions de plus. Le fait est qu'il semble douter et que le transfert du siècle n'aura pas lieu. Deux mots, ceux de Piqué, créent une véritable secousse sur les réseaux sociaux et dans les médias.

Quelques jours plus tard, changement de décor. Gerard Piqué se présente en conférence de presse au FedEx Field de Washington D. C., aux côtés de Javier Mascherano. On le presse d'expliquer son tweet : « Ce n'était qu'un avis personnel. Seul Neymar communiquera sa décision au final. En postant cette photo, j'ai voulu exprimer mon désir qu'il reste parmi nous. Il n'y a rien d'officiel, ce n'est pas à moi de donner des informations à ce sujet. Mais j'espère qu'il va rester. »

Il n'a pas la moindre certitude. Rien qu'un désir, un souhait. Mais Piqué ne s'arrête pas là et s'étend sur les raisons qui pourraient inciter Neymar à s'en aller : « C'est compréhensible qu'il envisage un nouveau départ, il a 25 ans et un talent unique. Il y a des offres sur la table. C'est peut-être une question d'argent, mais je suis convaincu du contraire. C'est peut-être un projet sportif plus ambitieux mais pour moi, il ne fait aucun doute qu'il n'y a pas de meilleur endroit où jouer que le Barça. Il peut y avoir d'autres raisons personnelles, avoir envie d'un rôle plus important, être le leader de l'équipe, car ici se trouve le meilleur footballeur de l'histoire, Leo. Et cet argument, je pourrais le comprendre. Ney est arrivé ici à l'âge de 20 ans et le Barça doit se battre pour le garder car, même si son transfert pourrait rapporter beaucoup d'argent au club, il n'y a pas deux joueurs comme lui sur le marché. J'ai envie de lui dire : “Ne va pas à Paris, ne joue pas dans un championnat où, malgré tout mon respect, on ne te verra plus autant ; ta saison se résumera à la Ligue des champions et, si tu ne la gagnes pas, tu n'auras pas droit à la reconnaissance que tu mérites." En tant que coéquipiers et amis, nous essayons de le faire réfléchir car, après tout, Neymar est un jeune homme de 25 ans qui a le droit de douter. »

Le jeudi 27 juillet, *L'Équipe* titre en une : « Paris négocie avec Barcelone », c'est-à-dire que le PSG, qui serait déjà d'accord avec le joueur, tente d'abaisser le montant de sa clause de départ, 222 millions d'euros mais le club blaugrana n'aurait aucune intention de négocier le prix. Pendant ce temps, Neymar offre au Barça la deuxième victoire de sa tournée américaine. À la 31e minute, il entérine le résultat contre le Manchester United de José Mourinho. Le crack brésilien brille mais la tension est palpable. Le 28 juillet, Ney en vient aux mains pendant l'entraînement avec Nelson Semedo, le Portugais fraîchement recruté par le Barça, et quitte le terrain en jetant sa chasuble au sol.

À Tanger, le 29 juillet, le PSG remporte le Trophée des champions en battant Monaco 2-1. Dani Alves, arrivé il y a peu dans la capitale française, marque un superbe coup franc, une réponse à l'ouverture du score de Sidibé. Après la célébration de la victoire, il prend le temps de donner son avis sur l'affaire Ney : « La solution de facilité pour Neymar est de rester à Barcelone. Mais le monde appartient aux courageux. » Il n'est pas le seul Brésilien à partager son opinion. Depuis Tegucigalpa, où il dispute un match de bienfaisance, Ronaldinho, ancien du PSG et du Barça, pense que Neymar « a besoin d'écouter son cœur et d'être heureux, de faire ce que son cœur lui dicte ». Et à Miami, interrogé sur la pelouse par ESPN, Bartomeu commence à céder du terrain : « Nous voulons garder Neymar mais dans son contrat figure une clause de départ. S'il veut partir, qu'il paie. »

Le dernier match de la tournée américaine du Barça a lieu dans la nuit du 29 au 30 juillet pour le Vieux Continent. Un Clásico version floridienne, très animé : 5 buts, des tas d'occasions et un spectacle qui ravit les 65 000 spectateurs du Hard

Rock Stadium. Les blaugranas l'emportent 3-2 grâce à des buts de Messi, Rakitić et Piqué. Ney dispute 75 minutes, se montre dans les meilleures dispositions, donnant deux passes décisives, ce qui lui vaut ce commentaire de Luis Suárez : « Ce que la plupart des joueurs veulent, c'est qu'il reste car, pour moi, aujourd'hui, il est l'un des trois meilleurs joueurs au monde. C'est un plaisir de jouer avec lui, ce serait vraiment dommage qu'il parte », dit l'Uruguayen.

Des États-Unis à la Chine. Ney s'envole pour Shanghai à la demande d'un sponsor. Tout le monde attend une déclaration concernant son avenir mais rien ne vient, quand bien même le feuilleton approche de la fin. *Sport* titre : « Il part. En interne, son départ est désormais acquis. Le club blaugrana attend que le joueur lui communique sa décision finale dans les prochaines heures avant d'accélérer la recherche de son remplaçant. » C'est comme s'il s'était passé une éternité depuis la dernière une du journal catalan sur la campagne de recrutement du Barça, ou mieux, sur Marco Verratti, le joyau rouge et bleu que le Barça voulait à n'importe quel prix.

Le mardi 1er août devient le jour de l'intrigue aérienne. Neymar déclenche l'alerte en postant une photo de lui à Dubaï. Une escale à l'origine d'interminables spéculations. Il y a ceux qui annoncent le Brésil comme prochaine destination, ceux qui le croient au Qatar, ceux qui l'imaginent en route pour aller signer son contrat à Paris… et finalement, Ney atterrit à l'aéroport El Prat, à Barcelone. Casquette de baseball sur la tête, écouteurs sur les oreilles, il ne prononce toujours pas le moindre mot.

À 9 heures, le 2 août, Neymar arrive à la Ciudad Deportiva Joan Gamper dans son Audi RS7 bleue. Il ne se change pas, se rend directement dans le bureau d'Ernesto Valverde pour l'informer qu'il quitte Barcelone. L'entraîneur lui donne la permission de ne pas participer à la séance. Il doit trancher son avenir. Puis Ney rend visite à Raül Sanllehí, directeur sportif, et Òscar Grau, directeur exécutif. Une réunion courte puisqu'une demi-heure plus tard, le Brésilien quitte le centre d'entraînement pour ne plus revenir, non sans avoir salué un à un ses coéquipiers dans les vestiaires. Certains connaissaient la fin de l'histoire depuis le début de la saison, d'autres l'ont devinée lors du mariage de Leo Messi et Antonella Roccuzzo, le 30 juin, à Rosario. Beaucoup ont la mine triste, convaincus que le club n'a pas fait l'impossible pour convaincre Neymar de rester à Barcelone.

Le feuilleton à succès de l'été touche à sa fin. Il ne reste que quelques épisodes avant le générique. Puis vient l'heure des commentaires, gros titres, opinions diverses à propos du transfert de Neymar Junior qui déchaîne le monde entier, sportif ou non. « 222 millions pour Neymar, le transfert le plus cher de l'histoire », dégaine en premier *El País*. « Le transfert qui change l'histoire du football », réplique *Marca*. « Adieu Neymar, bonjour Coutinho, Dembélé », anticipe *Mundo Deportivo* en une. Pour *L'Équipe*, « Il arrive ». Le quotidien portugais *A Bola* se contente d'un mot, « Folie », tandis que *The Times* écrit : « Neymar, l'homme à 415 millions de livres, écrit l'histoire du monde du football. » « Bombe N – Neymar est parisien. Transfert record. C'est le début de la domination », lance la *Gazzetta dello Sport*. Il y en a pour tous les goûts. Le montant pharaonique du transfert est évidemment au centre de tous les commentaires. 222 millions d'euros à comparer aux 105 versés à l'été 2016 à la Juventus par Manchester United pour Paul Pogba, aux 101 dépensés par le Real Madrid pour arracher Gareth Bale à Tottenham, aux 95 payés par le club espagnol pour Cristiano Ronaldo. 42 millions de plus que ce que le PSG versera à Monaco pour Kylian Mbappé. Un montant fou. *El Mundo* évoque « un transfert d'État, qui menace de déstabiliser le marché du football », et d'un fair-play financier qui part en fumée. De son côté, *La Repubblica* se demande « pourquoi le Qatar dépense 600 millions [entre la clause et le salaire] pour les buts de Neymar. On ne parle plus seulement de football mais aussi de rompre l'isolement infligé au Qatar et de redorer son image, abîmée par les soupçons de collusion avec le terrorisme djihadiste ».

Laissant de côté les questions d'État, les journaux espagnols soulignent, comme *El País*, les ennuis judiciaires que Neymar laisse derrière lui, se souvient que « Sandro Rosell, son principal défenseur, se trouve en prison pour fraude fiscale », et que « le transfert de Ney a été disséqué par les justices espagnole et brésilienne en raison de l'incohérence des chiffres ». Un coup d'œil à la une de *Sport* suffit pour comprendre le point de vue des inconditionnels du club blaugrana : « À jamais ! » peut-on lire sur la photo de Ney quittant pour la dernière fois la Ciudad Deportiva. Ou encore le « Paie et casse-toi », en titre de *AS*. Ils éprouvent de la rage, de la colère, un sentiment de trahison à l'égard d'un joueur auquel ils s'identifiaient, lui, le crack adoré, le successeur annoncé au moment du passage de témoin de Messi. Beaucoup font le lien avec Luís Figo, le Portugais qui en 2000 quitta le Barça pour le Real Madrid, un sommet de traîtrise.

Le 3 août est le jour des bilans, l'heure pour les commentateurs et les reporters de faire les comptes et d'analyser les quatre saisons de Ney sous le maillot blaugrana. Les chiffres : 105 buts en 186 matches joués, 10 titres. Son départ est un gâchis pour le trio magique. Messi, Suárez et Neymar ont totalisé 363 buts en trois saisons. Qui fera mieux ?

Le 3 août, c'est aussi le jour où les avocats de Neymar tentent en vain d'aller déposer le montant de la clause au siège de la Liga. L'après-midi, ils se présentent dans les bureaux du FC Barcelone où ils remettent les 222 millions. Le soir, Neymar paraphe le contrat qui le lie au PSG. Sur Twitter, le nouveau numéro 10 rouge et bleu reçoit les félicitations de Pelé dans un court texte joint à une photo en noir blanc d'O Rei brandissant la Coupe Jules-Rimet sur fond de tour Eiffel. Oui, la fameuse image du 30 mars 1971. Même Emmanuel Macron, le président de la République, fan de l'OM, se réjouit de l'arrivée de Neymar : « Oui, c'est une bonne nouvelle », dit-il à propos de ce qu'il considère comme le signe de l'attractivité de la France.

4 août 2017, Paris, aux alentours de midi

Élégant dans son costume bleu et sa chemise blanche, souriant, conciliant, Neymar entre dans une salle de presse où l'attendent 358 journalistes. Ses parents, sa sœur, son agent et les incontournables « toiss » l'accompagnent. Pendant 47 minutes, il répond aux questions posées en français, en espagnol, en catalan, en portugais, en anglais.

Pourquoi avez-vous signé à Paris ?
« Pour l'ambition de ce club. L'ambition du Paris Saint-Germain est très semblable à la mienne. Je voulais quelque chose de plus grand, un plus grand défi. Mon cœur s'est incliné et m'a mené vers Paris. Je suis ici pour faire de mon mieux, aider notre équipe à conquérir des titres. »

Est-ce à cause de Messi que vous avez quitté le FC Barcelone ?
« C'est le contraire. Une de mes motivations pour aller au Barça était de jouer avec Messi, c'est une idole, le plus grand au monde. Je n'ai eu aucune pression, seulement la première semaine. J'étais nerveux. Je m'entraînais avec mes idoles, en chair et en os. Mais, après cette première semaine, j'étais dans le moule. Jouer avec les meilleurs, c'est bien plus facile. Tous les joueurs veulent cela. Je remercie Messi, j'ai beaucoup appris avec lui pendant quatre ans. »

Leo a écrit sur Instagram : « Ça a été un énorme plaisir de partager ces années avec toi, mon ami. Je te souhaite beaucoup de chance dans cette nouvelle étape de ta vie. À bientôt. » Mais aujourd'hui, Ney est heureux d'être à Paris : « C'est mon cœur qui m'a dit que c'était le moment de signer. »

Que répondez-vous à ceux qui pensent que vous avez signé à Paris pour l'argent ?

« Ils ne connaissent rien à ma vie. Je n'ai jamais été motivé par l'argent, cela n'a jamais été ma priorité. Je pense à mon bonheur et à celui de ma famille. »

Être le joueur le plus cher de l'histoire, est-ce lourd à porter ?

« Non. Je porte mes 69 kg, ce n'est pas un fardeau, je fais toujours la même taille, je suis heureux. »

« Aujourd'hui, il est cher mais dans deux ans, il ne le sera plus, nuance Nasser Al-Khelaïfi, le président du PSG. Nous allons gagner plus que ce que nous dépensons. C'est un projet conjoint. »

Après la photo de rigueur aux côtés du président et son maillot numéro 10, déjà en rupture de stock (10 000 exemplaires vendus le premier jour), puis une autre sur la pelouse du Parc des Princes pour la plus grande joie du bataillon de photographes. À l'extérieur du stade, c'est la folie. Tout le monde veut l'apercevoir, toucher O Rei 2.0 qui se faufile au milieu d'une douzaine de gardes du corps habillés comme des *men in black*.

5 août, 15 h 30

Le DJ Martin Solveig a été chargé d'animer la fête du Parc des Princes. En maillot jaune frappé du numéro 27, le nouveau numéro de l'Argentin Javier Pastore, il s'installe aux platines. Et crie dans le micro : « Si tu aimes le Brésil, Parc des Princes, fais du bruit ! Il faudra en faire plus tout à l'heure quand Neymar arrivera ! » Le public du Parc lui répond et, au moment où Neymar entre en scène, les tribunes entrent en fusion : 48 500 spectateurs. Les supporters du groupe Ultras Paris chantent « Neymar, Neymar ! » au rythme du « Brasil, Brasil ! » d'Aquarela do Bras et la scène s'anime. « Merci [en français]. Je suis très heureux. Je suis venu pour un grand défi. Je compte sur vous tous. Et je suis venu ici pour gagner des trophées. Paris est magique ! » Ney crie depuis le podium installé au centre du terrain. À ses côtés, le président Nasser Al-Khelaïfi, ovationné à son entrée. « Ici, c'est ? » interroge Neymar, et 48 500 personnes lui répondent en chœur : « Paris ! » Un bon truc pour se mettre les spectateurs dans la poche. Puis le nouveau numéro 10 se redirige vers un virage en serrant des mains au passage, saluant à la manière des surfeurs avant de lancer son maillot dans le public. Fin du spectacle, place au jeu. Le PSG affronte Amiens en ouverture du championnat, sans l'attaquant aux 222 millions d'euros, un document manquant pour la qualification de son contrat. Il assiste à la rencontre depuis la tribune, entouré de membres de sa famille, d'amis, d'agents et intermédiaires. Dans la nuit, c'est un autre spectacle organisé en son honneur, l'illumination en rouge et bleu de la tour Eiffel et l'inscription du slogan : « Bienvenue, Neymar Junior. » Le PSG a mis les petits plats dans les grands.

13 août, 23 h 50, Barcelone

En match aller de la Supercoupe d'Espagne au Camp Nou, est débordé par le Real Madrid. 3-1 pour les merengues grâce à des buts magnifiques de CR7 et Asensio. Deulofeu prend la place de Neymar mais ne brille pas.

22 h 45. Un but et une passe décisive. Non, la star, le joueur le plus cher de la planète Terre, ne déçoit pas pour ses débuts sous le maillot parisien. Au stade du Roudourou, contre Guingamp, le Brésilien est à la hauteur des attentes. Il s'illustre largement. Tout son répertoire y passe, y compris un petit pont sur Deaux, des dribbles, de la vitesse, de l'imagination et des passes millimétrées. À la 62e minute, il donne la passe décisive à Cavani pour le 2-0. Il prend le ballon au milieu du terrain, tourne sa cheville pour imprimer la trajectoire parfaite dans la course de

l'Uruguayen qui ne se pose aucune question, avant de tromper Johnsson. Puis, en fin de rencontre, le nouveau numéro 10 inscrit son premier but. Edinson Cavani lui rend la politesse à la 82e minute. Depuis la ligne de but, il centre vers Ney dans la surface pour le 3-0.

« Les gens pensaient qu'en partant du Barça, j'allais mourir… mais non, je suis plus vivant que jamais, commente Neymar Junior à la sortie des vestiaires. Je suis très heureux, nous avons une grande équipe et nous pouvons réussir des choses que le club n'a jamais réussies jusque-là. Mais il faut avancer pas à pas. » Oui… tout cela ne fait que commencer.

Remerciements

Merci à Juca Kfouri, Martín Fernández, Paulo Coelho, Gian Oddi, Álex Sabino, José Miguel Wisnik, Newton Glória Lobato Filho, Pintado, Moacir Teixeira, Atilio Suarti, Maria Antonia Julião Faracco, Betinho, Fino, Edu Marangon, Manuel, Elton Luiz, Alcides Macrí, Lima, Lino Martins, Vágner Mancini, Dorival Júnior, Muricy Ramalho, Victor Andrade, Ricardo Rosa, Armênio Neto, Pepe, Zito,

Tostão, Robinho, Léo Baptistão, Walter Casagrande, Luiz Felipe Scolari, Vicente del Bosque, Leda Catunda, Francisco Bosco, Allan Sieber, Hilário Franco Júnior, Cosme Salles, Didi, Alexandre Esnarriaga, Helena Passarelli, Alexandre Barreira, Thiago Campos, Darwin Valente, Benoît Bontout,

Mickaël Caron, Laure Merle d'Aubigné et Roberto Domínguez.

Ce livre est dédié à Olmo, Lorenzo, Elvira, Alda et à Tullio.

Dans la même collection

ANTOINE GRIEZMANN

LES 7 VIES DE GRIZI

Luca Caioli
Cyril Collot

L'HISTOIRE D'UN INCROYABLE PARCOURS

Passé au travers des mailles du filet de la formation française, Antoine Griezmann n'a jamais porté le maillot d'un club hexagonal. Jugé trop frêle, il a dû s'exiler en Espagne, à la Real Sociedad, pour accomplir son rêve de gamin et devenir footballeur professionnel.

Désormais star incontestée de l'Atlético de Madrid et fer de lance de l'équipe de France, le meilleur joueur de l'Euro 2016 incarne la nouvelle génération bleue. À 26 ans, il a désormais la Coupe du monde 2018 en ligne de mire et, si sa carrière est loin d'être terminée, son histoire et ses 7 vies méritent d'être contées.

Dans la même collection

Dans la même collection

PAUL POGBA

À TOUTE VITESSE

Luca Caioli
Cyril Collot

L'HISTOIRE D'UN INCROYABLE PARCOURS

Paul Pogba ne fait rien comme les autres. Sur un terrain, ses gestes de grande classe soulèvent les foules : dribbles venus de nulle part, transversales chirurgicales ou frappes tonitruantes, son répertoire est complet. Mais « Pogboom » se distingue aussi en coulisses.

Depuis toujours ses transferts ont fait réagir : du Havre à Manchester United, puis de MU à la Juventus Turin sans parler de son retour dans le Nord de l'Angleterre pour un montant histo-rique en 2016. Vainqueur de l'Europa League sous les ordres de José Mourinho, Paul Pogba s'avance désormais avec appétit vers la Coupe du monde 2018.

Dans la même collection

Pour l'éditeur, le principe est d'utiliser des papiers composés de fibres naturelles, renouvelables, recyclables et fabriquées à partir de bois issus de forêts qui adoptent un système d'aménagement durable.

En outre, l'éditeur attend de ses fournisseurs de papier qu'ils s'inscrivent dans une démarche de certification environnementale reconnue.

PAPIER À BASE DE FIBRES CERTIFIÉES

MARABOUT
s'engage pour l'environnement en réduisant l'empreinte carbone de ses livres.
Celle de cet exemplaire est de :
600 g éq. CO_2
Rendez-vous sur www.marabout-durable.fr

Photocomposition Nord Compo

Imprimé en Italie par Grafica Veneta S.p.A.
en octobre 2017
pour le compte des éditions Hachette Livre (Marabout)
58, rue Jean-Bleuzen, 92178 Vanves Cedex
Dépôt légal : novembre 2017
ISBN : 978-2-501-12493-5
8077435